U0804955

中国历代战争之两宋烽烟

夜狼啸西风／著

中国地图出版社

图书在版编目（CIP）数据

中国历代战争之两宋烽烟 / 夜狼啸西风著．—北京：中国地图出版社，2015.5
ISBN 978-7-5031-8608-0

Ⅰ．①中… Ⅱ．①夜… Ⅲ．①战争史－中国－宋代－通俗读物 Ⅳ．①E294.4－49

中国版本图书馆CIP数据核字（2015）第073482号

地图主编 张 宁 赵 斐
策　　划 王 毅
责任编辑 王 毅
出版审订 余 凡

中国历代战争之两宋烽烟
ZhongGuo LiDai ZhanZheng Zhi LiangSong FengYan

出版发行	中国地图出版社		
社　　址	北京市白纸坊西街3号	经　　销	新华书店
邮政编码	100054	印　　张	15.5
网　　址	www.sinomaps.com	版　　次	2015年5月第1版
印刷装订	北京一鑫印务有限责任公司	印　　次	2020年8月北京第2次印刷
成品规格	170×240mm	定　　价	39.00元

书　　号 ISBN 978-7-5031-8608-0
审 图 号 GS（2015）676号

如有印装质量问题，请与我社发行部联系；如有图书内容问题，请与本书责任编辑联系，联系方式：dzfs@sinomaps.com。

序

记得有一部电影名字叫《战争让女人走开》，确实，不论古今中外，战争都有一个统一的标签，就是生命的摧毁。血与火的淬炼，生与死的煎熬，惨烈的场面，无情的离别，似乎和女人的纤纤素手、眉黛脂红、感性温柔毫无对接点。

而夜狼啸西风，竟会让我这样一个标准的小女子，为这样一部精心完成的长篇大作《中国历代战争之两宋烽烟》作序，让我既意外，又忐忑。读过全书，既有所得，又有共鸣，且有所思。罢了，姑且写下一点感悟，算是抛砖引玉吧。

两宋，众所周知是一个重文轻武的时代，从赵匡胤“杯酒释兵权”解除大将对军队的控制始，开启了提倡文人典军，严禁武人干政的风气。印象中的两宋，文化兴盛，经济繁荣，军事上却疲弱不堪。解读两宋的战争，既需要平和严谨的态度，又需要精准的眼光和缜密的思维。而夜狼啸西风，采用全新的结构，严谨地依据正史叙事，巧妙地添加情景描写，将枯燥凌乱的历史变得既清晰分明，又通俗易懂。

跟随夜狼啸西风的讲述，我看到了战争的无情。

雍熙北伐，名将杨业殉国，宋对辽的战略关系被迫从进攻转为防御。可是，在杨家将的忠烈故事被千秋传颂的时候，谁还记得那些无名的士卒？元丰西征，宋人五路大军功败垂成，死伤人数，或说不下二十万，或说更多，总之，“民夫发尽，差及妇女”，伤亡惨重，谁能统计出，如画的江山添了几多新坟？

“可怜无定河边骨，犹是春闺梦里人”“虏塞兵气连云屯，战场白骨缠草根”“一男附书至，二男新战死”。当一个个生命在刀枪剑戟中瞬间消失的时候，会有多少人家破人亡、泪尽胡尘？

战争，有些人用来建功立业，名标青史。更多的人，却希望它永远不要到来。

跟随夜狼啸西风的讲述，我看到了战争的无奈。

澶渊之役，宋军大胜辽军，是宋朝为数不多的对外战争的胜利，却在有利的形势下，用岁银缔盟约，使军事失败的辽国得到了想要的东西。倒是换来了长时间的和平，可是，和平的背后，是辽的不断需索，是宋朝的“忘战去兵”“武备皆废”。这样的和平带来的祸患，比之于战争，竟说不清孰轻孰重。

靖康之役，是北宋一朝最著名的战争，没有之一。它是一件遍布芒刺的衣服，永远穿在宋朝的身上；它是一个耻辱的烙印，永远烙在所有汉人的心里。它的经过、结局，不消繁絮，也不忍提起。宋朝的皇帝们，的确是爱极了和平，厌极了战争，可是，一个繁华富庶的国家长期崇文抑武，岂非一个手无缚鸡之力的富翁，坐等强盗劫掠？

战争，人们固然希望它永远不要发生，可是，却必须修文尚武，随时防备等候它的到来。

观史知今思进退，读书养志识春秋。从夜狼啸西风的文字中一览两宋战争，我的心在平静的讲述中感叹，在睿智的猜想中神往。这一夜，似陆游一般，铁马冰河入梦来。

感谢夜狼啸西风，感谢他的严谨又灵活的讲述，恢宏又精致的描写，感谢和他一样执着于此的所有写手。他们没有随波逐流，不去写风行的宫廷、穿越，坚守在历史和战争这样略显寂寞却倍加珍贵的舞台，用理性探索和感性叩问，讲述着我们的民族那些几乎被浑浑噩噩遗忘的过往。

我希望，也相信，他和他们，还会继续这辛苦又精彩的笔耕。

兰因

2014 年 11 月 3 日于石门

目录

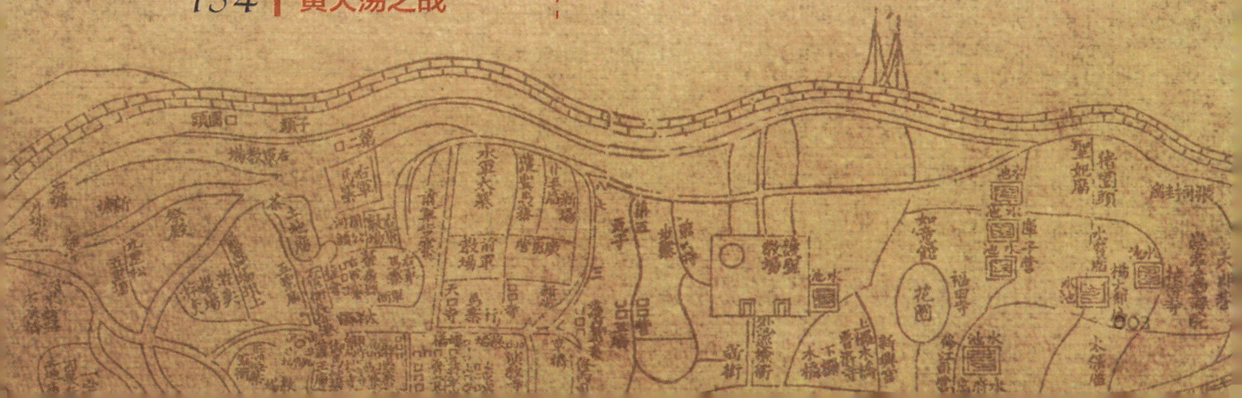

统一图例

◎ 都城

⊙ 郡级驻所

○ 一般居民点

政权部族界

州界

郡界

今国界（未定）

军阀割据界

海岸线

河流、湖泊

▲ 山峰

× 关隘

桥梁

战场符号

防线

注：古今对照图幅中的灰色线划及注记为今内容

四攻太原

显德七年（960 年），后周大将赵匡胤发动陈桥兵变，建立北宋王朝。随后，宋太祖赵匡胤及其弟宋太宗赵光义发动了统一南北的战争。宋太祖时期平定了南平、湖南、后蜀、南汉及南唐，北宋还于开宝元年（968 年）至太平兴国四年（979 年）四度征伐北汉，最终于太平兴国四年（979 年）五月逼降北汉。南北在经过五代十国的分裂后，重新统一。

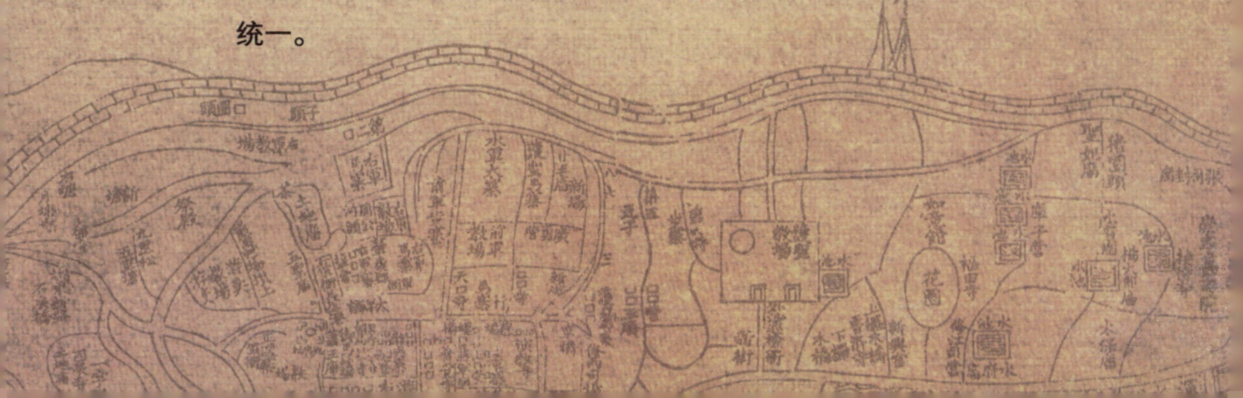

序曲　杯酒释兵权

酒过三巡，随着君臣之间身体里的酒精不断增加，宴会的气氛本应开始活跃，但石守信等人却发现，老大赵官家今天一直紧锁眉头，做痛苦状。

终于有人沉不住气，小心地开口问：何故？

赵匡胤叹了口气说，都是你们这帮家伙把我给害惨了，本来我干着大周帝国的殿前都指挥使不知道有多开心，你们非要强逼我披上龙袍当皇帝，现在搞得我每天提心吊胆，睡觉睡不好，吃嘛嘛不香，哎！！！

众将均说皇上多虑了，大宋帝国成立伊始，君臣一心，正是大有作为之际。

赵匡胤说我知道你们都是我的好兄弟，对我忠心不贰，可是这世界变化太快，谁又能保证哪一天你们的手下不会拿件龙袍逼你们穿呢，到那个时候，你们该怎么办，我又该怎么办？

此话一出，宴席间的气氛瞬间凝结成冰，众将感觉到刀锋掠过了喉结。

石守信等人随即几乎是本能地做出同一个动作，离席向赵官家叩拜请罪，求大哥指明一条活路。

赵匡胤的神色开始和缓，缓缓道：人生一世，草木一秋，又何必太过认真，你我兄弟拼杀多年挣下大好江山，也到了该收手的时候，你们何不放下兵刃，去享天伦之乐，品味财富荣华，沉迷儿女柔情，这些都是人生本应体验的精彩。如此，咱们君臣相安，也不枉咱们今世做过一遭兄弟，至于江山这肩担，当哥的一个人扛就行。

众人皆点头称是，并说全得今日官家指点迷津，不然一众兄弟恐怕早晚得走上歧途，明日上朝兄弟们就请求交出兵权，放马南山，做一群快乐的人。

宴席结束，众人走出皇宫，汗已透股，几近虚脱。

对视，无奈苦笑，官家给他们准备的夜宴，其实酝酿已久，只可笑众将还整日磨刀霍霍，老想着挥师北上或是扬鞭南下，一统江河，立卫青、霍去病般万世不朽之功业。

众人退去，赵匡胤却久久不愿离开。今天在席的，是和他一起打下这片江山的生死弟兄。当一个有道德良知的皇帝是一件很痛苦的事，他将会被这种道德良知困扰并痛苦一生，这从他披上黄袍那天就已开始注定。这注定了他不能像王莽一样连自己亲生儿子的血溅到脸上也不会擦，更不会像曹孟德一样内心强大到可以向天下人叫嚣宁可我负天下人，不可天下人负我；他也不愿惯常性地做一个狡兔死、走狗烹的铁血帝王；他只能煞费苦心地设计了这出杯酒释兵权的大戏，一个政治与情感的平衡之局。

但他知道今天的这场鸿门宴将会被历史永远铭记，这出戏几乎奠定了三百年赵氏王朝中武将集团的政治地位，再之后大宋开国帝王将在太庙铭刻“誓与士大夫共治天下”的誓言，大宋帝国三百年的政治主基调，因此定格。

1

赵匡胤，涿郡（今河北省涿州市）人。其高祖赵朓，做过唐永清、文安、幽都几个地方的县令；曾祖赵珽，历藩镇从事，累官兼御史中丞；其祖赵敬则做过营、蓟、涿三州刺史；其父赵弘殷，年少时即以善骑晓射闻名，最初在镇州赵王王镕帐下效命，曾为王镕带领五百骑增援后唐庄宗李存勖于河上，为后唐皇帝赏识，留用于禁军效命，后汉时任护圣都指挥使，后周时任铁骑第一军都指挥使、右厢都指挥使、岳州防御使，官位虽非显赫，但在那个混乱的时代却堪称不倒翁。

赵弘殷在镇州赵王王镕帐下效命期间，娶到了当地颇有声望的杜家的四小姐。杜四娘给赵弘殷生了七个儿女：长女（夭折，追封陈国长公主）、长子赵匡济（夭折，追封邕王）、次子赵匡胤、三子赵光义、四子赵廷美、幼子赵光赞（夭折，追封夔王）、幼女秦国大长公主。

赵匡胤在二十一岁的时候离家从军，他的运气很不错，投奔的老大叫郭威，就是后来的后周太祖。那是一个战乱纷纷的时代，也是一个英雄辈出的年代。在郭威的手下，赵匡胤的才华得到充分展现。年轻的赵匡胤从一名普通的士兵坐到了滑州副指挥使。

郭威当了三年皇帝就死了，其子嗣在起兵反后汉的时候被后汉皇帝全杀了，让其内侄兼养子柴荣捡了一个大便宜，成为后周第二任皇帝周世宗。赵匡胤继续跟着第二任老大南征北战。在显德元年（954 年）的高平之战后，立下战功的赵匡胤升任殿前都虞侯、领严州刺史；显德三年（956 年）升为殿前都指挥使，成为后周军界最显赫的大将之一。

捡便宜拾得江山的后周世宗柴荣堪称文武全才的一代英雄，当初他继承帝位后，立下了三十年人生目标规划，十年开拓天下，十年休养百姓，十年致太平。他有能力做到了这一点，在位期间抗北汉、讨南唐，后周在他的手中蒸蒸日上，日益强大。

但上苍并没有给柴荣三十年的时间，他仅当了五年皇帝就驾崩了，年仅三十八岁。

柴荣死前最大的儿子柴宗训也不过七岁，为了稳固儿子的江山，他可谓费了一番苦心，并做了一个影响历史走向的决定——把当时威望颇高、掌握禁军的大将张永德的兵权下了，换成更年轻的，由士兵一步步爬升上来的赵匡胤来掌握禁军。

面对柴家的孤儿寡母，掌握了后周军权的赵匡胤没有客气，但方式却很平和，没有直接在京都起事，而是把部队拉出东京城，营造了一个“被皇帝”的故事。

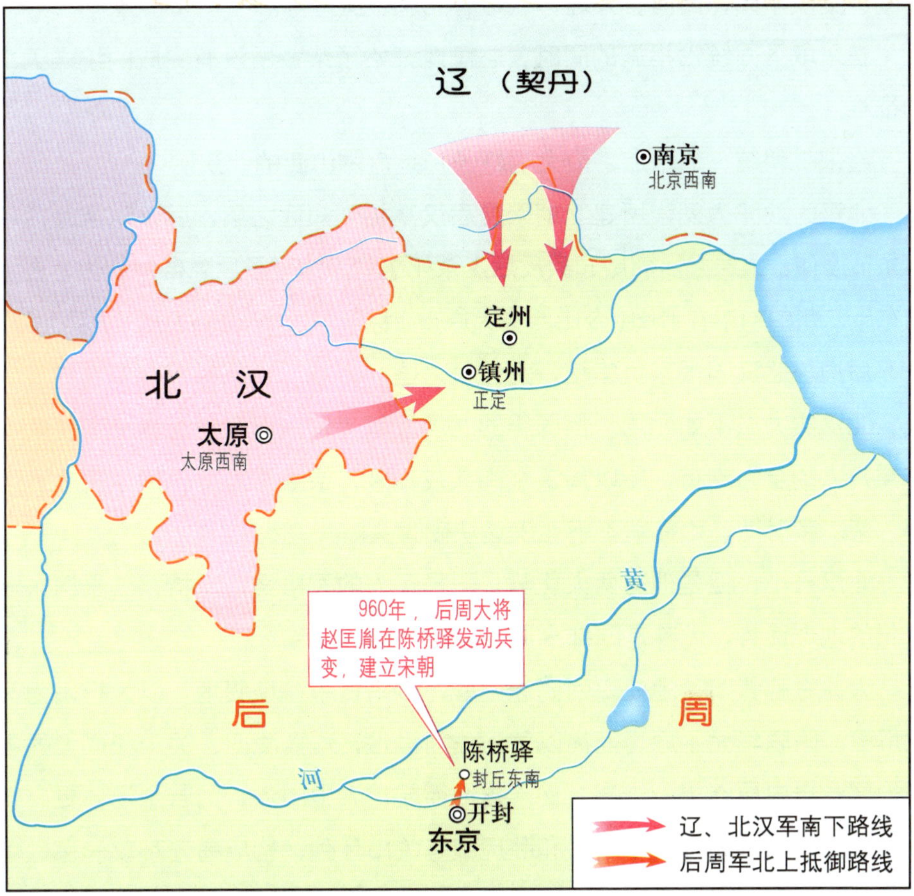

陈桥兵变

这是一次成功的和平演变，后来除了潞州（今山西省长治市）的昭义军节度使李筠和扬州（今江苏省扬州市）的淮南道节度使李重进反对外，从后周到北宋的政权演变并未造成太多的流血事件，赵匡胤全盘承接了郭威、柴荣留下来的家底。

公元 960 年，赵匡胤称帝，改元建隆，国号为宋，都东京（今河南省开封市），国土为后周的全部地盘，州一百一十一，县六百三十八，人口九十六万户。

而与北宋政权并立的，南边有南唐、吴越、南汉、南平、武平，西边有后蜀、党项李氏，西南有大理，北边有北汉、契丹等。

在采取巩固统治措施的同时，赵匡胤开始了柴荣所没有完成的统一天下的征程。

赵宋王朝统一的路上，最大的钉子户是盘踞山西的北汉。

北汉为沙陀人刘崇所建。刘崇是后汉高祖刘知远之弟，后汉隐帝时期任河东节度使、太原尹。郭威起兵反后汉杀死了刘崇的侄子后隐帝刘承佑，占据河东十二州的刘崇在晋阳（今山西省太原市）称帝与后周郭威对抗，史称北汉。

后周与北汉国恨家仇集结，为世仇之国。郭威、柴荣时代就多次你征我伐，北汉实力虽不如北周，但弱小的北汉投靠契丹，奉辽皇为叔皇帝，获得了契丹人的全力支持，所以周汉之间兵戎往来，虽互有胜负，周攻汉守，但郭、柴二帝时期，始终啃不下北汉这块硬骨头。

北汉虽小，但是他有两大优势，一是辽人的军事经济支持，二是河东十二州的地理优势，尤其是国都太原。

太原古称晋阳，地处山西高原中心，雄跨晋中盆地腹地，以太行山为天然屏障，阻隔华北平原，西南以黄河作为襟带，连接陇西、关中和广大的中原地区，自中原回望，山高万仞，拔地而起，表里山河，固若金汤；更有石岭关、天门关、蒙山、娘子关和卧虎山等关山环列，构成易守难攻、可进可退的天然屏障。明代军事地理学家顾祖禹曾称誉太原的地理形势为“拊天下之背而扼其吭”。

因为其地理位置，太原城成了中国历史上最难攻破的一座坚城。

春秋末期，智、魏、韩三家围攻赵氏所据晋阳城，三年不下，最后赵氏联合魏、韩水淹智氏，一举奠定了三家分晋的政治格局，拉开了战国时代的大幕。

西晋五胡内侵，司马王朝支离破碎。刘琨募集千人修筑城墙坚守晋阳抵抗匈奴人，也曾上演了一曲胡笳救孤城的传奇故事。

而作为李唐王朝的发家之地，在安史之乱时，李光弼率万余守军坚守太原，抵抗住了史思明的十万大军的冲击，最后歼敌七万余，与同时进行的睢阳保卫战一起成了安史之乱的关键转折，拯救了濒临灭亡的大唐帝国。

赵匡胤立国后，最初的想法是效法后周世宗（柴荣）挥师北上，平北汉，复中原，为此他曾向武胜节度使张永德询问“下并汾之策”。张永德给赵官家的答案却是不可，指出对北汉目前最好是不定期派游兵扰乱其正常农业，并设法离间其与辽邦关系。

平定李筠、李重进的叛乱后，他再次问计华州团练使张晖。张晖给他的答案依然是暂不可行。

赵匡胤仍不死心，一个风雪夜，他夜访宰相赵普，在赵府与赵执宰烧肉温酒以进，彻夜长谈，但话题只有一个，如何征伐太原。

对赵官家的议题，读了半部《论语》的赵普沉默良久，给赵匡胤也只是一句无可奉告。

赵匡胤愤怒了，说怎么所有的人都不支持我打北汉?

赵普只得给皇帝做思想工作，分析天下局势，大意为北汉离我虽近，但却不易吞下，南方诸国虽远，但较弱，还是先平定南方之后再行北上，解决身边这个钉子户。

风雪夜访赵普，让赵匡胤下定决心，制定了先南后北、先易后难的统一战略。

2

被赵匡胤瞄上的软柿子是南平和武平。南平是朱温部将高季兴所建，都江陵（今湖北省荆州区），拥有荆（今湖北省荆州市）、归（今湖北省秭归县）、峡（今湖北省宜昌市），是南方十国中实力最为弱小的，但因地处江汉一隅，国君也颇为识趣，谁都不惹，对谁都称臣当小弟，竟也维持了近五十年，堪称五代十国史上不小的奇迹。武平为唐末武安节度使马殷所建，后来被南唐所灭，再后来其旧将周行逢复国，据湖南十四州。

乾德元年（963 年），武平统治者周行逢逝世，其子周保权继立，年仅十一岁。部将张文表发动叛乱，周保权向赵匡胤请求援助。赵匡胤瞌睡来了有人送枕头，遂出兵助武平“平乱”，并“借道”南平，上演了一出“假途灭虢”的好戏，不到一年的时间平定南平、武平，北宋的势力由此延伸到长江以南。

平南平和武平后，赵匡胤的下一个目标是后蜀。后蜀为唐末四川节度使

北宋的统一

孟知祥所建，据四川、汉中共四十五州，凭巴蜀汉中天险以自守，但其国主孟昶奢侈淫荡，政权腐败，民心不稳。乾德二年（964年）十一月，赵匡胤发兵两路攻蜀，北路军以王全斌、崔彦进为将，率军三万出凤州（今陕西省凤县），由嘉陵江南下；东路军以刘光义、曹彬为将率军五万出归州，沿长江西上。两路大军势如破竹，于次年正月先后抵成都城下，蜀主孟昶开城投降。

北宋灭后蜀后，下一个目标是南汉。南汉为唐末清海节度使刘隐所建，建都兴王府（今广东省广州市），据有岭南六十州，建国达五十年，传位五帝。开宝三年（970年）九月，赵匡胤派潘美、尹崇珂、王继勋等将率十州兵大举进攻南汉。宋军避开五岭险道直挺贺州（今广西壮族自治区贺州市），在南乡（今广西壮族自治区贺州市信都镇）设伏大败南汉主力，相继攻克贺州、韶州（今广西壮族自治区韶关市），在韶州城下大败南汉李承渥的大象军，进逼兴王府。南汉君主刘鋹无奈之下只有选择投降，赵匡胤在开封为高继冲、周保权、孟昶、刘鋹凑齐了打麻将的一桌人。

南方诸国，只剩南唐。南唐为十国吴将李昪所建，据州三十六，历经三代。李璟、李煜均是文学造诣极高的词人，经济和文化发展比较好，虽拥有三十万大军，但君昏臣庸，无独挡一方的大将。开宝七年（974年）十月，赵匡胤派曹彬、潘美主将，领十万水陆军由荆南沿江东下，由采石架浮桥渡长江，围困金陵（今江苏省南京市）。在金陵城下多次大败南唐军，最终于开宝八年（975年）十一月攻破金陵城，南唐后主李煜被迫投降。

3

计划不如变化快，赵氏帝国统一南方用了十二年的时间（963年—975年），这期间发生在北汉的一场政变让宋太祖又对北汉动了心思。

开宝元年（968年），北汉发生政变，北汉国主刘承钧病逝，其养子刘继恩即位。北汉权相郭无为乘刘继恩居丧不备，发动兵变杀刘继恩，扶立刘承钧另一养子刘继元即位。

郭无为是道士出身，曾经投靠过郭威，不过一直没受重用，后来拂袖而去，在北汉图得了一番作为。在郭威手下的日子里，他和一向仰慕道家的赵匡胤私交很好，只差没叩头烧香拜把子。扶立刘继元上台后，郭无为向自己当年的兄弟送来秋波，愿意做赵匡胤在北汉的内应。

北汉大乱，又有郭无为这样难得的上层潜伏人员，对于北汉赵匡胤怎么可能不动心？他暂时忘却了南方以及与赵普定下的先南后北、先易后难的战略。

开宝元年（968 年）八月，赵匡胤开始了平定北汉的征程。

第一次伐汉大军兵分东西二路，东路军为潞州方面军，以昭义军节度使李继勋、侍卫步兵都指挥使党进为正副都部署，以宣徽南院使曹彬为监军；西路军为汾州（今山西省汾阳市）方面军，以建雄节度使赵赞、防御使司超为正副都部署，防御使何继筠为先锋部署，防御使康延诏、隰州刺史李谦溥为都监。

二路大军总兵力不详，从《宋史·李继勋传》记载，东路军约为六万人，为此次战役的主力军，东西二路军应为十万人左右。

刚继位的刘继元听闻宋师入境，立即做出两大应对措施，一是向辽廷老大哥火速求援，二是派刘继业、冯峰等将扼守团柏谷（今山西省太谷县西南）等要塞，抵抗宋师。

宋军东路军进展很顺利，在洞过河（今山西省平定县东南陡泉山）与汉军交锋，大败汉军，俘汉将张环、石斌，很快突破了汉军的阻截，兵临太原城。

但面对坚城太原，宋军则只能采取持久战了。是年十一月，辽廷以南院大王耶律敌烈（塔尔）为兵马总管，率诸道兵南下援汉，太原城下的宋军面临两面夹击的危险，衡量利弊，赵匡胤不得已下令班师。

一伐北汉失利。

赵匡胤对此次失利大为恼火。两路大军回师不到三个月，他再次组织大军北伐，这一次，他决定亲征。

开宝二年（969年）二月，赵匡胤以曹彬、李继勋、党进、赵赞等部为先头部队，直袭太原，以韩重赟、郭延义部赴镇（今河北省正定县）、定（今河北省定州市）二州，何继筠部屯兵阳曲（今山西省阳曲县东北），阻击辽部援军，赵匡胤自率后继主力，于二月十七日由开封出发，自滑州（今河南省滑县）、相州（今河南省安阳市），越太行山驻潞州，直扑太原。

北汉方面的防御策略与上次大抵相同，面对曹彬、李继勋等宋师先锋部队，驻守团柏谷的汉将刘继业、冯进珂并没有作多大抵抗便率兵逃回太原，曹彬、李继勋等部再次兵临太原城下。

倒是赵匡胤本人所率的主力军在潞州因为大雨，被困留了十八天，三月二十八日才到达太原城下。

从三月到闰五月，宋军围困太原达四个月之久。赵匡胤想尽了一切攻城之术，包括战国初期智、魏、韩三家攻赵时智氏用过的损招——引汾水淹晋阳，但还是无解。

绝望而漫长的攻城战一天一天的延续着，伴随的是绵绵而淋漓的阴雨，双方损失都很大，太原城里虽还未人相食，但粮草已不济，而城外的宋军营内也开始疾病滋生，散漫着瘟疫和死神的味道。

战争的X因素还是辽人，最初辽人的援军在镇、定二州和阳曲被宋师击退，但辽人很快又派出新的援军，突破了宋师的阻截。

开宝二年（969年）闰五月，由辽北院大王耶律斜轸率领的辽国援军抵达太原城西，宣告宋军围城阻援的战略失利。

赵匡胤只能选择退兵。

两次攻太原不克，赵匡胤终于意识到北汉是一块很难啃的骨头，终于重新回到先南后北、先易后难的轨道，先行平定了南方诸国。

开宝九年（976年）八月，赵匡胤再次发起了第三次对北汉的征伐。有了平定南方的底气，宋师这次的声势更为浩大。赵匡胤遣潘美、党进、杨光义、牛思进、米文义等大将十路分兵进攻。

宋师党进等部均击溃北汉各部，迅速进逼太原城下，形成合围，对太原形成势在必得之势。

十月，在宋师攻城作战最关键的时候，宋师后方却传来了帝国最大的政治变故，大宋帝国的开国君主赵匡胤暴病身亡。这成为大宋王朝的第一迷案。宋太祖行伍出身，正值当年，却突然暴亡，继承皇位的却不是两个已成年的儿子，而是自己的兄弟赵光义，这留给了后世太多的猜想。

大宋第一迷案直接决定了第三次北征的结局。得知太祖暴毙后，宋师陆续回师，第三次北征太原功败垂成。

赵匡胤创立了赵宋帝国，成为中国历史上比肩秦始皇、汉武帝、唐太宗的伟大帝王，但他一统天下的理想，不管他愿意不愿意，他都必须留给他的接班人——弟弟赵光义。

4

赵光义本名赵匡义，是赵匡胤同父同母的兄弟，太祖登基后因避讳而改名赵光义，很小就跟随其兄四处征战。陈桥兵变时，二十一岁的赵光义是最主要的积极分子。太祖登基后，封他为殿前都虞侯、睦州防御使，后来升封晋王。

赵光义是否为赵匡胤的法定接班人，已无从考证，但是太祖时期的晋王在帝国已有很高的话语权，如太祖曾想迁都洛阳，结果想法刚出口，赵三就带领大臣们拼老命反对，最后不了了之。

所以不管赵光义继位是否名正言顺，接过老哥权力棒的宋太宗赵光义在政治军事上基本沿承太祖时期的方略和政策。太平兴国三年（978 年），赵光义拘留了吴越王钱俶，逼其交出了两浙十三州。同年，平海节度使陈洪进也献出了漳（今福建省漳州市）、泉（今福建省泉州市）二州，北宋完成了对南方的统一。

统一南方之后，赵光义终于进攻北汉，剑指太原——这座让他老哥三次磕掉大牙的地方。

太平兴国四年（979年）正月，赵光义进行了宋帝国对北汉的第四次征伐。

这一次是规模最空前也是准备最充分的一次，大宋从各方面都做好了充分的准备。

首先是和辽国的外交谈判，辽景宗耶律贤得知宋师将大兵攻伐北汉，便遣使到开封，提出辽宋和平交邦的唯一条件是停止出师伐汉。而赵光义的态度也很干脆，只要辽不出兵助北汉，两国可和好如故。

最后谈判破裂，赵光义也早就做好了和辽人翻脸的准备。宋太宗即位后第一次选择亲征，但他不是直奔太原，而是坐镇镇州，指挥宋师阻击辽人对北汉方面的援救；同时派大将郭进为太原北石岭关都部署，东北两面阻击辽师援军。

伐汉主力大军则由大将潘美、崔彦进、李汉琼、曹翰、刘遇等部直攻太原。

新皇帝坐镇镇州效果果然不同，这一次宋师对辽援军的阻截相当成功。辽国得知宋人再次进攻北汉后，先派南院宰相耶律沙为都统、冀王耶律敌烈（塔尔）为监军的先锋部队援汉，随即又派出南院大王耶律斜轸、枢密副使耶律抹只为后续援军，同时令左牛千卫大将军韩侼、大同军节度使耶律善布率部由大同南下，东西二路增援北汉。

三月，辽师先锋援军与宋师郭进部在白马岭（今山西省盂县北）遭遇，辽监军冀王耶律敌烈（塔尔）犯了冒进主义，在后军未至的情况下率先锋部队渡涧西进，郭进看准战机，迎头痛击，耶律敌烈和他的儿子华格，以及南院宰相耶律沙的四个儿子均被郭进部击毙，辽先锋援军基本全军覆没，仅都

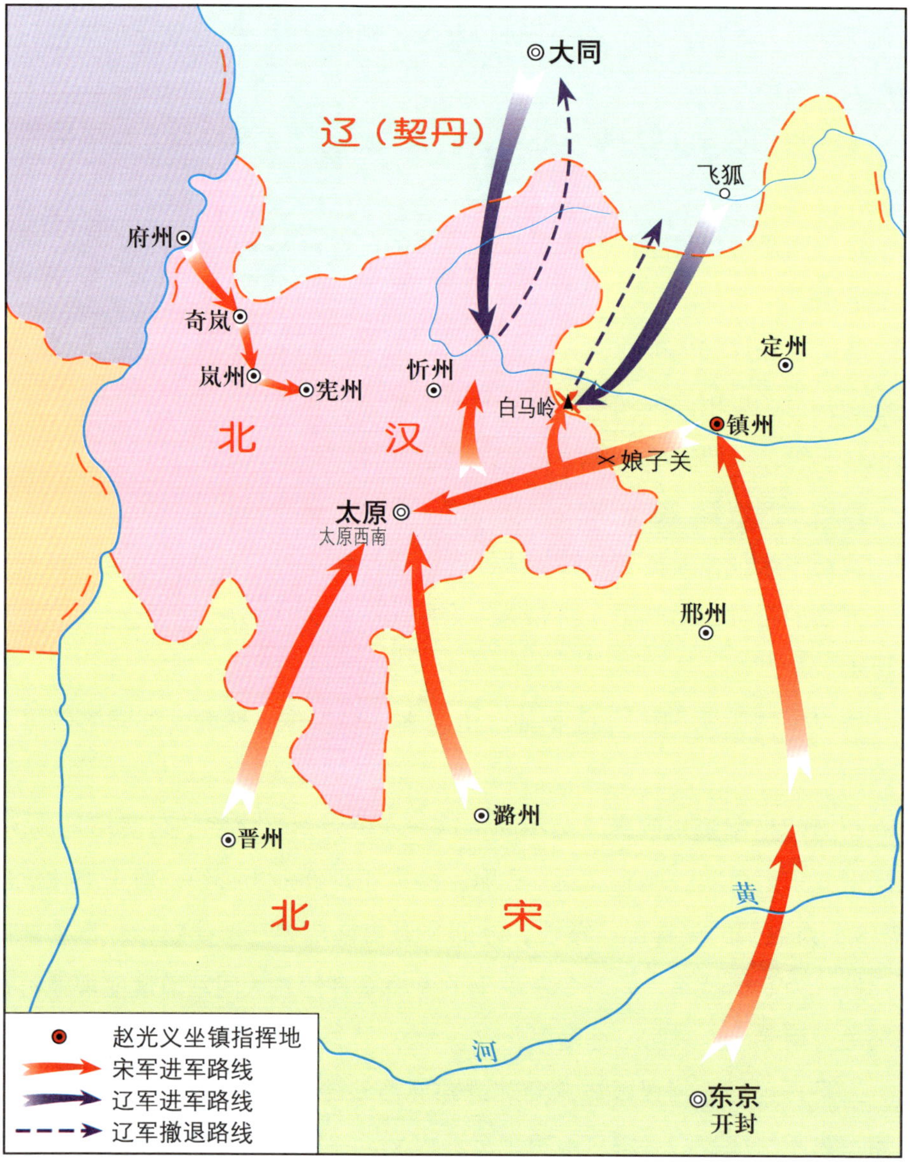
大同
辽（契丹）
飞狐
府州
奇岚
岚州
宪州
忻州
定州
白马岭
镇州
北
汉
娘子关
太原
太原西南
邢州
潞州
晋州
北
宋
黄
河
东京
开封
赵光义坐镇指挥地
宋军进军路线
辽军进军路线
辽军撤退路线

平定北汉

统耶律沙率残部逃脱。

辽军在白马岭大败，再无心援汉，耶律斜轸很快率部退兵，听闻东路军大败后，韩侼部也自动撤退。自此辽人放弃了对北汉的援救。

成功解决了北汉的外援后，坐镇镇州的赵光义才挥师西进，于四月二十六日率军抵达太原城下，而宋军各部此时均已解决了外围的北汉军队，数十万大军会师太原。

虽然几十万人兵围太原，赵光义还是保持了最后的理智，他还是希望通过外交手段逼迫北汉投降，减少不必要的伤亡。他派出了使者，承诺不杀降臣，礼遇北汉降君降臣，并许诺河东十二州宋师所过之处免租二年，未过之处免租一年。

有宋人宽松的投诚条件，再加上外无援兵，内部厌战，北汉末代国主刘继元能做的选择并不多。

五月初五，北汉末君刘继元开城投降，北汉灭亡。

至此赵氏兄弟通过十六年的时间，完成了“天下一家”的夙愿，结束了自唐安史之乱以来长达二百余年的藩镇割据和五代十国的分裂混乱之局。

对于赵光义来说，唯一的遗憾，只是被辽人占领的幽云十六州了。

尾声　拆迁皇帝

北宋的统一战争中，北汉让赵氏兄弟付出的代价最大。虽然北汉仅有“户三万五千二百二十，兵三万”，却抵御了拥有几十万雄兵的北宋帝国近二十年，不得不说是中国古代战争史上的一个奇迹。能成就这个奇迹的原因主要有二，一是太原城的坚固，二是辽人的大力援助。

对于赵光义来说，太原这座坚城他只能用恨之入骨四个字来形容。平定北汉攻克太原后，赵光义认为太原的“龙气”太旺，对自己赵宋帝国的基业不是一件好事，于是他干了一件非常缺德的事。在攻克太原城后半个月，他派兵火烧太原城，将方圆四十里的晋阳古城毁于一旦，城中很多来不及撤离的百姓全部葬身火海。之后，赵光义还嫌不够，火灭后又引晋水和汾水淹晋阳，彻底将这座历史悠久的坚城变为废墟。

赵光义毁掉古晋阳城后，命大将潘美在离古晋阳城三十五华里的汾河东岸建立了新太原城，降并州太原郡为“紧州军事”，徙州治于榆次，用降低太原的政治地位来压制龙城的“龙气”。不仅如此，修筑新太原城的时候，赵光义还把街道的格局别有用心地改为“丁字街”（有拔掉龙头之意）。

在赵光义看来，太原这座城市和它的人民的顽强坚韧与他的帝国的整体气质是不相符的。从“强干弱枝”“守内虚外”的整个帝国战略出发，他们并不需要一座如此坚韧的城。

他不知道，百年后，他的帝国的命运同样需要这座城的军民来拯救。

那是后话。

战争人物表现评级

赵匡胤（C级）：“唐宗宋祖，稍逊风骚”，作为中国历史上最具备军事才能的开国君主之一，他的军事生涯是接近完美的，而三攻北汉却堪称是宋太祖军事生涯的败笔。他先是放弃了拟订的先南后北的基本战略，仓促对北汉用兵，其次低估了太原城的坚固度和辽人援助北汉的决心，以至三伐北汉而未果，最后让北汉成了自己一生的遗憾。

赵光义（B级）：论文治武功，论品行度量，赵三都远远不如其兄，其帝王之位也得之不明，坐拥老哥打下的厚实江山，收复北汉并算不得多惊天动地的伟业。但仅就征伐北汉中的表现，赵三还是优于其兄的。四伐北汉的征程中，他亲征坐镇镇州，解决了辽师援军问题，算是蛇打七寸，拿住了要害。

刘继元（B级）：北汉末代国君刘继元是个苦命孩子，本来就是作为一个傀儡被扶立上台，但扶立他上台的郭无为放着北汉的实质掌门人不做，老想着投奔北宋，（据说刘继元在知悉郭无为有投宋之心后，哭了三天三夜），刘继元带着不多的兵将依靠太原及辽人，对抗了强宋十一年。虽然史书上对这种亡国之君评价皆不高，但刘继元打光了自己的最后一颗子弹才选择投降，死后也算有脸去见自己的养父刘承钧了。

郭进（A级）：参加四攻太原的宋师名将很多，曹彬、潘美、李继勋等，但均表现不佳，宋师的真正亮点却是老将郭进。郭进是深州博野（今河北省博野县）人，侍奉过三朝五帝（后汉高帝刘知远、后周太祖郭威、后周世宗柴荣、宋太祖赵匡胤、宋太宗赵光义），为官清廉，打仗老辣，几位帝王对他都很是器重。开宝年间，太祖赵匡胤令人建造宅第赏赐郭进，全部采用筒瓦。礼官发话了，说筒瓦是亲王才能用的规格，违礼了。赵匡胤说老郭为我镇守西山十多年，对他应该比我的亲儿子还好才对，少废话，以亲王府规格建宅。

在白马岭，郭进没有辜负太祖的厚爱，五十八岁的他指挥其部全歼辽援军先锋部队，一举断了北汉的外援，成为左右战局的关键棋子。

战争花絮

郭无为与赵匡胤"兄弟情深"：郭无为作为一名道士，在北汉坐到了宰相的高位，又成功地铲除了刘继恩，扶立刘继元即位，成为北汉政权的实际执掌者。但是郭道士却走了火入了魔，老想着当初在郭威手下效命时的好兄弟赵匡胤，就盘算着怎样把北汉这家店盘并给兄弟赵匡胤，开始和赵匡胤勾勾搭搭，做起了北宋的内应。

但这位潜伏分子费尽了三寸口舌，北汉的君臣均不同意投降。老郭没耐心了，自己准备投奔光明，于是计划领兵前去投靠宋军，为此他亲口向刘继元提出要亲自率兵阵前施法，痛击宋军。刘继元很是感动，拨给了他一千兵将，并让大将杨业、郭守赟作为副将辅助。

那时候通讯不发达，宋师并不知道郭国师是来投诚的，结果老郭刚出城，就被宋师袭击。老郭本来是来投诚的不是打仗的，自然被打了个落花流水，两个大将杨业被俘，郭守赟溃逃。郭国师成了光杆司令，没点见面礼也不好意思见兄弟赵匡胤，于是郭道士又逃回太原，另作图谋。

后来郭道士的阴谋暴露，刘继元在开城投降前，先诛杀了这位在北汉潜伏十多年的宋奸，让他和宋太祖赵匡胤泉下相会、兄弟情深去了。

郭进死得很窝囊：作为四攻太原时的第一功臣，老将郭进却没能等到班师回朝让太宗赵光义给他颁军功章就死了。死因不是战死沙场，而是自杀。刚打了一个大胜仗，老郭凭啥想不开要自杀呢?

起因是赵光义给他的部队派了位监军，叫田钦祚，是个阴险狡诈的小人。老郭与他处处不合，互相之间没少向上面打对方的小报告。

按理郭进打了大胜仗，主帅和监军回朝后都能加官晋爵，二人再有什么矛盾不合都应暂时化解，这哥俩不，矛盾反而愈演愈烈，田钦祚多次在公开场合侮辱郭进，老郭武将出身人老面子薄，一时气不过没想开，抹脖子自杀了。

作为立功之将，郭进的死法也特立独行，看官心里谁都会嘀咕，一军之帅，在宋帝国就这么窝囊，竟然被一个监军给骂死了，稀罕事儿。

在宋帝国，监军和主帅之间的稀罕事儿，还多着哩。

赵光义得意忘形：赵光义刚当上皇帝打了大胜仗，平定了北汉，心里乐开了花，就得意忘形不知东南西北了。他决定马不停蹄再次亲征，目标是被辽人占据的幽云十六州。结果辽宋两师在高梁河相遇，两军厮杀，宋师狼狈溃逃，大宋皇帝换乘驴车撤离，颜面丢尽。

战争猜想

先南后北，先易后难，是北宋统一天下最正确的战略，战争的进程也证明这一基本战略的正确性。对于宋灭北汉的结局，北汉刘继元的短视和当时辽国内部矛盾的爆发也是赵氏兄弟成功的重要原因。试想赵氏兄弟南征时北汉和辽人联起手来在后院起把火，让赵氏兄弟首尾不能相顾的话，北宋的统一战争，还会如此顺利吗？

雍熙北伐

雍熙三年（986 年），为收复后晋石敬瑭割让给辽的燕云十六州，宋太宗分兵三路、发兵二十万大军伐辽。最初，三路大军进军顺利，收复了不少失地。但随后东路军曹彬部在岐沟关（今河北省涿州市西南）被辽师名将耶律休哥击败，三路大军陆续撤退，雍熙北伐失败。雍熙北伐是北宋王朝对周边少数民族政权最后一次大规模的战略性进攻。此战的失利，使宋对辽的战略关系由进攻转为防御，最终不得不以金钱换取和平。

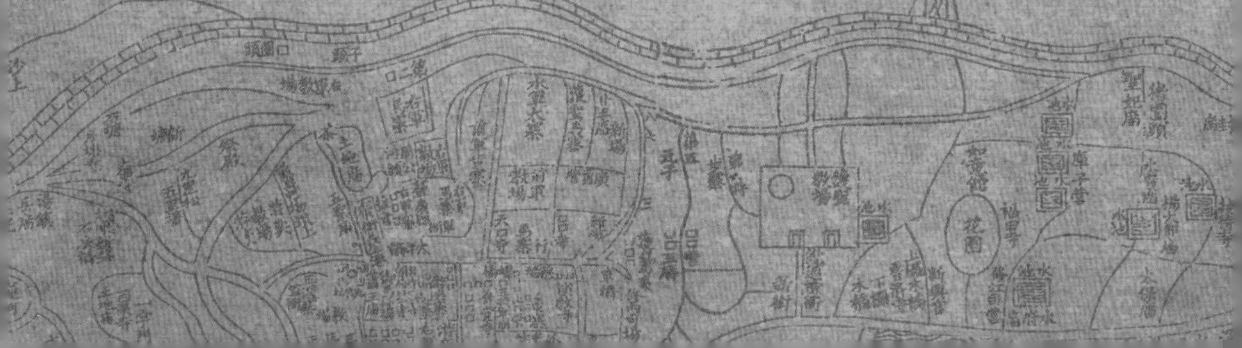

序曲　江山·美男

大红的蜡烛在洞房欢快的恣意乱舞。

韩德让揭开了新娘的盖头，看着那张风华绝代的脸。

新娘送给韩德让一个迷人的笑，轻问相公我今天漂亮吧?

韩德让的腿突然哆嗦起来，他虽是一个文人，却不懦弱。他可以在无数次刀光剑影的战场和风云变幻的朝堂谈笑风生、羽扇纶巾，但是今天，他却感到无比的胆怯与羞愧。

他向女人跪了下来，泣不成声，说太后一世清誉，今日却毁于韩德让之手，韩德让万死不足抵今日之罪孽。

女人扶起了他，柔声道相公何须如此自责，功过是非，任后世评说，你我无愧于心便好，今日你我休念江山，只记风情。

女人靠在韩德让肩头，喃喃说燕燕十六岁那天在相府与君初见，便发誓非君不嫁，奈何身在豪门，身不由己，不过上苍待我总算不薄，在二十年后竟能完成今生之夙愿，也不枉世上走此一遭。

“德让也永不能忘那天，相府桃花开得正艳，岳父大人宴请辽国未婚青年贵族王孙，我不胜酒力旁庭避让赏花，却不料与燕燕相遇。我当日怎么也没想到，相府的千金竟会亲手葬花，只道萧府不愧为我朝第一豪门，一个丫鬟也如此倾城绝国，多愁善感，当时竟酒壮色胆，唐突佳人，随后还斗胆向相爷索人求婚，闹下了天大的笑话。”

提起往事，韩德让也不免感叹唏嘘。

“那我得感谢我们家扫院的丫头那天生病喽！不然韩君当年可是上京一等一的美男，怎会看得上我等只会舞枪弄棒之粗俗女子。记得当年只要韩君出行，迎接的必然是上京贵妇少女们的鲜花礼物，人见人爱，车见车载，可谓当时上京一景，我今天也算是摘得当年老花魁喽。”

女人开始调侃起新郎官，韩德让虽年近半百，却也小红了脸。说这么多年能够为圣上效忠，能够随你南征北战，每日能见你一面，知你安好，便已知足，从未想过会有今日非分之福。

“我今日嫁给你韩德让，就是要让天下人知道，你韩德让是我萧绰的男人，我们是名正言顺的夫妻，不是只敢暗地苟合的狗男女；你没有儿子，从今天起，耶律隆绪就是你的儿子，你死后，必须要埋在我的陵墓旁。生，你是爱慕我的人；死，你也得做侍候我的鬼，哈哈！”

女人的语调高昂，这时，才显现出她一代女杰的霸气。

一个女人所想拥有的，是什么？

亲情、爱情、金钱、名利、财富。

可遗憾的是，在历史舞台上的女人们，从来都面临着鱼与熊掌不能兼得的痛苦选择。

这让她们大多都背上了悲情的色彩。

当然有特立独行之辈，

就是这位来自北方巴林草原上的女人。

情场、朝堂、战场，

对她来说，都不过自家门前的庭院而已。

她可以不顾世俗的非议和母仪天下的尊贵身份，与异族情人相恋交好，并公然下嫁。

她又能率领自己的民族，走向顶点和辉煌。

她更可以铁马金戈，让最强大的敌人低下自己高贵的头颅。

——她就是萧绰，辽萧太后。

1

尽管现在俄罗斯和整个斯拉夫语系中，契丹就是中国的形似音（俄罗斯语 Китай，葡萄牙语 Catai，西班牙语 Catay）。但契丹民族出现在汉字的史册中还是比较晚，直到《魏书》中，才基本承认他们是一个独立的民族，而普遍认为他们的先祖源于鲜卑宇文部。但在唐朝以前，他们还是八到十个弱小松散的部落。

中原在进入李唐盛世的时候，契丹民族形成部落联盟，并内附唐廷。唐廷以其地置松漠都督府（今内蒙古自治区赤峰市、通辽市一带），以其首领窟哥为都督，设置了十个羁縻州。

唐帝国后期，对契丹控制力减弱，契丹人依附了北亚霸主回纥近百年。唐破回鹘汗国后，又回附唐廷。进入公元十世纪的时候，一直垄断契丹部落领袖地位的遥辇氏的最后一位可汗痕德堇因政绩不佳被下课。八部的首领选举出了新的领袖，来自迭剌部的耶律阿保机成为契丹人新的带头大哥，他让契丹进入到一个新时代。

在阿保机带领下，契丹人走向强盛，先后征服奚、室韦、阻卜、渤海国等部，在其任内基本划定了契丹人的领土和疆域。

神册元年（916 年），耶律阿保机在龙化州（今内蒙古自治区敖汉旗）称帝，建立了契丹帝国。

阿保机的梦想是在生前建立一个北至漠北，南至黄河的帝国，在他一生的征伐中，向北扩展很顺利，但南下却遇到了当时在中原最有实力的沙陀人的阻击，屡屡受挫。

到了契丹帝国的第二代领导人耶律德光的任内，之前一直是他们入侵中原最难逾越的障碍——沙陀人走向衰落和内讧。后晋天福三年（938 年），耶律德光趁沙陀人内乱的机会，从沙陀人石敬瑭手中把燕云十六州据为己有。

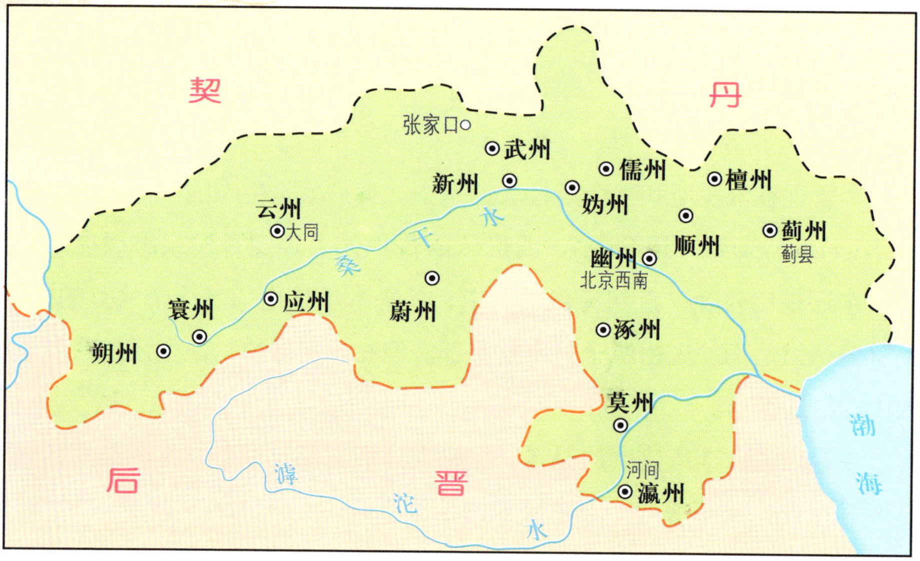

燕云十六州示意图

燕云十六州又称幽云十六州，最初指石敬瑭割让给契丹的位于今天北京、天津以及山西、河北北部的十六个州，后来泛指五代以来被陷于辽之长城南部诸州。以太行山为界，位于太行山北支的东南方幽（今北京市）、檀（今北京市密云县）、顺（今北京市顺义区）、蓟（今天津市蓟县）、瀛（今河北省河间市）、莫（今河北省任丘市北）、涿（今河北省涿州市）七州，通常称为山前七州，拥此七州，可沿平原直冲河、洛，直插中原汉民族心脏；而位于太行山西北的儒州（今北京市延庆县）、新州（今河北省涿鹿县）、妫州（今河北省怀来县）、武州（今河北省宣化区）、蔚州（今河北省蔚县）、应州（今山西省应县）、寰州（今山西省朔州市东北马邑）、朔州（今山西省朔州市）、云州（今山西省大同市）九州，通常称为山后九州，地势险据、易守难攻。

山前山后互为依托，形成了中原王朝抵御北方游牧民族的一道最佳天然屏障。失却燕云十六州，中原王朝就赤裸裸地暴露在北方少数民族的铁蹄下。

占据燕云十六州，使辽帝国的基本经济结构从畜牧业为主转向半畜牧半农耕化。而军事上，据有燕云十六州的契丹人在与中原王朝的对抗中就处于可攻可守，可进可退的极佳战略地位。

契丹人在公元 938 年改国号为辽，此时的辽帝国已经是一个东临北海，西至金山（今阿尔泰山），北至额尔古纳河、大兴安岭一带，南至幽州的庞大帝国。

燕云十六州的重要性，中原的扛鼎者又怎能不知，无论是周世宗柴荣，还是结束五代十国割据局面、建立大宋王朝的赵氏兄弟的目光，一直聚焦在这片土地上，从没离开。

2

萧绰，小字燕燕，出身辽审密氏集团拔里氏的少父房家族。其父系辽国穆、景二帝期间的重臣北府宰相、魏王萧思温。

萧燕燕自幼聪慧美丽，一次萧思温叫自己的几个宝贝女儿去打扫庭院，娇生惯养的相府千金们哪干得了这个体力活，唯独萧燕燕扫得干干净净，深得其父赞扬（不扫一屋何以扫天下的典型事例）。

在萧思温的培养下，萧绰虽为女辈，但熟读诗书经史，兼读兵法。同时，她还勤练骑马射箭、习练武术。

家庭的教育为萧绰以后成为秀外慧中、文武双全的奇才打下了坚实基础。

辽景宗保宁元年（969 年），十六岁的萧绰被选为贵妃，第二年生下皇长子耶律隆绪，很快被封为皇后。

从唐高宗到辽景宗，历史证明一个强悍的女人前面必然有一个体弱多病的皇帝。辽景宗耶律贤自幼患疾，经常卧床不起，于是年轻的萧绰辅政。保宁八年（976 年），辽景宗更是直接谕史馆学士：“在书写皇后言论时也应称‘朕’或‘予’”，公开明确了萧绰在辽王朝直接领导人的身份。

景宗在位十三年，重用汉官，革除弊制，被后世赞为辽国中兴之君，这大半的功劳应该算在他那年轻而美艳的皇后身上。

乾亨五年（982 年），辽景宗逝世，其年仅十二岁的皇长子耶律隆绪即位，是为辽圣宗。而萧绰以皇太后的身份临朝摄政，其年她不过是一位二十九岁的美艳少妇。

主少母弱，辽国皇族各王掌握兵权。萧绰原来最大的靠山——其父萧思温又早已被刺身亡。萧绰身后各路政治势力也蠢蠢欲动，以致萧绰在朝堂之上当着众臣面前“恸哭”——孤儿寡母，这大辽王朝的舵可怎么掌?

萧绰那性感迷离的眼睛里还未真正流露出忧伤，早有人热血沸腾地跳了出来，英雄护美。

他们是耶律斜轸、耶律休哥、韩德让等一干文臣武将。

其中韩德让的身份最吸引八卦周刊的眼球。

韩德让，汉人，祖籍蓟州玉田（今河北省玉田县）。祖父韩知古、父亲韩匡嗣皆为辽朝佐命功臣。景宗去世时，韩德让任南京枢密使。他在景宗去世后“密召其亲属十余人并赴行帐”，在萧绰的默许下，更换不可靠的大臣，敕诸王各归府第，随机应变，夺其兵权，使太子得以顺利即位，为政权的平稳过渡立下了头功。

而根据《宋会要辑稿》、《契丹国志》等宋人所记资料，韩德让与萧绰的关系是孩子没娘——说来话长。萧绰在未出嫁前，就与韩德让有婚约，是韩德让的未婚妻。当上皇后之后，二人也没断往来。萧绰以皇太后身份摄政后，不顾世俗的非议，公然于圣宗统和六年（988 年）下嫁韩德让。圣宗耶律隆绪对韩德让“见则尽敬，至父事之”。

韩德让证明了他能独获萧绰的芳心，并非只是靠那张帅得一塌糊涂的脸蛋。他与耶律斜轸共参大政，实施了一系列的政治改革，抑止了辽内部反萧亲王势力的发展，缓和了辽帝国内汉、契丹矛盾，对圣宗朝的政局稳定以及之后的辽宋和盟做出了不可磨灭的贡献。

而军事方面，主持军政的耶律休哥则堪称辽帝国史上第一名将。

耶律休哥，字逊宁，辽国皇族出身，少时在辽军便负盛名。辽穆宗时，乌古、室韦二部背叛契丹，耶律休哥随北府宰相肖斡讨乌古、室韦，叛平兵还。辽穆宗应历十八年（968 年）休哥因军功升职为惕隐（注：唯一职掌皇族政教的官员，在辽国具有极为重要的地位）。到了景宗朝，休哥因屡立战功，任南京（今北京市）留守，开始执掌辽国军政，并赐号于越（注：辽国百官最高荣誉，辽立朝二百余年仅有十人被封于越）。

萧绰执政后，继续让休哥执掌辽国军政大权，任南京留守、南面行营总管，总边事，给予了休哥军事独断权。

文臣武将皆有能人，在美艳的萧太后手中，辽帝国政局稳定，国泰民安，做好与新兴的大宋帝国对抗的一切准备。

3

赵三想做的，就是向天下人证明，就是他接赵二的班，实至名归。

所以他压根没准备动老哥放置在内府库里的“封桩库”（注：太祖曾专门留置一笔经费，用于与辽国谈判赎回燕云十六州）。

宋帝国四攻太原，终于啃下了统一路上最难啃的骨头，帝国的军士们本来都等着胜利凯旋，论功行赏、把酒言欢。

谁知道，他们接到的命令是稍作休整，继续挥师北上，收复燕云十六州。

虽然众将士苦不堪言，但却无人敢违抗自信心膨胀到极点的赵三的命令，一场没有充分准备的北伐之战就这样拉开了。

赵光义命枢密使曹彬为战役的总部署，调发军队，部署行动，以潘美负责幽州行府，组织粮运、管理后勤，刚在白马沟大胜辽军的郭进部继续在雁门（今山西省代县）一带牵制雁门以北的辽军，而赵光义自率大军直袭幽州，拿下幽州后，再乘胜追击，一举收复十六州。

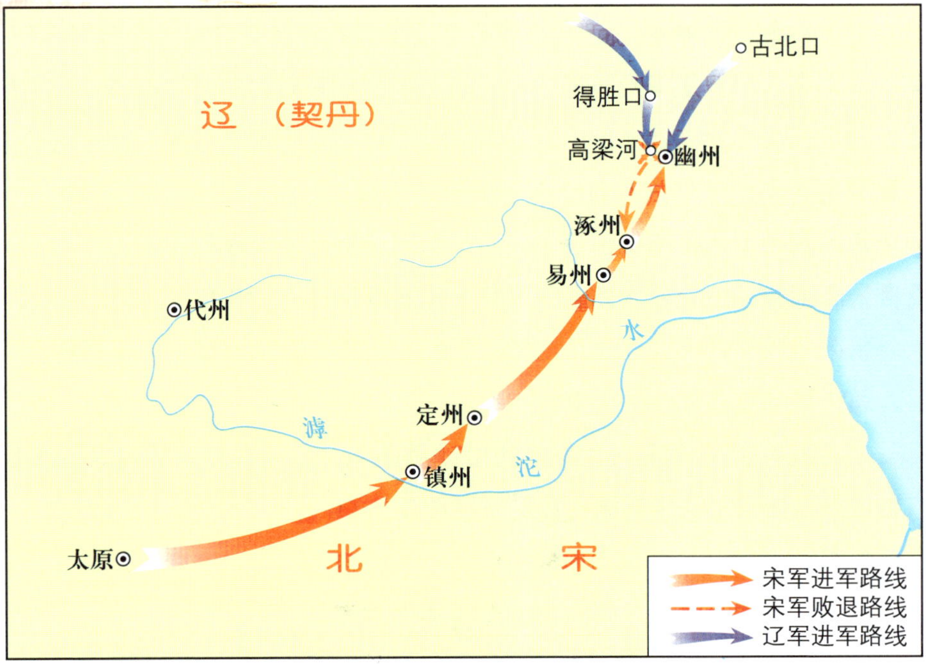

宋第一次北伐

太平兴国四年（979 年）五月十三，赵光义亲率大军从镇州出发，其他诸军陆续跟进。最初宋军的征程很顺利，十九日宋师顺利占领金台（今河北省易县东南），易州（今河北省涿州市西南）刺史刘禹举城投降，随后又于沙河击溃耶律奚底部，紧接着涿州判官刘原德举城投降，宋师顺利地抵达幽州。

据守幽州的正是萧绰的情郎，当时的辽国大丞相、南京留守韩德让。宋朝大军兵临城下，韩德让没有慌乱，安定民心，加强守备，多次击退了宋师的进攻。幽州外围，耶律斜轸部也驻扎在得胜口（今北京市昌平区西北）、清沙河（今北京市海淀区清河镇北），与幽州互成犄角，并牵制了宋军部分兵力。但耶律斜轸的兵力也无法对幽州城增援，双方在幽州战场呈胶着状态。

而辽国后方的反应是迅速的，初闻宋师兵围幽州，同时鉴于辽师白马沟的大败，辽景宗耶律贤一度想放弃幽州，退守松亭关（今河北省喜峰口附近）、虎古北（今北京市密云县境内）。他的想法立即遭到了皇后萧绰的否决。幽州和情郎都是萧燕燕不能放弃的，这次和她持同样意见的是耶律休哥。

耶律休哥决定亲率十万大军，救援幽州。

七月初六，耶律休哥的援军抵达幽州，此时宋师主力还在玩命攻城。援军先锋耶律沙部在高梁河（今北京市西直门外之河）与宋师遭遇，双方激战至黄昏，耶律沙部不支，开始后撤。此时耶律休哥的后续大军及时赶到，宋师溃败。得知援军到达后，韩德让命大将耶律学古率部出击，配合援军实施猛烈反击。

宋师大败，溃不成军，赵三逃溃中连战马都丢了，只得改行驴车南逃，初七黄昏逃至金台，保住小命。

耶律休哥此战中身先士卒，身上三中箭伤而不下火线，改乘轻车指挥部队一直追击到涿州。此战宋师损失过万，沿途退却遗弃大量兵器、辎重，均入辽军之手，可谓颜面扫尽。回朝后赵光义一生气，不仅相关失职将领受到处罚，而且之前众将士平定太原本该发的奖金，全扣了。

赵官家赏罚不分，连当侄子的赵德芳（太祖四子）也看不下去了。赵德芳跑到赵光义跟前替将士们讨薪。赵光义冷笑一句，说这么迫不及待就想当这个家了，还是等我死了，你自己当家的时候再考虑银子怎么花吧。

不久赵德芳英年暴毙，一说病亡，一说自杀，死因成疑，题外话。

燕云十六州，对于赵光义来说还是可望而不可即。

4

经此一役，赵光义变得小心谨慎，将精力放在了治理国内的同时蓄积粮草，以图卷土重来。

雍熙三年（986 年），雄州知州贺令图等人的小小奏章又打动了赵光义那颗进取的心。

奏章的重点在于介绍辽国太后萧绰与韩德让的八卦丑闻。大意说自从萧绰死了老公，不仅公开和韩德让天天成双成对、郎情妾意如胶似漆，并且冒天下之大不韪以皇太后之尊公然下嫁韩德让。韩德让得宠专政，把辽政搞得一塌糊涂，国内谁敢不从即招横祸，如涿州刺史耶律虎古，仅仅因为在朝堂上对韩德让出言不逊，就被韩德让当庭击毙；又比如一名叫胡里室（糊里死）的契丹贵族，仅仅在和韩帅哥打马球的时候把韩帅哥误撞坠马，萧绰竟大怒，立刻将胡里室斩首。辽廷群臣竟面面相觑，无一人敢出言相救。

贺知州奏章说，辽国已然被那个淫乱的女人搞乱，成了一锅粥，咱们也别歇着啊，“请趁其灾祸，攻取幽蓟”。

很多官员跟着贺知州起哄，如岳州刺史贺怀浦（贺令图之父）、文思使薛继昭、军库器使刘文裕、崇仪副使侯莫陈利用等。

看到贺令图等人的奏折，赵光义心动了。

也有持反对意见的，如参知政事李至就认为，要攻下幽州城需要数万军队，以及足够的粮草；幽州地势平坦，很难取到抛石机所用的石头，而攻破幽州这样的坚城又必然要使用抛石机，故不建议出兵取幽州。

但朝中大多数臣子都明白赵官家想图燕云十六州的梦，故出声反对者，寥寥无几。

历史的长河中，八卦的力量往往无穷，贺令图等人道听途说的奇闻艳史，就把赵官家坑害了。

雍熙三年（986年）正月，宋太宗赵光义再次组织北伐辽国。

这一次赵光义没有再选择亲征，但是他几乎是祭出了大宋帝国的所有精锐将领。

北伐军共二十万，兵分三路。

东路军主帅是天平军节度使曹彬，副将是河阳三城节度使崔彦进，郭守文为都监，部将有米信、傅潜、李延斌、马正（贞）、范廷召、田绍斌、薛继昭、李继隆（宋初四大名将）、廷山、史哇。

中路军主帅是侍卫步军都指挥使、静难军节度使田重进，吴元辅和袁继忠为都监。

西路军主帅为检校太师、忠武军节度使潘美，副将为云州观察使杨业。王侁和侯莫陈利用为都监。

三路主帅皆为帝国军界精英。

东路军主帅曹彬，宋初四大名将之首，字国华，真定灵寿（今河北省灵寿县）人。其姨母是后周太祖的贵妃，算是国戚出身。但曹彬为人低调，不摆架子，对人礼遇恭敬，不结党营私。他在赵匡胤的禁军效力时，对上司敬而远之，没有公事从不登赵二的门。不巴结、不营私，曹彬的性格反而得到了赵二的欣赏，因而被器重。在几个开国武将被罢逐后，曹彬成为太祖最为看重的武将。

乾德二年（964 年），宋师征蜀，诸部皆屠城，杀戮过重，反而激起了川民的强烈反抗，唯曹彬严令收敛其部，所征之地皆感悦听命；班师诸将皆子女玉帛满载而归，而曹帅行装中仅图书、衣服。回朝后太祖对入川诸将皆进行了惩罚，独奖曹彬。

有鉴于诸将在平蜀中的暴虐引起了诸多后患，在平南唐时赵匡胤任命曹彬为统帅，指挥诸将平南唐。征南唐过程中，曹彬不屠城、不杀俘，以攻心至上，最后大军围困金陵即将破城，曹彬却以生病为由不处理任何事务，全军即将发动的总攻只有停止下来。后来众将知道曹帅患的是“心病”，均在曹帅面前立誓入城不妄杀一人后，曹帅的“病”才痊愈。

最终曹彬的仁义获得了回报，南唐后主选择了投诚，宋师不战而获南唐。此战后，曹彬跃升为帝国的枢密使，成为军界第一人。

太宗上台之后，曹彬被加任为同平章事，从太宗平定北汉，加官兼任侍中。

当时帝国武将中，论战功、威望，曹彬第一，无争议。

中路军主帅田重进，原后周太祖郭威麾下将领，宋太祖陈桥兵变时的起事将领，因拥立之功授瀼州刺史，后随太宗平定太原，以军功授节（天德军节度使）。田重进忠勇善战著称，并且非常忠诚。赵二在位时，赵三曾经有一次遣人送其好酒好肉，重进不受。使者说晋王赏赠你东西你不受，太不给晋王面子了吧。田重进说我只知道有天子，不知道有晋王。田重进得罪了晋王，反而得到了晋王的赏识，即位后极为重用。

西路军主帅潘美，宋初四大名将，大名（今河北省大名县）人。后周世宗柴荣为大名府尹时，潘美投其军中效力。世宗即位后授补供奉官，高平之战以军功升迁西上门副使，极受赵二赏识。陈桥之变后，太祖担心陕西袁彦部凶悍不听指挥，唯恐其兵变，派潘美单枪匹马前往监军。潘美前往袁部，凭一嘴一舌让袁彦来归。随后李重进反叛，潘美作为石守信的副手平定了李重进叛乱，平叛结束后留守扬州，稳定了当地局势。之后潘美又奔波于湖南、岭南、郴州各地，平乱灭匪，成了赵二的救火队员。

潘美参加了赵氏兄弟统一天下的几乎所有战争，其中平定南汉、南唐之战都是为军团主帅，其战功只在曹彬之后。当然，赵三即位后，他还拥有了另一项身份——皇帝他老丈人。

三路大军中曹彬的东路军为主力，有十万人，中路军和西路军每军五万人，共二十万。基本战略为西路军潘美部夺取云、应；中路军田重进部夺取飞狐、灵丘、蔚州等山后要塞之地；而曹彬的东路军则持重缓行，吸引辽军主力于幽州以南，待中、西两路军达到预期目标后，于幽州与东路军会合，形成合围之势，一举歼敌。

战略看起来非常完美，三路大军的主帅副帅均是久经沙场的名将，战斗力没得说。

但是有两个致命的缺陷：

一是赵氏皇帝对手下武将的猜忌。赵家兄弟武将出身而黄袍加身，对手下掌握兵权的武将是相当的不放心，所以赵光义派出如此豪华的阵容，但并未让手下这帮强人放开手脚干。此战他虽未亲征，但还是用所谓的“阵图”进行遥控指挥，要求部将按自己事先设计的“阵图”用兵。战争形势瞬息万变，而在当时的通讯条件下根本不可能及时反馈进行调整，名将们的指挥均被阵图所束缚。不仅如此，赵光义还在军队中设置都监，限制武将专权，让这些并不懂军事的文臣在战争中却拥有着战事决定权（王侁为例）。

二是各路大军人才济济，将帅不和问题十分严重。此次的出征，赵光义尽遣精锐，有才能，有资历的将领，可以说不是太少，而是太多了。正帅没有足够的威望压服副帅，造成了将帅之间互不信服。

如东路军，主帅曹彬是宋初四大名将，久负盛名。但副将崔彦进在平蜀之战中立下大功，后又镇守关南八年，在高梁河之战后一直是宋王朝在河北地区对辽作战的最高长官，对辽作战经验远超曹彬。同时曹崔两人的性格差异也很大，曹彬威望虽高，却是典型的儒将，沉稳，以仁德治军，为人低调；而崔彦进部则以打仗凶猛残暴著称。当初崔部与王全斌平蜀，立下大功，但却因为纵容部下抢劫屠城，回师后被降职，眼巴巴看着曹彬一人受赏。崔彦进对曹彬老早就有意见，总想找机会一试高下。

东路军用性格温敦的曹彬来调遣节制脾气火暴的崔彦进，本就不妥。

各种原因造成了后来作战过程中，曹彬无法节制调动崔彦进。在战事最关键的时候，崔彦进“坐违彬节制，别道回军，为敌所败”，给北伐带来致命性的影响。

西路军也存在同样的情况，西路军主帅潘美，位列宋初四大名将，是宋王朝的开国功勋，又是太宗赵光义的老丈人，功高身贵；而副将杨业则是北汉名将，转投宋营不过五六年，却屡屡得到太宗赵光义的重用和提拔。杨业的快速崛起遇到了包括潘美在内的开国元老派将领的忌妒，处处遇到排挤和打压。

这些内部因素都影响着赵宋帝国规模最大的一次北伐征程。

5

此次北伐，宋师经过长达七年的休养生息，粮广兵足，士气高昂，三路大军同时出击。辽帝国对此明显准备不充分，萧绰和耶律休哥的应对之策也基本符合宋人的判断，即以一部分兵力牵制东、西两路军，而以主力应对幽州方面威胁最大的曹彬军团。

由于辽人对此战准备得不充分，最初宋师三路大军捷报连连：三月初五，曹彬亲率主力攻占了固安（今河北省固安县），三月十三日，攻克涿州，全歼涿州守军；四月初四，米信部攻占了新城（今河北省高碑店市）、歧沟关（今河北省涿州市西南二十公里松林店镇岐沟村）；田重进的中路军出飞狐口，三月二十三日攻占飞狐，二十八日攻占了灵丘（今山西省灵丘县）、四月十四日攻占蔚州（今山西省蔚县）。潘美的西路军出雁门，三月初九日克寰州、三月十二日克朔州、十九日克应州、四月初四克云州。

战争初期的节节失利并没有让辽帝国决策者慌神。萧绰决定亲率大军，支援耶律休哥，并派耶律斜轸率部阻击西路潘美军，同时将战争的重点放在了曹彬的东路大军上。

而坚守南京的耶律休哥在战争初期就一直采取避免与宋军正面交锋的战略，夜派轻骑袭扰，昼用精兵虚张声势，以疲惫宋兵，并派人断其粮道，以待援军。

东路军曹彬三月攻占涿州、米信部攻占新城后，本有机会一鼓作气，立即向幽州发动总攻，但是由于太宗赵光义“阵图”指示是东路军要持重缓行，必须等待中、西路的田重进、潘美部完成任务后再西进。曹彬部在涿州待了十天（米信部待的时间更长一些），错过了绝好的战机。

而耶律休哥的作战方略开始显现成效，截粮成功，待守涿州的曹彬部断粮了。

曹彬不得已做了一个影响整个战役走向的选择，从涿州退回雄州取粮。

太宗听闻此消息大惊，认为“岂有敌人在前，反退军以援刍粟，失策之甚也”。

同时，他也意识到了东路军曹彬主力撤退，留在新城的米信部必然处于孤军深入的状态，于是他“遣使止彬勿前，急引师缘白沟河与米信部会合”。

作为一代战神，耶律休哥敏捷的战争嗅觉察觉出了战场的瞬间变化，主动向新城未来得及撤退的米信部发动了攻击。

新城会战打得非常激烈，米信部损失惨重，米信仅率百余人杀出重围与曹彬部会合。

而此时，曹彬对东路军开始失去控制力。众部将认为中路、西路军连连取得大捷，而兵力最盛的东路军战绩甚微，纷纷要求出战，以便为东路军争回面子。崔彦进更是公然“违彬节制，别道回军”。迫于众望，曹彬只得率军与米信残部会合后再度进攻涿州。

因耶律休哥以轻骑不断夜袭单兵落伍者，曹彬命大部队排成方阵行进，一边行军，一边在两边挖掘壕堑，以防敌骑侵袭。将士疲惫不堪，从雄州到涿州仅百余里路，竟走了二十来天。

等曹彬再到达涿州时，等待他的是萧绰亲率的大军和获得强援后的耶律休哥两支大军的合击。

曹彬连忙决定退兵。耶律休哥全力追击宋军。两军激战于岐沟关，宋军以粮车环绕自卫，被辽军包围，成关门打狗之势。

宋军惨败，曹彬、米信趁夜色率部突围，渡拒马河时，遭辽军追击，溺死者不可胜计。

东路军的惨败，彻底撕碎了太宗赵光义三路大军合围幽州的理想蓝图。

第一次北伐燕云，宋师好歹打到了幽州城下。这一次，二十万大军忙碌许久，连幽州城楼的影子都没看到。

太宗命令中路军田重进部退驻定州，西路军潘美部退驻代州（今山西省代县）。

对西路军潘美部，太宗还布置了另一项政治任务，要求西路军掩护寰、朔、云、应四州居民迁至内地，致使潘美部撤离缓慢，成了被重点打击的对象。

这一决定要了前北汉名将、西路军副帅杨业的命。

最初西路军副帅杨业建议避开敌军主力，出大石路（今山西省代县西北），配合云、朔守将撤离两州军民。但监军王侁却逼他与辽军正面交锋，吸引辽部主力，以获得其他军民撤退的时间。作为一代名将及西路军主帅，潘美默认了王侁将杨业逼入绝境当炮灰的决策。

作为北汉降将，为了表示对大宋王朝的忠诚，杨业接受了这个九死一生的任务。临行前只是希望潘美、王侁在陈家谷（今山西省朔县陈家谷）率兵进行接应。潘美、王侁答应得很爽快。

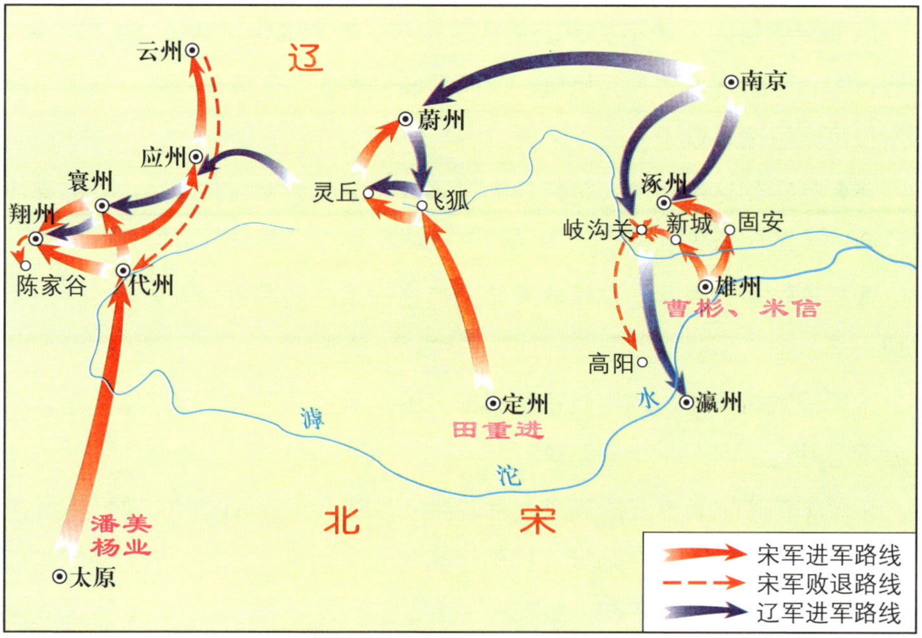

宋第二次北伐

杨业率部阻击追击西路军的耶律斜轸部，双方打得很惨烈。杨业边战边退，撤到了陈家谷。

然而这里却没有当初约定好的援兵。宋初四大名将之一的潘美和监军王侁爽约，早就率兵撤退了。

在陈家谷，耶律斜轸全歼杨业部。杨业中箭被俘，拒不降辽，绝食三日而死。

雍熙三年的北伐，以民间大名鼎鼎的杨老令公杨业的冤死而拉下帷幕。

战争的胜利拉响了辽帝国反击的号角，随后辽人向宋王朝发起反击。萧绰与耶律休哥率大军渡过滹沱河直扑瀛州（今河北省河间市）。宋朝守将刘廷让约沧州守将李继隆以精兵来援，岂料李继隆畏缩不至。当时天气奇寒，宋军拉不开弓弩，被辽军围困聚歼，死者数万。大将贺令图（雍熙北伐的始作俑者）等被俘，后来被耶律休哥砍掉了脑袋。刘廷让只身逃回瀛州。辽军乘胜南攻，大名以北，悉遭蹂躏。耶律休哥建议干脆把辽朝的边境推到黄河北岸。萧绰基于政治上的考虑没有同意，一直到雍熙四年正月，才下令班师还朝。

尾声　陈家谷的风

陈家谷的风，终于停了。

杨业杀得没有力气了，索性在一块大石边坐了下来。

辽兵围着他，一时并不上前。

因为辽帅耶律斜轸发话了——活捉杨无敌。

杨无敌，一个曾经让辽人闻风丧胆的名字。

杨业捋了捋在风中微微飘动、夹染着辽人鲜血的白胡。

环首四顾，追随自己多年的杨家健儿，已全部战死沙场。

轰轰烈烈的雍熙北伐，就以这样的方式收尾吗？

也许对于一个战神，最好的结局就是战死沙场吧！

杨业挥起了金刀，这次不是挥向辽人，而是自己。

耶律斜轸的箭已离弦，向生平最敬重的敌人射去。

杨家将，一个时代的悲剧代名词由此而生。

战争人物表现评级

赵光义（C 级）： 宋帝国汇集开国名将，集二十万大军北伐辽国，却仍以失败告终，赵光义是罪魁祸首。他战前对敌情报的错误判断，坐拥众名将却不敢放权，以僵硬的阵图纸上谈兵。曹、潘等人恐怕只能暗自感叹不怕猪一样的队友，只怕猪一样的队长。

萧绰（A 级）： 如果说治国齐家是一个优秀政坛风云女性的基本能力，在雍熙北伐中的萧绰则不显山不露水地展示了她的军事才能。在战争进行到最激烈的时刻，她亲率大军援助耶律休哥，激励了全军士气，身先士卒却又不武断专权，给予了部下最充分的信任。这样的老板，哪里去找？

耶律休哥（A+ 级）： 从高梁河战役到雍熙反击战，耶律休哥像移动长城般在燕云十六州屹立，使大宋王朝望燕云而兴叹，从而改变了宋辽之间的战略关系，使宋人闻耶律休哥而丧胆。宋人当时吓小孩就说“休哥于越（于越是辽主赐休哥的尊号）来了”。

休哥并非是一个只会马上征战的勇夫，驻守幽云期间，他采取了一系列怀柔德化措施，减免当地民众的赋税和劳役，抚恤孤儿寡母，并常告诫守边将士不要侵犯宋境，宋境百姓马牛若跑到北方，也要全部送还，尽显一代名将风范。和他比较起来，宋初所谓“四大名将”黯然失色。

曹彬（C级）：曹彬一世英名毁于雍熙三年这一役。从总的战争进程来看，曹彬也并无大过，只能说性格决定命运。他儒雅的将星气质成就了他征蜀平唐的不朽战功，却也注定了他在雍熙北伐中的失败。

潘美（B级）：潘美的西路军原本只有功没有过，圆满地完成了最初的战略任务，只是因为东路军的变故没有配合全面战役的完成，但撤退时失约抛下副帅杨业，致其部被全歼、杨业战死，潘太师负有不可推卸的负责。北伐失利回师后，因为杨业之妻佘氏向太宗赵光义要说法，加之太宗对潘王二人窝里斗的做法也非常恼火。王侁被贬为民卷铺盖回家；潘美是开国功勋，又是老丈人，赵光义自然手下留情，仅被降职（很快恢复原职）。

但雍熙北伐也成了宋初四大名将潘美的最后一仗。他很快于雍熙四年逝世，死后埋葬在太祖庙旁。《宋史》潘美列传位第十七，可见对其评价之高。

战争花絮

倒霉的老实人杨业：在民间提到北宋将领，谁都会第一个想到“杨家将”。历史中的杨老令公杨业是个倒霉孩子。先是在北汉时被郭主帅（郭无为）出卖，被宋师所俘；到了北宋这边，雍熙北伐，还是当副帅，又一次被潘主帅忽悠，惨死陈家谷。老杨这是招谁惹谁？倒霉的事怎么总轮到他。

生前风光，死后冤枉潘太师：潘美永远没有想到的是，一场败仗，竟让他背上了永世的骂名，竟成为后世千古传唱的三大白脸奸臣（知名度能与他相比的，恐怕只有曹操与严嵩了）。民间等待他的是包龙图的龙头铡，一代名将被戏说成了千古被骂的大奸臣，潘太师太冤了。

但仔细分析，潘美之冤，说冤也不冤。雍熙北伐中，作为一军主帅，征战多年的名将，大敌当前不思如何一致对敌，却对自己的属下部将排挤歧视，的确有失气度。虽然潘美树大根深，在现实的政治环境中，无人能撼动他；但是民间和草根的力量却是无穷的，他们为杨业抱屈，为正义与真理被现实和权力所掩盖而愤恨。民间的力量如同野火滋生，没有什么可以阻挡，所以潘美也就理所当然地转换成了潘仁美。

战争猜想

轰轰烈烈的雍熙北伐，以虎头蛇尾的方式结束。伴随的是一代名将杨业的惨死，给人留下了很多的遗憾和猜想。试想当初雍熙北伐不过多地分散兵力，二十万大军集中出击；如果宋太宗赵光义同志对手下的同志们再信任一些；如果宋王朝的名将们能够再精诚团结一些。北伐，会是怎样的一个结局呢？

澶渊之役

景德元年（辽统和二十二年，1004 年），辽萧太后（萧绰）亲率二十万大军对北宋发动了大规模的奔袭战，主力逼近黄河的澶州城，直接威胁北宋都城东京（今河南省开封市）的安全。北宋方面，宋真宗在主战派宰相寇准等人的主张下，不得不亲临澶州城（今河南省濮阳市区西南）督战。在辽方各线作战不利的局面下，萧绰抓住宋真宗性格软弱、企盼和盟的弱点，不顾一切围攻真宗坐镇的澶州城，在澶州城下逼迫宋朝签订了著名的“澶渊之盟”。宋朝以金钱换和平，从此辽宋百余年间再无大规模战事。

战争序曲　英雄迟暮

辽统和十六年（998 年）秋，耶律休哥最后一次跟随辽萧太后和圣宗皇帝进行统和十六年的“秋捺钵”。

捺钵翻译为汉语即是行营的意思。四时捺钵是辽帝国最重要的政治活动。辽帝国虽然也修筑了宏大的宫殿，但身为马上民族的辽国皇帝并不愿意一天总待在皇宫里处理公事，他们更喜欢四处巡猎，边旅游边办公，于是便有了这历史悠久的四时“捺钵”。

四时捺钵分别为春捺钵、夏捺钵、秋捺钵、冬捺钵。一般春捺钵多设在便于放鹰捕杀天鹅、野鸭、大雁和凿冰钩鱼的场所，最远到混同江和延芳淀——北京东南；夏捺钵设在避暑胜地，通常离上京（今内蒙古自治区巴林左旗）或中京（今内蒙古自治区宁城县）不过三百里；秋捺钵设在便于猎鹿、熊和虎的场所，离上京或中京也不很远；冬捺钵设在风寒较不严酷而又便于射猎的场所，通常在上京以南至中京周围。辽帝在四时捺钵时驻留的时间长短不等，每次长则两月左右，短则不满一月。

四时捺钵下来，辽国皇帝一年有大半年的时间是在捺钵中，这成为辽国皇帝最重要的一项政治生活。帝国中后期的三个皇帝辽圣宗、辽兴宗和辽道宗都驾崩于捺钵中。对于辽帝国来说，捺钵并不仅仅是一个简单的狩猎娱乐活动，通常皇帝出宫捺钵，大小内外臣僚以及汉人宣徽院所属官员都必从行，很多重大的政治活动都决定在四时捺钵中，同时也产生了很多影响帝国命运、走向的决定。

统和十六年皇帝母子的“秋捺钵”，萧绰未计划安排休哥随行。辽国的军界一哥因病卧席一年多了，近秋身体才有所好转。萧绰本意让老帅在家卧养。休哥却执意要陪皇帝母子同行。

辽朝上下谁都清楚，这是辽国第一名将休哥生涯的最后一程。

老休哥已无力上马，他用竹板绑直了腰腿，令人强扶上马。萧绰看在眼疼在心，下诏休哥不用骑马，随太后奚车而行。

休哥死活不承此隆恩，圣宗一朝，敢与太后萧绰奚车偶坐的，只能是韩君德让，他休哥纵然功盖古今、声震朝野，但也不敢有此非分之想。

萧绰诈怒，说休哥年轻时是条光明豪爽的汉子，怎么长年龄后反而变成婆婆妈妈拘文牵俗的小老头了，来人，把他给我强行抬来。

坐上辽国最华丽高贵、代表最高权力的奚车，休哥感慨万千，说老臣已经成了马也骑不了的窝囊废了。

萧绰柔声劝说休哥切勿灰心，等明儿养好身体，我还指望着你给我守卫边疆，攻城略地。

休哥半闭上眼睛，真不行了，老臣老了，也累了，早已拿不动枪棒。但老臣征杀疆场几十载，终于悟出了一个道理，战场上最高的境界，唯有一字。

何字？萧绰问。

和。

萧绰沉思良久，缓缓道，可是我们和宋人，终究要有决定生死的一仗。

再看休哥，已昏昏欲睡，曾经无数次拯救帝国命运的一代战神，已风烛残年。

美人、英雄，都会有迟暮的一天。

她萧绰，还能靠谁？

统和十六年冬，耶律休哥薨。是夜辽都天地失色、雨木冰寒，辽帝国失去了他的一代战神。

1

雍熙三年一役，改变了辽宋双方的力量对比和战略关系，辽宋战争由宋王朝主攻变成了辽帝国主攻。

雍熙三年冬，在取得阻击宋师北伐的胜利后，萧绰带上儿子圣宗皇帝，再次亲征，主帅依然是宋人闻风丧胆的耶律休哥。辽人对宋人发动了猛烈攻击。十二月，辽宋双方在君子馆（今河北省河间市西北）重兵集结遭遇。宋师方面是号称宋初四大名将的李继隆及刘廷让、田重进、李敬源等部。结果是耶律休哥在君子馆大败李继隆，全歼刘廷让部，继高梁河、岐沟关后再一次取得大捷。

君子馆之战是宋辽双方自高梁河之战、岐沟关之战后又一次规模巨大、影响深远的战役。其作战之惨烈、伤亡人数之多远超高梁河、岐沟关之战。从高梁河到岐沟关再到君子馆，宋初宋辽三大战役均以宋军失败告终，这意味着辽宋对战关系宋攻辽守阶段的结束。经此三役，宋师河北方面的精锐消耗殆尽，彻底丧失了收复燕云十六州的能力。之后数十年，耶律休哥一方面劝课农桑，整顿边务，保持边境安定的同时，又频频派部向宋王朝发动小规模攻势，充分发挥辽军骑兵的优势和机动性，不以占城掠地为目的，而以消灭对方力量，抢夺财物为主。之后的唐河之战、易州之战、徐河之战、高阳关之战、望都之战、长城口之战、曹河之战、瀛州之战等大大小小的战役中，双方各有胜负，但宋军损失相对更大一些，很明显宋王朝对辽的屡屡扰边没有很好的办法。

对辽作战的频频失利让宋太宗颇为冒火。君子馆之战失利后，太宗本又准备抽集兵士征辽，为此他遣使到河南、河北诸地征兵，一度在河南四十八郡采取八征一的高征兵率。赵光义此举遭到了众臣的激烈反对，连太宗二儿子许王、开封尹赵元僖也跳了出来，认为大规模征兵一来妨碍农桑；二来所集之兵都是素不知武的乡兵，将这些军事素质低下的乡兵送到对辽前线，结果可想而知；三来沉重的兵役可能会造成河南、河北诸州百姓逃避兵役，引起内乱。

当时赵光义的长子赵元佐已因赵廷美案牵扯发疯。赵元僖已是当时的法定接班人，极受光义宠爱重视，元僖本人一向体弱性温，儒雅沉稳，但此次却公然激烈反对老爹的政策。赵光义因此动摇了，随即停止对河南、河北诸州的征兵活动，随后他多次征集群臣对辽方略，户部郎中张洎的建议最具代表性。张郎中提出对辽方略上策应为修城筑寨据守、中策是纳币和亲，下策才是驱将动兵。

根据众臣意见，赵光义将对辽方略由主动进攻改为积极防御。防御战略有三，一是聚兵筑垒，积极防御，于镇州、定州、高阳关（今河北省高阳县之东）三路，每路聚兵十万，互成犄角；二是严令边军“来则备御、去则勿追”，防守至上，放弃进攻；三则广创新寨，在河北西部西起保州（今河北省保定市）、东至泥姑海口（今天津市塘沽区附近）的东西九百里，筑堤蓄水，设寨二十八，立铺一百二十五，进行戍守，用以阻止辽军南攻。

至道三年（997 年）宋太宗赵光义病逝，将江山交给了二十九岁的三子赵恒。也许赵光义认为他已经为儿子在河北筑好铁桶阵，足以保大宋江山平安。

他不知道对帝国的第三代领导人赵恒来说，暴风雨才刚开始。

尽管在统和十六年辽师失去了他们最杰出的统帅耶律休哥，但契丹人的精神领袖、皇太后萧绰依然冷静、沉着。她得给宋帝国的新皇帝准备点礼物，看一下大宋新当家的成色。

统和十七年（999 年）十月，萧绰与圣宗皇帝再次集兵亲征，南攻遂州（今河北省徐水县西北遂城）、瀛州（今河北省河间市）等地，前后历时四五个月，攻陷狼山寨（今河北省保定市西），在瀛州裴村大败宋师康保裔部，活捉主将康保裔与部将宋顺，并围师打援，击溃来援的高阳关张凝部，后又

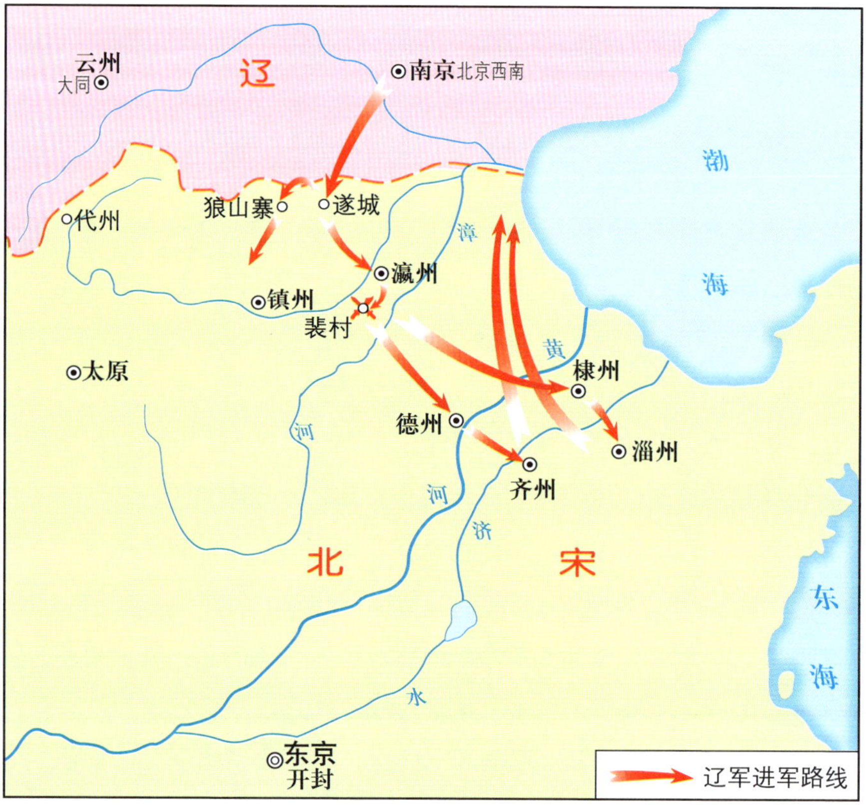

辽军南侵裴村

挥师南下，自德州（今山东省陵县）、棣州（今山东省庆云县）渡过黄河，对淄州（今山东省淄博市）、齐州（今山东省济南市）等地大肆掠夺后班师北归。

统和十九年（1001 年）十月，契丹人又来了。南边来多了，辽萧太后也审美疲劳了，这次她派来了自己的二儿子，接耶律休哥任南京留守的耶律隆庆。此次辽军出师不利，遇连绵的阴雨天气，在长城口（今河北省徐水县西北二十五里处）又遇宋师张斌部有力阻击，很快退兵，结束了一次很不成功的南征。

契丹人好像形成了隔年南下的习惯，统和二十一年（1003年），辽师第三次南征，此次由南府宰相耶律奴瓜、南京统军使萧挞凛率军，直攻定州。定州方面的主帅行营都部署王超派出副将王继忠率部迎敌。王继忠是员猛将，与辽军主帅耶律奴瓜部在望都（今河北省望都县北）遭遇，双方激战数日，战斗惨烈。但是在定州的主帅王超和在镇州的桑赞部及高阳关的周莹部却坐看王继忠与辽人死磕，没有及时支援，最后王继忠打光了所有兵马，被辽人所俘。

赵恒即位短短几年间辽人三次大规模南下，宋师损兵折将，老爹留下的镇、定、高三大铁桶阵并没有有效起到抵御辽师的效果，赵恒君臣不得不重新考虑对辽方略。经过君臣一番商议，宋真宗及时改变了对辽防御体系，对辽布置了三道防线，第一道防线由威鲁军（今河北省徐水县遂城镇）、北平寨（今河北省完县东北）、保州三要塞形成三角防御，分别由田敏、魏能、杨延昭指挥；第二道防线由原三镇分峙（镇州、定州、高阳关每镇十万人）变为三路人马集结定州，夹唐河摆下定州大阵；最后一道防线，由重兵集结于天雄军（今河北省大名县）。辽军要威胁到东京的安全，就必须要冲破这三道防线。

经过调整后的对辽防线比起太宗时代来更为周密和完备，但是依然是消极防御的总体思路，布阵各将不能擅自离开阵位，只图拒辽人于门外。

三次南征，对宋师的战力和河北诸路的地形，辽人基本熟悉，接下来等待宋师的是辽人更为猛烈的冲击。

2

统和二十二年（1004年）九月，五十一岁的萧绰最后一次亲征，完成她对大宋王朝的最后进攻。

此次萧绰举辽国之精锐，以南军统军使、兰陵郡王萧挞凛、奚部大王萧观音奴为先锋，萧绰自率主力，号称二十万之众。

此次南征，辽师出师规模之浩大为辽宋战史上亘古未有，辽萧太后好像也没有做什么保密工作，还未出征，相关情报便如纷飞雪片飞进了赵宋帝国的朝堂。

大宋帝国的朝堂乱成了一锅粥，各种声音都有，有建议皇帝巡游巴蜀、关中、江南避祸的，有建议原地不动的，还有强烈要求皇帝御驾亲征的。

最后一种声音特别洪亮，而且是双重唱，领唱者是帝国的两大执宰，寇准、毕士安。

寇准，华州下邽（今陕西省渭南市）人，知识分子家庭出身。父亲曾在五代时期做过县令级别的小官，但逝世过早，寇家家道中落。寇准在贫寒中成长，但宋朝是一个知识能改变命运的时代，太平兴国五年（980 年），十九岁的寇准高中进士，开始了他的政治生涯。

寇老西性格刚烈火暴，从不阿谀逢迎，依附权贵，得到了太宗赵光义的赏识。太宗曾对群臣说李世民有一个魏征，而我则有一个寇准。

十二年的时间，寇准就从小小的一个巴东知县，升到了帝国的同知枢密院（副相），平步青云，成为太宗赵光义后期最为信任的智囊团重要成员。

真宗皇帝赵恒上台，寇准立功也不小。太宗因为得其位名不正言不顺，而按古例也应再将江山传给太祖的儿子。太宗当然一百个不情愿，但又没有正当的理由拒绝，所以帝国的皇储问题一直久拖未决，众臣也无人敢提。唯寇准敢和太宗议此事，并向太宗提出未来的皇帝人选不必拘泥古例，众望所归才是硬道理，为赵光义把江山交给亲生儿子垫下了台阶。

因为扶拥之功，真宗即位后，很快拜寇准为平章事（宰相），与他同时拜相的还有西京大同人毕士安。

毕士安是太祖乾德四年（966 年）进士，在太祖、太宗两朝多在地方任官，声望很好，到了真宗朝时已是帝国元老级文臣。真宗上台后，他力荐年轻的寇准为相。最初真宗有些犹豫，觉得寇老西年轻气盛、血气方刚，虽有大才但却无法担负帝国执宰这样的重任。毕士安再三劝说皇帝，说现在时局不稳，北边的契丹、西北的党项都是恶狼，帝国需要任命有激情有勇气有担当的年轻人掌舵。在毕士安等人的力荐下，真宗任寇准为相，同时觉得寇老西需要一个持重老沉的搭档，所以他同时拜六十七岁的毕士安为相，配成老少执宰组合。

这对老少执宰组合极为协调，寇准在前台，毕士安在幕后，小寇激进，老毕沉稳，一动一静相得益彰。

面对契丹人兵逼国境，帝国的老少执宰意见也非常统一，积极防御，并均要求皇帝御驾亲征，坐镇澶渊抗击辽师。

小寇激进，说亲征刻不容缓，皇帝当收拾行囊即时出发；老毕却摸摸花白胡子说辽人还没打过来，我们也不能太急，况且澶渊城小，即使亲征也需速战速决，现在出发太早，等一等，看一看，伺机而动。

老毕的主意最合圣意，御驾亲征这种事，只有北边那个疯老太婆乐此不疲，赵官家可当这是苦差事。萧绰第一次南征时，在群臣之请下赵恒也亲征过一次。辽师九月大举南下，赵官家一行从东京走到大名府，用了三个月的时间。此时，辽人已攻克狼山寨、活捉主将康保裔，并已经收拾行装准备回家了。到了大名府见辽师已退，赵恒心情转好，还恬不知耻地做了一首喜捷诗，庆祝宋师“大捷”，对作战失利本应依军法处死的傅潜等人，皇帝也以傅潜等臣是太宗旧故为由，免其死罪。

赵恒只希望这一次，辽师也是雷声大雨点小，不过是来南边掠财抢物而已，亲征这事，能免则免。

于是开封的君臣们眼光向北，看经过了精心部署后的对辽防线能否经受住辽师铁骑的冲击。

3

宋军对辽的前沿要塞呈三角布防，分别为威鲁军、北平寨、保州，三塞各有骑兵六千、五千、五千，分别由魏能、田敏、杨延昭（杨业之子，传说中的杨六郎）三将守卫。

辽军先锋部在威鲁击败了宋军，首先撕破了宋师的防线，随即调头攻保州、北平二寨，但在保州和北平寨却无法攻破田敏和杨延昭把守的重塞。

辽师主力没有在宋师前沿三塞做过多厮缠，辽先锋部队与萧绰的主力大军会师望都（今河北省望都县），继续挥师南下。

冲破第一道防线后，辽人面对的是宋师的第二道防线。镇州、定州、高阳关三路兵马由过去的三路分守变成三路兵马聚集定州，并夹唐河布下大阵，坐镇定州的是天平节度使王超。

作为一名位高权重的武将，王超一生没什么显赫的战功，但因为有太宗赵光义登基前小弟的身份（潜邸出身将领），加之性格圆滑温顺，官位一直往上升，到真宗朝，对辽最重要的一道防线——定州大阵，由他率兵十万镇守。但王本人并无杰出的军事才能，之前的望都之战，他坐看王继忠与辽人死磕拒不救援，以致王继忠弹尽粮绝，事后竟还依然保住了他定州大阵主帅的位置。

面对十万重兵集结的定州大阵，萧绰决定采取避实就虚的战略，率部从望都出发，沿着定州与高阳关之间的薄弱环节一举突破宋唐河防线，进驻阳城淀（今河北省望都县东南曹庄），剑指冀（今河北省冀州市）、贝（今河北省清河县）、天雄军（今河北省大名县）等地。

同时辽军在山西方面，也拉开了牵制性进攻，但在山西辽师的进攻屡屡被驻扎在山西的宋师高继勋、贾宗等部击败，没有给河北的主战场带来什么

辽
南京
涿州
易州
固安
霸州
信安军
威虏军
静戎军
北平寨
保州
雄州
唐
望郡
莫州
顺安军
定州
祁州
瀛州
河
胡
镇州
河
卢
渤
海
冀州
北
宋
贝州
黄
济
洺州
天雄军
水
河
德清军
通利军
澶州
南城
韦城
东京
开封
辽军南侵路线
围攻地点
宋军北上抗辽路线
宋军防线

澶渊之役

积极影响。

辽军继续南下，分兵东西两路，向瀛州（今河北省河间市）、祁州（今河北省安国市）推进，十月初六，辽军抵瀛州城下。

瀛州城在瀛州知州李延渥的率领下，对辽师进行了有效的抵抗。萧绰亲率辽军主力围攻了十多天，伤亡近三万，仍未拿下瀛州城。最后萧绰只得又一次绕瀛州城而过。

东边不亮西边亮，辽军在瀛州城受阻，由辽将萧挞凛和萧观音奴所率的另一部顺利攻陷了祁州。

十一月，辽军已经到了宋人对辽防线的最后一道防线——天雄军。

镇守天雄军的是当时帝国的参知政事王钦若，作为帝国的副相却到天雄一线指挥，背后是有故事的。王钦若与寇相、毕相素来政见不合，是朝中议和派的主要代表。辽师大军临境，王钦若主张好汉不吃眼前亏，劝皇帝跑到王钦若的老家江南旅游避风头，但皇帝最后还是站在了主战派一边，王相的意见不仅没有被采纳。他本人还被寇相、毕相保荐了一把，被赵恒任命为判天雄军府兼都部署，坐镇对辽防线最后的一塞。

虽是议和派，但坐镇天雄军的王钦若还是体现出北宋一个执宰级文臣该有的胆略。他率领都铃辖孙全照等将在天雄进行了有效的布防。辽师攻天雄军不下，准备绕天雄军南下。王钦若知道自己的责任不仅仅是守住一座天雄军，而是有效阻击辽师，于是主动追击。萧绰要的就是这种效果，在狄相庙设埋伏，双方一场激战，损失均很惨重。虽未完成在天雄军阻击辽师的任务，但王副相在天雄军的表现还是有亮点的。

十一月，萧绰的各路大军相继兵临澶州城下。而几天后，真宗皇帝也在帝国顶级文臣们的拥簇下，亲征来到澶州。

虽然从九月就决定要亲征，并找算命先生选好黄道吉日，但赵恒亲征的步伐总是快不起来。“亲征”的时间却一拖再拖，其间又有大臣公开或暗地向皇帝建议去南边或西边避避，扰乱赵恒那颗本不坚定的心。又有如王钦若之流提议不如直接迁都南京，引起朝廷上下一片争吵。一直到了十一月二十日，萧绰大军围困澶州的同时，宋真宗才在寇准的陪同下，亲临澶州。

澶州城下，即将决定辽宋两个帝国的命运。

澶州城守城主帅李继隆也迎来了奠定自己历史地位的一战。

李继隆，出身显贵，其父是宋开国大将李处耘，他的姑姑是宋太宗的明德皇后、真宗皇帝的亲生母亲。继隆十五岁就从军，并参加了平蜀、平唐、平汉等开国统一之战，成为宋师中的新锐，以战功任镇州都监。

随后李继隆长期率兵对辽作战，但面对辽帝国第一名将耶律休哥，继隆的回忆并不那么美好。高梁河之战，李继隆随太宗亲征，迎来了一场大溃败，但溃败诸军溃不成军，唯继隆部进退有序，为此得到了太宗的褒奖。雍熙北伐，继隆随潘美出征，破灵丘而返，但随后在君子馆，李继隆被耶律休哥大败，回朝后还落下了不救友军（刘廷让部）的罪名。

但李继隆毕竟不是等闲之辈，很快他在满城、徐河两次击败了耶律休哥。尤其徐河一战，李继隆差点砍下了耶律休哥的胳膊，让辽国第一名将对北宋的年轻将领必须正眼相看，数年间辽师一度不敢大举南下。

但因为对辽战场的总体失势，李继隆对辽作战的滋味总体还是苦涩的。他的将星光芒与对手耶律休哥对比起来顿显失色，随后他转战西夏，把党项人李继迁打得东躲西藏，狼狈不堪，但在对辽战场，李继隆仍然充满遗憾。他需要在一场决定帝国命运级的战役中证明自己，从而奠定自己无可争议的一代名将之地位。

景德元年，李继隆迎来了这样的机遇，此时的他已经是帝国最负盛名的军事将领。真宗即位后，他被任命为镇安军节度、检校太傅、同中书门下平章事，入阁为相。辽师大军逼境，赵恒即将亲征，任命他为驾前东面排阵使，赶赴澶州指挥澶州保卫战。

4

双方在澶州城下展开决战。

单纯从军事上来说，战事的发展其实对于辽军来说是不利的。辽军孤军深入，在补给、后勤等各方面都处于不利地位；而萧绰千里跃进合围澶州，澶州城有李继隆这样的名将拱卫，兵广粮足；皇帝本人又亲自不顾小命以身涉险，军心士气都空前高涨，辽军一时半会休想攻克。而辽师后面还有十万在定州的王超部、王钦若的天雄军，以及其他各部，如果相持下去，辽军必然陷入四面受敌的困境。

辽师只能求速度，希望一举破城。

十一月二十日，辽将萧巴雅尔、萧观音奴率渤海兵攻陷澶州北的德清军；两日后，萧绰率辽师主力抵达澶州北，将澶州四面围了个水泄不通。

在李继隆的布置下，澶州城劲弩分伏，要害控扼，城防守扼严密，等待着一场艰苦的城市攻坚战。

但谁都没有想到的是，决战即将开始的时候，一场“意外”发生了。辽南京统军使、兰陵郡王萧挞凛恃勇率轻骑接近澶州城观察地形时，被澶州城掌床子弩的威虎军头张环城头施弩中矢，一箭毙命。

历史的偶然侧映出的是必然。到了北宋，中国冷武器制造到了一个前所未有的高峰，尤其是弩的制造，类别更加丰富，杀伤力也远超前朝。将兰陵郡王萧挞凛射于马下的武器，叫床子弩。它是用四脚木架作为弩床，上承双弓或三弓，双弓床弩张弓时须四至七人，射程一百五十余步，而三弓床弩张弓时则须十至七十人，射程也达到了惊人的二三百步，绝对堪称冷武器时代的大杀器。

萧挞凛是耶律休哥后辽国第一名将、此次南征的第一主力。萧挞凛一死，辽军士气大损，接下来对澶州的攻势显得有心无力。

时间一天天过去，战局越来越对辽军不利。

萧绰此时更是显现出一名杰出军事统帅的临危不乱。一方面她仍以主力围困澶州，继续向澶州发动攻势；另一方面她又分兵继续南进，相继攻陷祁州、通利军（今河南省浚县）等地，大有越过澶州，直接攻陷宋朝京都之势。

战争，有时候比拼的不仅仅是实力，还有心理。

萧绰看似打红了眼，但从南征第一天开始，她所有的赌注就并未完全放在军事上。辽宋之间的另一场战争，才刚刚展开。

望都之战，宋将王继忠英勇作战，弹尽粮绝后被辽人所俘；但北宋方面接到的战报是王继忠战死，赵恒闻之震悼，追赠其大同节度使，对王继忠的四个儿子也加官晋爵，褒奖有加。

王继忠被俘后，萧绰优待有加，王继忠选择了投诚。当时辽廷上下不解皇太后为什么会对一战败之将如此优待。

萧绰带上了王继忠继续南征，并不要求他领兵打仗与前东家为敌，而是悠悠一句：“南边不知道你的生死，写封信给家人以及你的前东家，问个好！”

王继忠勇猛过人，但政治智商也不低，从萧太后的言语中嗅到了辽宋和解的政治信号，向前东家写了封请罪信。

收到王继忠的信后，宋廷上下没有一人因为昔日的大将投敌叛国而义愤，相反他们都欣喜于王继忠信里透露的政治信息——和谈。

萧绰的条件是要宋人割让后周世宗柴荣从辽人手中夺走的关南旧地，再加银子。

双方边打边谈，萧挞凛被射杀后，萧太后的求和之意更为浓烈。王继忠又给赵恒写了封信，请赵恒遣使和谈。赵恒大喜，派出了自己的心腹文臣曹利用，前往辽营议和。

赵恒的底线是关南旧地是老祖宗留下的，不能给，钱嘛好说，老赵家不缺的就是钱。赵恒给曹利用开了底价，每年一百万两。

曹利用才退出殿门，寇准一把抓住了他的衣袖，伸出三个手指头，三十万，多一分回来砍你脑袋。

曹利用到了辽营，紧守不割地和三十万两个底线。萧绰软硬兼施没说服老曹让步。

一番谈判之后，萧绰知道到了该收手的时候，同意了宋人赔银辽师退兵的条件。

曹利用拿着草拟的和约回澶州城时正是傍晚吃晚饭的时间，赵恒才举起筷子，听说老曹回来了，急得饭都吃不下，赶快召曹利用面圣，看到曹利用第一句话就问，花了多少钱?

老曹不知赶路太急还是想捉弄一下赵官家，装着喘得说不上话，只伸出了三个指头。

三百万！赵恒顿时觉得有割肉般的痛，叹了口气说太贵了，不过能退辽兵，也罢。

老曹露出大黄牙，笑了，说三十万！

赵恒大喜。

十二月初，辽宋双方在澶州城下签订了著名的澶渊之盟，内容大致如下：

一、辽与契丹为兄弟之国，辽圣宗年幼，称宋真宗为兄。宋人后世以此为耻。

二、以白沟河为国界，双方撤兵。此后凡有越界盗贼逃犯，彼此不得藏匿。两朝沿边城池，一切如常，不得创筑城塞。

三、宋方每年向辽提供"助军旅之费"银十万两，绢二十万匹，至雄州交割。

四、双方于边境设置榷场，开展互市贸易。

至此，辽宋双方再无大的干戈，两个帝国迎来了百年的和平时期。

战争人物表现评级

萧绰（A+ 级）： 澶渊之役，是辽国在对宋作战史上取得的最辉煌的战绩。萧绰打谈兼用，充分显现了其高超的军事政治斗争艺术。

萧绰统治辽国达四十余年，其任内辽国大治，民族内部团结和睦，民安国富；在外事上，使西夏和东部的高句丽屈膝和好，而且迫使比辽国强大数倍的宋王朝不仅放弃了收复燕云十六州的战略企图，最后还不得不卑躬屈膝签署议和，每年上贡金帛，干净利落地结束宋辽之间持续了几十年的战争。这样的文治武功，放眼史上巾帼，能做到的也唯有萧绰一人。

统和二十七年，萧绰归政于圣宗，并于当年十二月病卒，结束了其具有传奇色彩的一生，终年五十七岁。

对于萧绰，我们今天可以用史上最强女汉子来盖棺定论。

李继隆（A 级）： 李继隆最终能名垂青史，成为后世公认的宋初四大名将之一，并在宋理宗时将其列入昭勋阁二十四功臣之一，澶州城上的表现是关键。不费吹灰之力射杀辽军大将萧挞凛，既有运气使然，更体现了李大将军的领军能力。北宋人能花银子买来辽宋百年和平，李继隆功不可没。

寇准（A 级）： 宋人能成功退却辽师二十万大军，帝国寇、毕执宰组合很关键，没有寇准的坚挺，胆小柔弱的宋真宗绝不敢亲临澶州亲征，宋辽之间的战局走向又会是另一番景象了。

战争花絮

李继隆险英年早逝： 李继隆是宋初对辽作战的将领中成绩最优异者，

虽然也遭遇到高梁河、君子馆的大败，但其后在满城、徐河两胜耶律休哥，又在澶州城下射杀辽军大将萧挞凛，这样的表现多少挽回了宋人的些许颜面。

但殊不知继隆早年的时候，差点出意外英年早逝。那是太平兴国二年的时候，汴水泛滥，赵光义派泽州禁军统领梁迥率领三千兵士去堵塞决口，与梁迥随行的有刚参军不久的年轻人李继隆，还有一个叫窦神宝的黄门小太监，梁窦李三人来到河边渡船，河边有小船两艘，一好一坏，梁迥窦神宝二人都是大胖子自然不能同坐一船，何况在当时论资历论官阶梁迥自然比窦李二人要高出许多，所以梁迥独坐一艘好船，而李继隆和黄门小太监窦神宝坐上了另一艘坏船。结果是船到河中，窦胖子太重加之船是坏船，没有行走多久船就渗水散架了。窦、李二人被冲入河中，幸亏在激流中寻到了一棵老树，救了二人的命。

黄门小太监窦神宝后来在西北与西夏人作战数十载，屡立战功，成为一代名将。当初汴水边的那棵老树，为帝国挽救了两位杰出的军事将领。

王继忠因祸得福：王继忠本是员猛将，却遇到猪一样的队友。望都之战中，主帅王超畏缩不前拒不支援，王继忠拼光队伍被俘变节，作为一个将领，这是一个很悲催的故事开头。但是王继忠没有想到他的命运会峰回路转，接下来的澶州之役，他特殊的身份让他成为辽宋之间的桥梁，通过他和曹利用等人的斡旋，辽宋停战，迎来百年的和平。

辽宋双方都没忘了老王的好，回辽后，王继忠升官晋爵，赐国姓（耶律显忠），封楚王，官至枢密使。重要的是老东家也挺感激他，每次遣使来辽，总不忘带上家乡的土特产，让老王解解乡愁；而他在北宋的四个儿子，照样稳稳妥妥地当着官，没因老爸变节的事受任何牵连。

当初被俘的时候，老王可曾想过他的命运会有这样的呼叫转移，峰回路转？

赵恒战场诗意浓：赵恒是读书人，喜欢读书，喜欢炼炼丸，治国守成是好手，可偏偏边事不宁，逼着他这个读书人两次“亲征”，还好结局还算令人满意，用银子打发了如狼似虎的辽人，也算表现及格，对得起老爹和二伯。

读书人就是读书人，自认为“书中自有黄金屋、书中自有颜如玉”（赵恒语）的真宗皇帝在烽烟弥漫的一线也时常诗兴大发。第一次辽人本来大胜而归，他偏作了一首“大捷诗”；澶州城下签署和约停战后，他又一次诗兴大发，来了首“送战友”，即《送契丹出境诗》：

我为忧民切，戎车暂省方。
征旗明夏日，利器莹秋霜。
锐旅怀忠节，辟凶窜北荒。
坚冰消巨浪，轻吹集嘉祥。
继好安边境，和同乐小康。
上天垂助顺，回旆跃龙骧。

我说赵家小哥，打了胜仗，还得花银子请人家回家，你用得着乐成这样屁颠屁颠的吗？

曹利用辽营探八卦：曹利用奉真宗皇帝之命赴辽营谈判，干的是提着脑袋的营生，谈得不好，萧绰和赵恒都要他的脑袋。曹大人本应压力山大，但曹利用大人却思维极为发散。除了搞好谈判工作，他还关心起辽太后的私生活来，回宋营后报告中还认真提到，萧太后亲征，把韩君德让带在身边，食则同桌，夜则同睡，行则同车，原来在北宋帝国流传多年的萧绰下嫁韩德让的传闻都是真的。

曹大人一多嘴，本应只是戏台一段千古传唱的爱情故事，却存档进了历史档案馆。

战争猜想

对于澶渊之盟，后世的评价不一，有人认为宋朝以金钱换和平，是相当划算的（对比之前每年用于辽宋战事的军费开支），宋真宗和寇准应记上大功；但更多的人则认为澶渊之盟象征着宋王朝在对北方游牧民族上的举手投降，从此对北仅能用金钱换取自保，北宋之亡，从澶渊之役就已可预见。

试想当时，萧绰孤注一掷，大军深入宋境，主将被杀，各方战事均对其不利，随时都有可能陷入宋方的重重包围之中。如果宋真宗等高层的心脏再多坚持一下，主战的声音再阳刚一些，萧绰未必能全身而退。澶渊之役辽军如败，那必将是决定辽国命运的一败，辽宋之间的命运乃至后来宋、金、蒙古的政治格局，又是怎样的一个走向，也未可知。

历史没有如果，笑到最后的，依然只是那个来自巴林草原上的女人——萧绰。

元丰西征

神宗时代，北宋进行了一系列变法革新，以图富国强兵。元丰四年（1081 年），北宋三十万大军西征西夏，企图一举解决西夏问题，却以失利告终；次年九月，宋人筑永乐城，筑城完毕即被攻破，损失兵民二十余万，一系列对西夏战事的失利宣告了神宗皇帝赵顼富国强兵的变法破产。

序曲　名将的结局

嘉祐元年（1056 年），仁宗时代最负盛名的一代名将狄青接到了他的枢密使罢免文件，出判陈州（今河南省淮阳区）。

狄青输了，这是一场他根本打不赢的“战争”，这是帝国文臣集团对武将阶层的胜利。接替他位置的是当初在他面前叫嚣着“东华门外以状元唱出者乃好儿”的帝国顶级文臣韩琦。

狄青并不知道，他将是北宋帝国最后一个能坐在帝国枢密使位置上的武将。从此以后，帝国枢密使的位置，将牢牢地握在帝国文人的手中。

但狄青仍然倔强，他输不要紧，但需要一个答案，为什么？

他要一个说法，为什么“无功而受两镇节麾，无罪而出典外藩”。

无功入相，这是客套话，狄青从行伍配军出身最后成为帝国最高军事首脑，身经百战，说他无功，文人们都说不出口；无罪罢相，才是事实的真相。

他找皇帝，赵祯不见他；赵祯本人也不知道答案，赵祯是毫无争议的“狄粉”；当初西北出了个狄青的时候，赵祯欣喜若狂，和帝国的军民一样，对这位面涅将军非常神往；西北战事吃紧，狄青不能回朝复命，于是赵祯让人画了一幅狄将军的画像，每天挂在宫中，睹画思人。

狄青无论在战场上的表现，还是为相期间的表现，仁宗皇帝都无可挑剔。但是嘉祐元年帝国文人弹劾狄青的火力实在太猛，尽管理由光怪陆离、五花八门，但出面的都是帝国的顶级文臣，如欧阳修、范镇、刘敞、吕景初、韩琦。嘉祐元年的帝国朝堂，文人们的口水、子弹一直在飞，目标全对准了狄青。或者说他们针对的并不是狄青这个人，而是狄青的身份；简单点来说，在北宋帝国，执宰这样的高位武将不配坐。当初太祖许下的誓言可是“与士大夫共治天下”，武将集团是不能进入帝国的政治核心层的。

最后帝国宰相文彦博代表北宋帝国的文臣集团和赵祯最后摊牌。今年的两大议题，一是无子的赵祯本人的继承人空缺问题，二是狄青的枢密使问题，仁宗皇帝最少得解决一样。

真的必须做出选择吗？赵祯问。

文彦博沉默着回应他。

谁都知道皇帝会怎么选择。

在落笔签署狄青的罢免文件前，赵祯又停住笔，望着文彦博，对这位在嘉祐时期看起来最厚道的文人，说了句意味深长的话：

——狄青可是忠臣啊！

话外音：你们文人可是最重名节的，你们今天这样做，不怕以后在史书上留下残害忠臣的骂名吗？

文宰相回的那句话更意味深长：

——当年太祖不也是周世宗手下的忠臣？

话外音：你老赵家当了偷吃小苹果的婊子，就永远没有资格相信别人会做守身如玉的淑女烈妇。

见皇帝无望，狄青又找到文彦博，讨要说法。

文彦博坐在中书省大院的太师椅上，不紧不慢地说没有其他原因，是皇帝怀疑你了？

一句话就打发了曾经的狄枢密使。

狄青离开了东京（今河南省开封市）前往陈州。东京不是他的舞台，当然，陈州也不是，那是同时代的顶级文臣包青天千年传唱的舞台。千百年后人们都只记住了包青天陈州放粮翻出个狸猫换太子惊天大案。半年后，狄青在那个地方冷清的死去，死法很奇特，疽发髭卒，即胡子长疽，史书上没记载第二个人有这种死法。

1

党项人通常又称为党项羌人，是中国古代西北地区羌族的分支。南北朝时期才出现党项羌人的身影。到了隋朝时，党项羌人已经“东接临洮、西平，西拒叶护，南北数千里”（《隋书·党项传》），形成了大大小小松散的部落联盟，并于开皇四年（584 年）在部落联盟首领拓跋宁丛的率领下归附隋朝，移居旭州（今甘肃省临潭县）。到了唐朝的时候，党项人的足迹转移到青海附近，形成党项八部，其中以拓跋氏最为强大。

唐朝中前期，党项人名义上接受唐政府的统治。唐政府在党项人居住的地区设置了三十二个羁縻州，拓跋氏的领袖拓跋赤辞也有了新的姓氏——李。

唐中后期吐蕃帝国崛起，与唐帝国争霸西北，党项人夹在唐帝国与吐蕃中间的日子并不好过。唐帝国为了隔离和拆散党项与吐蕃的联系，向他们提出了迁移“建议”。党项接受了唐帝国的建议，从青海一带内迁至银州（今陕西省米脂县）、夏州（今陕西省靖边县）、绥州（今陕西省绥德县）、延州（今陕西省延安市）一带。当时习惯把党项人分为东山党项和平夏党项。

来自平夏党项的拓跋氏渐渐成了党项人的领袖。拓跋赤辞归附唐朝后，被唐帝国封为西戎州都督；安史之乱时，拓跋部领袖拓跋守寂因平乱有功任容州刺史；而在唐末农民起义大潮的时候，当时拓跋氏领导人拓跋思恭（我们已经习惯叫他李思恭）也积极出兵，为李唐王朝雪中送炭，平定农民起义后，李思恭被升任夏州节度使，封夏国公。夏州地区获得定难军的称号，统辖夏、绥、银、宥（今陕西省靖边县东）四州。夏州李氏成为唐末的藩镇势力之一。

五代十国时期的李氏采取了“墙头草、几边倒”的原则，保存和增强自己的实力。盘踞中原的无论是朱温还是沙陀人，党项人均对这些政权保持臣属关系。对党项人的地盘，其他政权不是不想要，而是对手太多，来不及把党项人当成重要的对手，反而，都觉得党项人听话，打架时多个帮手和小弟，挺好。

党项人在乱世中左右逢源，实力慢慢增长。公元 933 年，定难军节度使李仁福逝世。后唐明宗李嗣源想趁新的定难军节度使（留后）李彝超年幼，根基不稳而吞掉夏州。对于已经臣服于自己的党项人，李嗣源的手段很委婉——调任。但对于从唐末到五代十国的藩镇势力来说，知道调任就是要命，李彝超虽然年幼，但是知道这个理。李嗣源的调令成了一纸空文，很没面子，于是率五万大军替李彝超强行搬家，围攻夏州百余日，最后却以李彝超成为后唐史上最牛钉子户告终，家没搬成。后唐反而掉了自己的一颗大牙。

乾祐二年（949 年），党项人又帮助沙陀人（后汉）对付契丹人，出力不小，后汉隐帝刘承祐大笔一挥，将静边（今山西省右玉县右卫镇）划归党项人。党项人肥猪添膘，地盘扩展到五个州。

北宋王朝建立后，党项人依然很积极地甘当北宋人的小弟，鞍前马后为其效劳，参加了北宋平定北汉的战争。

正当党项人的日子越来越好过的时候，却祸起萧墙。太平兴国五年（980 年）定难军节度使李继筠逝世，其子年幼，其弟李继捧世袭定难军节度使的职位，引发了家族内李光远、李光文、李光顺的叛乱，一时夏州大乱。

李继捧摆不平家里彪悍的老叔、老哥。一气之下说，我得不到的你们也别想要。在太平兴国七年（982 年）的时候跑到了开封主动对宋太宗赵光义说老赵夏州我全给你了，以后我就长住开封，你三餐管饭有肉有酒就行。

赵光义掏了掏耳朵，确认自己没听错后，大喜过望。定难五州赵氏兄弟做梦都想要，只不过北宋王朝当时的主要敌人是北方的契丹人，如果提前对党项人动武，只会将党项人推向契丹人的阵营。当年李嗣源强行拆迁失败的案例还在赵光义脑海中萦绕，而现在党项人主动交出自己的地盘，这种事绕地球三圈也就他赵光义能遇上一次。

赵光义任命李继捧为有名无实的彰德军节度使，同时委任汝州团练使曹光实为定难军五州巡检使，进行夏州回归工作的接交。

如果没有李继迁，历史上将不会有西夏王国，或许党项人很快融入中原汉民族的怀抱，和沙陀人一样消失在历史海洋。

李继捧孙卖爷田不心疼，李继迁却不答应。

李继迁出身平夏党项贵族世家。其高祖李思忠是党项人第一任夏州节度使李思恭的堂弟，任宥州刺史；其父李光俨任银州防御使。十一岁时李继迁就任定难军管内都知蕃落使。而不争气的族兄向赵光义献出银、夏等五州时，李继迁才不过十九岁。

年轻的李继迁无法忍受党项人就这样屈服于北宋，失去党项人居住百年的银、夏等五州。但他也知道在大当家李继捧都已经投降的情况下，以自己的力量抵抗宋人无异于螳臂当车。他诈言乳母死，要出葬郊外，带着几十骑家丁逃往了夏州东北三百里的地斤泽（今内蒙古自治区伊克盟巴彦淖尔），扯起反旗，号召党项人保卫自己的家园。

最初的日子很困难，在强大的北宋军队面前，李继迁屡战屡败。但李继迁却激起了党项人反抗宋军的信心，一时各部纷纷起事与李继迁部联合。

北宋一时无法平息李继迁的势力，于是想出了以夷治夷的办法，重任在开封过悠闲日子的李继捧为夏州刺史、定难节度使，镇压李继迁。

李继捧确实是没什么本事的熊包，到了夏州后，很随意地向开封方面打了个报告，说李继迁已经同意投降了。赵光义大喜，重新封李继迁为银州刺史。李继迁以此为计，假意向曹光实诈降。曹光实心想朝廷的官爵都封下来了，李继迁投降的事挺靠谱，仅率数百骑前往受降，被李继迁设伏斩杀。失去主将的宋军没了主心骨，被李继迁攻克银州。

此时是雍熙二年（985年），北宋帝国的眼光和精力主要放在了燕云十六州和辽国上面，并在雍熙三年发动了著名的雍熙北伐收复燕云十六州之战，这让李继迁有了喘息的机会。李继迁在政治上施行了联辽反宋，向辽国称臣。辽太宗封其为定难军节度使、都督夏州军事。

在辽宋打得火热的时候，李继迁趁火打劫，在夏州大败宋军安守中部，重新攻克了夏州。

辽事上已是焦头烂额，李继迁又成了钉子户，赵光义想过很多办法，用李继捧对付李继迁、对李继迁封官加爵予以安抚，进行经济封锁，但都无效。北宋王朝送给的糖衣炮弹李继迁总是把糖衣舔了，炮弹给北宋人原封不动地送回来。

然而李继迁的胆子越来越大。至道二年（996年），宋军送往灵州（今宁夏回族自治区灵武市）的四十万石粟竟然被李继迁给劫了。赵光义恼羞成怒，派出五路大军围剿李继迁。李继隆出环州（今甘肃省环县），丁罕出庆州（今甘肃省庆阳市），范延召出延州（今陕西省延安市），张守恩出麟州（今陕西省神木县），王超出夏州（今陕西省靖边县东北）。

宋军撒下天罗地网，李继迁却施展乾坤大挪移，腾挪闪躲，跟宋军玩起了躲猫猫的游戏，五路大军只有王超、范延召遇到了李部小股部队，其他皆无功而返。

李继迁做好与宋人打持久战的决定，一直耗下去，看谁的精力足斗志高。

赵光义还有这精气神和牛劲，但当他死后，他的儿子赵恒上台，宋真宗赵恒失去了与党项人玩猫捉老鼠游戏的勇气。至道三年（997年），李继迁与赵恒达成了停火协议，条件是李继迁向北宋称臣，被北宋封为定难军节度使，而宋人占据的夏、银、绥、宥四州归还李继迁。

打了十五年的游击战争，李继迁终于带领党项人收复了自己的故土。

赵恒的妥协并没有带来他想要的和平。经过多年的战争，李继迁带领的已经是一只极具战斗力的铁血之师，他想要的已经不仅仅是银、夏五州了。宋咸平四年，李继迁连破宋属定州、永州（今宁夏回族自治区永宁县），清远军（今甘肃省环县西北），并在咸平五年（1002年），率部攻下了北宋所属的灵州（今宁夏回族自治区灵武市），守将裴济城陷战死。

占据灵州后，党项人的势力终于进入河西地区。

宋代的河西地区是指黄河以西的九个州郡：兴州（今宁夏回族自治区银川市）、定州（今宁夏回族自治区陶乐县）、怀州（今宁夏回族自治区银川市怀州区）、永州（今宁夏回族自治区永宁县）、凉州（今甘肃省武威市凉州区）、甘州（今甘肃省张掖市甘州区）、肃州（今甘肃省酒泉市肃州区）、瓜州（今甘肃省酒泉市瓜州县）、沙州（今甘肃省敦煌市）。当时的河西地区由

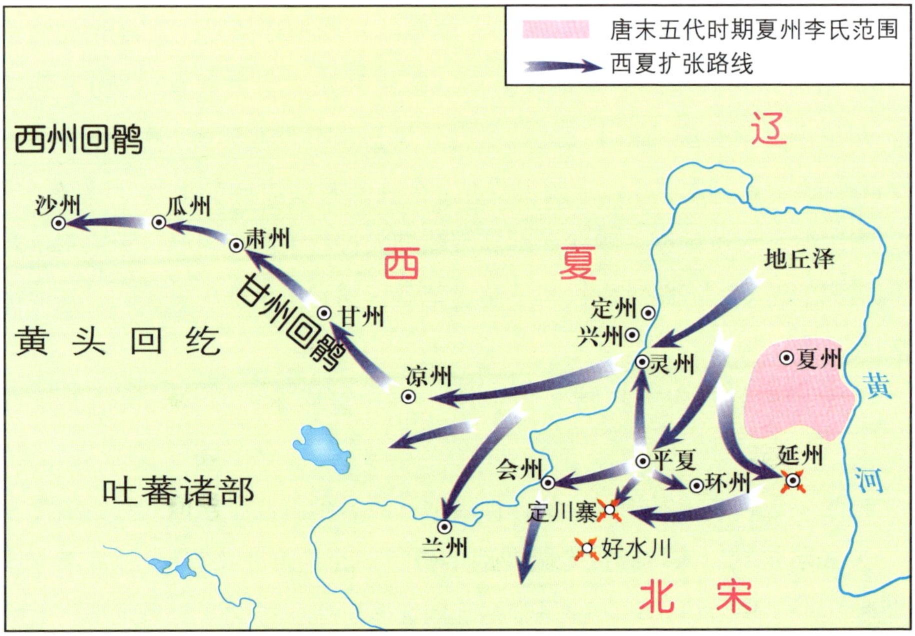

西夏的扩张

吐蕃、回鹘等少数民族政权所占据，均臣服于北宋王朝。

河西地区不仅是东西经贸丝绸之路的必经之地，更是历代中原王朝的战马基地，尤其是北宋王朝的版图中失去了幽云十六州后，在战马供给上最为依靠河西地区。而对于党项人来说，控制河西地区，不仅直接掐断河西地区对北宋战马的输送，使己方获得巨大的物资仓库；而军事上，占据了河西地区，党项人就拥有了与宋人和辽人平起平坐的本钱，可以与辽联合西北两面夹击北宋，也可以和北宋联合攻辽。

河西地区，对于北宋和党项人来说都是至关重要的，然而只有党项人有志在必得的决心。

党项人争夺河西的道路并不是一帆风顺的，李继迁就在河西停止了自己前进的步伐。咸平六年（1003 年），李继迁以声东击西的战术，袭破了“畜牧甲天下”的凉州（今甘肃省武威县）。之后吐蕃六谷部潘罗支部伪降，李继迁不以为备，在检阅部队时被潘罗支一箭射中左眼，大败逃回灵州，于次年正月逝世，结束了传奇的一生。

其子李明德，其孙李元昊都继续执行着李继迁的战略，加强对河西的控制和争夺，而表面上对北宋臣服。

但可惜的是北宋帝国并没有完全意识到河西地区的危机，对于党项人在河西的步步侵蚀，却以一种板子打在别人屁股上不痛的态度，表面上支持河西诸部抗夏，但自己却不出什么力，想坐山观虎斗，坐收渔翁之利。特别是到了宋仁宗时代，由于与辽人及党项人都没有了大规模的战争，北宋帝国军马的需求量逐年下降，与河西诸戎一度“比年不通朝贡”。北宋人觉得天下无战，河西地区的战马也不那么重要了。

在北宋的放任下，党项在河西取得了一个又一个的军事胜利。宋仁宗天圣六年（1028 年），李德明率其子李元昊袭击甘州回鹘，一举灭亡甘州回鹘；之后李德明逝世，上台后的李元昊又收复了凉州，1036 年又攻陷回鹘瓜、沙、肃各州，断绝了吐蕃通宋之路。

党项人用了近三十年的时间，李继迁、李德明两代经营，最终占据了河西地区。

到了李元昊的时候，党项人终于可以开口向北宋说不了。李元昊并不喜欢别人叫他李元昊或者赵元昊，他一直期望着有一天能够不用这个名字；他也讨厌自己总是穿着汉民族的服装，使用汉民族的文字。1038 年，李元昊终于扬眉吐气了，他给自己起了个名字叫嵬名曩霄，称“兀卒”。换了个新发型——光头，并要自己统治下的臣民效仿，留发不留头，同时创造了自己的西夏文。

这时的李元昊已经不用再看谁的脸色。那一年，李元昊称帝，建立大夏王国，疆域东至黄河，西达玉门，南临萧关，北至大漠，共辖十六州。他甚至没有问北宋政府愿不愿与这个新兴的国家建立邦交关系。从 1040 年到 1042 年三年间，李元昊三度拜访自己的老东家北宋，分别在延州（今陕西省延安市）、好水川（今宁夏回族自治区隆德县北）、定川寨（今宁夏回族自治区固原市西北）三次将北宋人打得鼻青脸肿。

北宋人终于知道战马这个东西，真不能没有，只是为时已晚。

最后解决宋夏之间的问题很简单，北宋和辽国有先例，大宋王朝用金钱换和平。具体内容是每年北宋给西夏人绢十三万匹、银五万两、茶二万斤的“小弟”臣服费；每年宋仁宗赵祯过生日时西夏人来东京给老赵过生日吹蜡烛，老赵发一万两银子的红包，外加绢一万匹，茶五千斤（赵祯很庆幸自己的生日一年只有一次）；每年元旦时西夏人来东京和老赵闹元宵吃汤圆，发五千两银子压岁钱，外加五千匹绢、茶五千斤；每年冬至时西夏人来东京陪老赵吃羊肉火锅，给五千两银子差旅费，绢五千匹以及给元昊准备二千两银子的红包当生日礼物，还有细衣一千匹，杂帛二千匹。西夏人需要做的是李元昊去掉帝号，改为大夏国王，称宋仁宗为父。

北宋人出手这么阔绰，李元昊的干爹没白认。

2

神宗皇帝赵顼上台后，针对北宋帝国严重的财政危机以及长期以来对辽、夏军事的颓势，任命王安石为相，进行了帝国规模最大、影响最为深远的一次改革，史称王安石变法。

改革的整体思路是富国强兵，简单来说就是增加政府财政收入，提高军队的战斗力。

帝国的改革两方面是相辅相成的，想富国，是因为没有钱，财政赤字，赵顼穷得连登基大典给员工发红包的钱都没有，穷则思变；要强兵，北宋帝国养着百万“精兵”却打不过契丹、打不过西夏人，最后还得皇帝掏腰包解决边事问题，皇帝没有面子，也心疼银子。

无论是基于富国的目的还是强兵的目的，对皇帝来说，对军队的改革势在必行。帝国近百万大军，拿着国家近六分之五的财政收入，还不能打仗，谁当老板都不乐意。

针对帝国的现状，王安石对军队进行了大刀阔斧的改革。

一是省兵并营，将退伍年龄提前十年，从而使大量老弱士兵被裁减，并按马军三百、步军四百一营进行并营，有些军营撤销建制，经过省兵并营，帝国减少了三十余万兵员，大大减少了财政开支。

二是施行将兵法，王安石搞将兵法之前，帝国执行的是一套叫更戍法（又称出戍法）的兵役制度。想出这个天才办法的是“半部论语治天下”的北宋第一宰相赵普。驻京禁军与外地驻军定期进行轮换，目的当然是防止武将坐大，让将不知兵，兵不知将。

将兵法谈不上改革，只是对帝国一直以来将兵分离而造成战斗力低下的一种改良，又变相地走回了隋唐时期的老路子，此举一定程度上提高了帝国的军事战斗力。

三是保甲法，把部队缩编了，还要提高整个帝国的军事实力，如何鱼与熊掌兼得，王安石于是施行保甲法。熙宁三年（1070年），北宋帝国颁行保甲法。全国各地的农村住户，不论主客，每十家（后改为五家）组成一保，五保为一大保，十大保为一都保。家有两个男丁的，出一人为保丁。保丁们农闲时集合进行军训，夜间进行巡查，维持治安。每保设有保长、保正、都保正，一般由当地比较富裕的地主头头担任。

在王安石看来，保甲法既可以使各地壮丁接受军训，成为帝国正规部门的一种辅助力量，既能够节省国家的大量军费，又可以建立严密的治安网，把各地人民按照保甲编制起来，以便稳定封建秩序。

保甲法其实并不是横空出世的天外来物，早在春秋时期，齐国就已经实施了什伍里甲制，十家为什，五家为伍，什有什长，伍有伍长。什长、伍长负责闾里治安，一旦发现形迹可疑者要及时上报，使“奔亡者无所匿，迁徙者无所容”。秦国商鞅变法继续将什伍里甲制发扬光大，后来为各代统治者所推崇。

粗看起来，王安石的保甲法也是新瓶装旧酒，并没有什么新颖之处。

但对王安石来说，保甲法不仅仅是维护地方治安，加强政府对百姓的控制力这么简单。他心中的保甲法，是“足以除盗，……固可渐习其为兵，既人人能射，又为旗鼓变其耳目，……然后使与募兵相参”。

撤减兵源，缺失的兵力何处补充，王安石从保甲法里给出答案——全民皆兵。

为了加强保丁的军事素质，北宋帝国进行了两大举措，一曰上番，一曰教阅。

上番就是加强保丁的军事培训工作。熙宁五年，北宋帝国先后发布了两道命令，令各地保丁到各地巡检司和县尉进行“上番”，进行军训，时间各地不等，通常为十天半月。

上番保丁人数众多，时间短，效果也顶多和现在高中生大学生军训相当。这点宋廷也有自知之明，相比较而言，他们对教阅更为重视，力度更大。

为了鼓励保丁们农闲练好武艺，保家卫国，各保可以推举出武艺高强的保丁，推举者可以获得升官或免税的资格。而宋廷在每年十月至次年一月，在州县对各保推举的精英保丁们进行军事培训，曰教阅，教阅的时间为一月。

到了元丰时期，宋廷又实行团教和集教，设置十一教所，禁军教头二百七，都教头三十，对大保长进行军事训练；大保长学成毕业后，又在辖区内对保长保丁们进行军事培训。

宋帝国对于加强保丁们的培训工作煞费苦心，据元丰四年（1081 年）的统计，京西、京东、陕西、河北、河东五路参加教阅的保丁、大小保长和都保正达六十九万人次。

为此帝国设立了一个专门的机构，提举保甲司，专门负责保甲的教阅事宜。

到元丰年间，整个北宋帝国的保甲数达到六百九十三万人。这个数字是令王安石和赵顼骄傲的，花钱的兵少了，却多了几百万同样能“打仗”的子民，还用看西夏人、契丹人的脸色吗?

四是保马法，帝国军事不振，很大程度上是因为战马的匮乏，针对这种现状，王安石实施保马法。精简地用一句话概括，就是从集团化的国有大规模饲养到分散的农民小规模饲养。鼓励民户养马，并不是王安石一个人的想法。早在真宗时期，曹彬之子曹玮在任知秦州时，便试办了农户养马，以补官方牧马之不足；而之后王旦、丁度、宋祁、叶清臣、李中师等人都向仁宗皇帝提出过废牧马监，养马于民的建议。改革马政，也算是呼应了长久以来对帝国改革的呼声。

不管之后旧党们对保马法怎样的深恶痛绝，但是罢设牧马监，农户化养马有个铁的关键数据摆在那里——成本。

根据熙宁八年官方的统计数据，农民养马的成本是每匹花费十二点六缗。

这个数据不仅和叶清臣提出的牧马监每马耗资五百缗区别巨大，和向西北少数民族兄弟的购买价二十五缗也节约了近半。

至于民间农户养马的素质如何，能否保障帝国的骑兵们驰骋沙场，这倒不是最重要的了，因为牧马监产出的马素质同样低下，而且农户养马的存活率肯定远胜国有马（马命就是农户的命，小心翼翼是理所当然的）。而靠民间养马节省下的钱足够帝国向西北少数民族兄弟们重新挥舞钞票购马了。神宗新法期间的帝国加大了与西北少数民族兄弟马匹的交易量，并确立了以茶换马的茶马交易制。在原、渭、德顺军三处设投买马场（后改置熙、河、岷、通远军、宁河寨、永宁寨六场买马），每年向西北买马量都维持在两万匹左右（年耗茶两万驮），极大地撑了后来帝国活跃的军事活动。

还有笔巨大的经济账没算上，就是帝国将原来国有牧马监占有的良田都租给农民。这些广阔的良田成了帝国新的一笔经济收入，仅元丰三年（1080年）一年，“废监租钱遂至百十六万”。

此外帝国还大力开设武学，改革军器监等一系列措施，改革军事陈疾旧弊。

改革的同时，神宗皇帝对西夏也一改仁宗时代以和为主的态度，开始积极谋划进攻西夏。就在神宗皇帝即位伊始，知青涧城种谔便智取西夏绥州，给赵顼打了一剂强心剂。随即夏军大举攻宋，被陕西宣抚韩绛所败。

熙宁元年，大将王韶向神宗皇帝献《平戎策》，提出了开边河湟，平定西夏的战略构想，为赵顼采纳。熙宁六年（1073年），赵顼派王韶出兵熙河地区，一举收复熙河六州，一举实现了开边熙河的战略目标。

北宋方面是积极变法，励精图治，而西夏方面的国力却呈颓势。李元昊自从当了宋仁宗赵祯的干儿子，每年有大把银子后也开始腐化堕落了。他大兴木土，在天都山（今宁夏回族自治区海原县境内）修筑了宏大豪华的宫殿，作为游玩之处，又在兴庆府（今宁夏回族自治区银川市）建避暑山庄，在贺兰山造方圆数十里的离宫，仅此几项便役使丁夫数万。

李元昊后期的骄奢淫逸不仅引起了党项民众的不满，更使得党项上层统治集团内部矛盾激化。延祚十一年（1038年），李元昊的太子宁令哥在其母废皇后野利氏的教唆下，割下了喝醉的李元昊的鼻子。西夏开国君主流血过多而死，宁令哥也被以弑君父大罪处死。李元昊死前遗嘱让其弟威噶尔宁接班，这又引起了皇后没藏氏为代表的后戚势力的不满。一番斗争后，李元昊年幼的儿子谅祚当上了君主。谅祚当上君主后却没实权，舅舅没藏讹庞独掌大权。后来谅祚费了一番心血，除掉了没藏势力。但怪圈一直在循环，谅祚没当几天家就死了，接任的是其七岁的儿子秉常。当家的还是母亲梁氏及其家族。秉常长大后不满梁氏专政，实施了一系列汉化改革，扶持一帮非梁氏势力。梁太后一怒之下，废除了秉常，太后专政。

西夏国内乱得一塌糊涂，北宋帝国迎来了一举解决西夏问题的最好时机。

赵顼不愿再等，元丰四年（1081年）七月，神宗皇帝一声令下，发兵三十万，合击西夏。

3

北宋帝国此次出兵，兵分五路，具体部署是：

一路军由昭宣使、果州团练使、入内副都知王中正率兵六万及民夫六万自河东（今山西省太原市）向北西进；

二路军由鄜延路经略安抚副使种谔率鄜延路兵五万四千及畿内将兵三万九千，分为七部向北西进；

三路军由环庆行营经略高遵裕率环庆路八万七千兵及民夫九万五千北进；

四路军由泾原副都总管刘昌祚率泾原路兵五万，但受高遵裕节制北进；

五路军由熙河经略使李宪率熙河、秦凤兵自熙河北进。

另有吐蕃大首领董毡率兵三万过河取凉州，以吸引牵制西夏兵力。

此次出兵依然很有北宋帝国特色，一是多路分兵出击，不会给出征武将过多的独断专决权；二是五路大军中竟然有两路大军统帅是太监，即一路军统帅王中正和五路军统帅李宪。

另外三路大军统帅都是帝国当时负有盛名的武将。二路熙河、秦凤军统帅种谔，其父种世衡是仁宗时代与狄青齐名的边将，长期对抗西夏，留下了很多惊艳的战争传奇。种世衡的三个儿子，种诂、种诊、种谔，也都没有离开过西北这片土地。时人称为西北军“三种”，“三种”中数种谔名气最大。神宗上台，他镇守父亲当年筑守的青涧城时，不顾上级反对，计降绥州，激励了新皇帝富国强兵的信心，成为宋夏战史的一个重要转折。

三路环庆军主帅高遵裕同样也是“高富帅”。高遵裕出身将门，其祖高琼、其父高继宣都是北宋大将。高遵裕也在西北镇守边塞多年，屡立战功，同时他还有另一个显赫的身份，还是神宗皇帝母亲的伯父。

高遵裕出身贵、资历老、辈分高，所以神宗皇帝不仅让其自领一军出战，而且另一路刘昌祚军也必须听他节制。对于儿子的这种安排，宣仁高太后是持反对意见的。她对她的伯父十分了解，认为其虽然作战勇猛，却气度小，容不下他人。高太后认为伯父顶多只能当个副手，独当一面不妥。可惜赵顼并没有听进母亲的意见，导致了之后的败局。

另一位主帅泾原副都总管刘昌祚也算当时的西军名将，但比起种、高、李等人资历显然较轻，故只能受高遵裕军节制。

面对宋师的大举兴兵，执掌西夏国事的梁太后急忙召集群臣访问对策。少壮派将领纷纷主张领兵出战，独一老将认为以西夏当前的实力，与宋师硬碰硬无异于以卵击石，最好的应对方式只能是坚壁清野、纵其深入、绝其粮运，宋师无粮自然退之。

梁太后采取了这一建议。

五路大军的作战方略大体如下：泾原、环庆两路兵先取灵州，河东、鄜延军先取夏州、再攻环州，然后五路会攻兴州。

五路大军中种谔的种家军动作迅猛，种谔率师从绥德出发，首战告捷斩夏兵千人。随后种谔直奔米脂城，在米脂城种谔围而不攻。

他一直在等，等西夏人的援军。

三天后，西夏兵到了，阵势很吓人，八万铁骑。

宋夏战争史上最激烈、参战人数最多的一场战争在米脂城下开展。结果是种家军在米脂寨（今陕西省米脂县）大败夏军，斩首八千，攻克米脂寨。

随后种家军势如破竹，连接攻克银州、夏州、石州（今陕西省横山县）、盐州（今陕西省定边县）等地。

种家军的脚步最后在盐州停下来了。

为什么会停下，第一，二路军的进展速度太快，其他几路军跟不上他的步伐；第二，他只是侧攻，虽然他是二路军的主帅，但他必须听制于一路军主帅王中正，主攻任务不由他来完成；第三，宋师出征，必须按阵图来，出师前神宗皇帝可是给诸将印制了《五路对境图》，种谔的这种疯打，阵法上当然没有体现，只能等等，看其他诸路大军的表现。

五路熙河军在号称史上最能打仗的公公李宪的率领下，表现也很惊艳。李宪率熙河、秦凤兵向东北逼近。李宪军连战连胜，先攻克西使城（今甘肃省定西市），随即攻克西夏人屯集了大量战略物资的要塞龛谷城（今甘肃省榆中县），取得一系列胜利后，筑兰州城，在西夏人的地盘上插了很深的一根钉子。西夏人在筑城期间几次来攻，均被李宪击退。

兰州城建成后，李宪留大将李浩驻守，继续率兵向天都山方向进发。由于李宪军太过于强势，西夏梁太后令各部放弃城池，而在各山川险要坚守，仍然被李宪一一袭破。李宪在祁连山东端的屈吴山打败了旺家族大酋长禹藏郢成，逼降了禹藏郢成四几部，最后直捣天都山李元昊修建在那儿的极尽奢华的行宫南牟宫，将其付之一炬。西夏名将仁多零丁率大军来救南牟。李宪

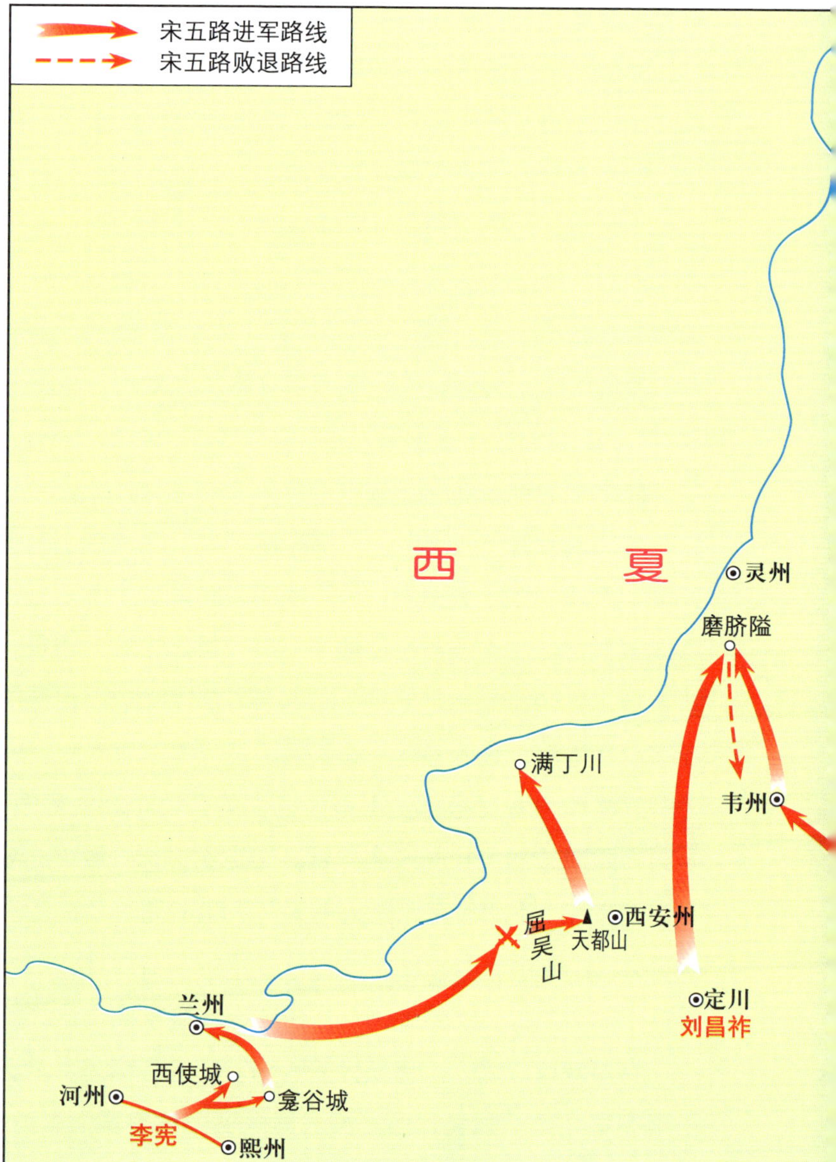
宋五路进军路线
宋五路败退路线
西
夏
灵州
磨脐隘
满丁川
韦州
屈吴山
天都山
西安州
定川
刘昌祚
兰州
西使城
河州
龛谷城
李宪
熙州

宋五路攻夏

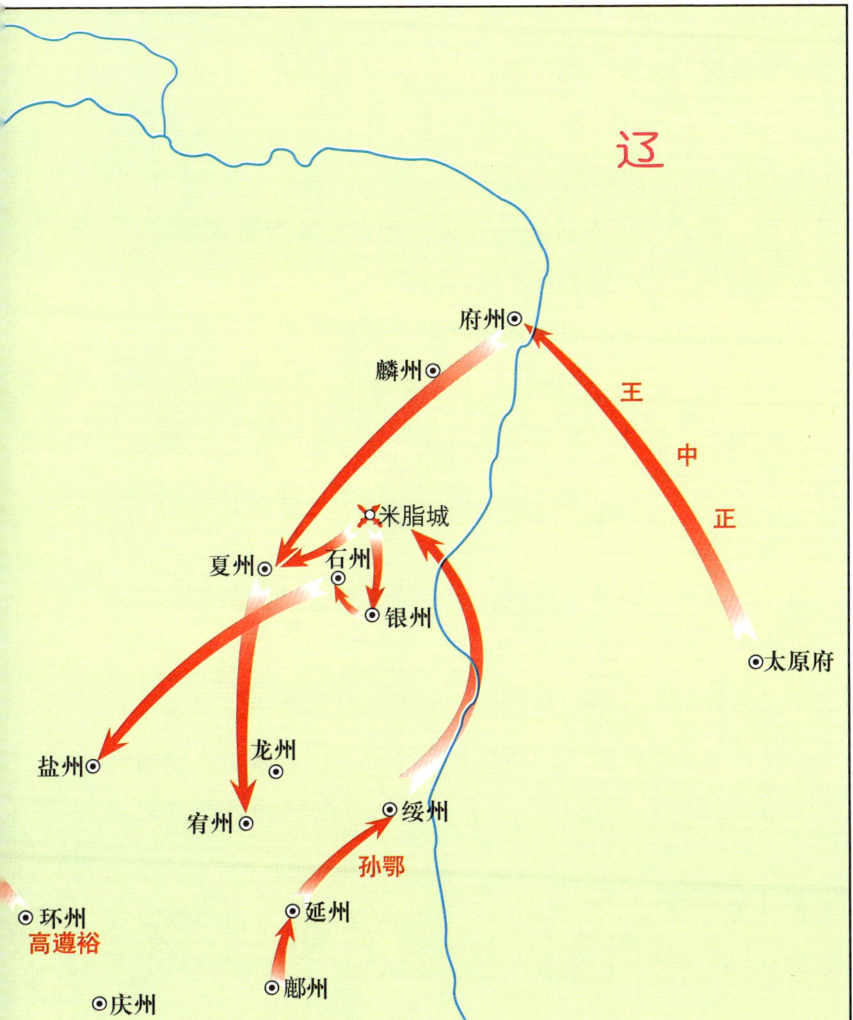
辽
府州
麟州
王
中
正
米脂城
夏州
石州
银州
太原府
盐州
龙州
宥州
绥州
孙鄂
环州
高遵裕
延州
鄜州
庆州
北
宋

在啰逋川与仁多零丁交锋，大败仁多零丁，斩首数千。随后李宪挥师至满丁川，在那里大破嵬名统军。

四路泾原军刘昌祚部最初的进展也比较顺利，刘部进至磨脐隘（灵州南一百余里）。在那里他们击破了三万人坚守的磨脐隘，随后又攻取了夏人在鸣沙的御仓，得窖藏米百万，大军至灵州城下。

泾原军到灵州城下时，夏人并没有过多的守备。刘昌祚正准备攻城时，环庆军主帅高遵裕派人过来发话了，我军还未到，不能打。

为防止刘昌祚不听话，高遵裕同时命令刘昌祚率部赴距灵州三十里的平南州，增援环庆军。

刘昌祚满腔怒火无从发泄，谁让泾原军必须听从环庆军节制呢？大军出发前神宗皇帝为了防止刘昌祚不听话，特地给了高遵裕一道圣旨，刘昌祚在前线不听话，高可以就地处置。

千不愿万不愿，刘昌祚无奈只能停止攻城，令泾原军副总管姚麟率部留屯灵州城下，自率一部前往平南州“救援”环庆军。

到了平南州，却没遇见激烈的战事，高遵裕让刘昌祚在帐外候了很久才接见，言语轻率怠慢。再有怎样的好脾气刘昌祚也忍不下去了，言语冲撞高遵裕。高一怒解了刘的指挥权，并准备杀了刘昌祚，后在众将劝阻下方才罢休。

高遵裕下令由姚麟执掌泾原军，但姚死活不接这烫手山芋。刘昌祚回营，又羞又怒，火急攻心，一病不起，泾原军三军无主，一支劲旅就这样失去了战斗力。

等环庆军慢悠悠走到灵州城，西夏人早就做好了该做的准备。宋军久攻不下，屯师城下。夏人决黄河水淹宋营，又派人抄截了宋师粮道。士兵冻饿死者众，无奈高选择撤军，环庆军只剩一万五千余人回师。

一路大军王中正部更为窝囊，大军从太原出发，渡无定河，循水北行，在沙漠地段迷了路，兵马多遇陷没，进抵宥州无奈王部军粮又告竭，非战争减员达三分之一，只能选择撤军。

诸路溃败，最初风光的种家军也遇到了粮食危机，最后从盐州撤军。无粮军士沿途溃散，回来的只剩下三万。

帝国元丰三年的远征，再一次以失败而告终。

尾声　永乐城之败

其实赵顼倒完全不必为元丰西征的结果而大受刺激，虽然没能达到一举平定西夏，但此战宋人还是显示出了足以让西夏人胆战心惊的战力。种谔、李宪两路大军在西夏境内勇挫对手，于西夏如入无人之境，并一举收复了银、夏、石、兰诸州，横山地区半数归宋人所有，完全消除了宋人对西夏人的畏惧心理，对西夏人造成了严重的打击。

从神宗朝初订立的开边熙河、夺取横山两大战略也基本实现。

接下来要做的只是如何巩固这两块根据地。

种谔对于经营横山地区向赵顼提出了自己的想法。他认为应在夏州、乌延、兴州、盐州各战略要地筑建要塞，逐步蚕食西夏人。

赵顼对这个建议很感兴趣，既然一口吃不下西夏这个胖子，那逐步蚕食无疑是最好的选择。

皇帝派专人来西北考察。那个人叫徐禧，职务是给事中，官不大（正四品），权不小，是皇帝青睐的革新派代表和心腹内臣。

徐禧考查回去后，朝廷很快批准了在西北横山地区建立军事要塞的项目。但拿到项目建设批准书，种谔以为自己眼睛花了——自己当初的建议是在夏、乌延、兴州等地纷纷筑堡建寨，怎么一下变成只建一个大型边塞永乐城（今陕西省米脂县西）了？

徐禧说各处筑城多麻烦，不如就在银、夏、宥三州交界的永乐川修一大堡，成为横山地区北宋军队的基地。

种谔说要建也不能选址永乐川，此处无水源。

徐禧说那还不简单，附近有水。

种谔真是兵遇到秀才（其实徐禧也不是科考出身，北宋文臣云集，不知道神宗皇帝身边怎么嘣出个这号人物来）怎么也说不清了。他的抗议无效，遂把眼光放到时任鄜延路经略安抚使的沈括身上——这位上知天文下知地理的北宋第一科学达人不会不知道永乐川建堡的种种致命伤，尤其是水源。

沈括沉默了，无数事实证明这位科学巨人只不过是政治上的小人与侏儒。面对强权他唯一会做的就是沉默，而他开口只会做一件事——向人背后捅刀子（这点苏东坡深有体会）。

工程热火朝天地进行着，十万民夫三十天的时间就完成了这个浩大的工程。工程完了，西夏人也来了，三十万大军将三万鄜延军和十万民夫围困在永乐城，切断水源。李宪、沈括派兵解围无效，城中渴死者远比战死者多。徐禧战死城破，西夏人进行了屠城，十三万永乐城军民无一幸免。

种谔这时候干什么去了？从修建永乐城开始他对徐、沈等人就一直持非暴力不合作态度，被徐禧打发去守延州了。据史载，赵顼接到永乐城被围后急令西北各路军飞驰救援永乐城，而离永乐城很近的种谔却拒不执行命令。

种谔还能执行军令吗？元丰北伐种家军损失本已不小，剩下的种家军大部分主力又都被徐沈二人带走筑守永乐城。延州城徐、沈二人只给他剩下了几个老弱残兵。支援，只不过意味着延州城成为党项人的下酒菜。种谔是天生的现实主义者，他宁愿被朝廷治罪也不愿意中党项人下怀，唯一能做的就是在延州城楼看着他父子二人苦心经营的鄜延军团在永乐城灰飞烟灭。

永乐城之败对神宗皇帝赵顼的打击远远超过元丰西征。他的富国强兵梦从此破碎，变得意志消沉，厌倦兵事。

富国强兵，成为神宗皇帝一个永不能实现的童话。

战争人物表现评级

李宪（A）：北宋一代，太监势力为文官集团打压，在政治舞台上很是落没，于是只有到战场上抢政治舞台上同样失落的武将集团的风头。北宋一代能打仗的太监很多，但李宪堪为其中翘楚，收复河湟、元丰西征都是他的成名战。元丰西征中李宪率军出入西夏境内千里，连战连胜，向世人展示了什么是史上最能打仗的公公。

种谔（B+）：元丰北伐，种家军虎头蛇尾，出师所向披靡，最后却粮尽而溃，战场外的因素，种经略是不能左右的。之后永乐之败，更是将种家父子二代经营心血一战败光，种谔虽有将才，却身不逢时，可惜。

永乐之败后，赵祯处理相关人士，沈括被贬为均州团练副使，但种谔他却来不及处理。当年，种谔病逝，病因疽发背卒，通俗地说来就是气发攻心。

高遵裕（D）：宋军之败，关键败于高遵裕。他趾高气扬，自以为是，贪功近利，让原本有望一举解决西夏问题的战事走向了另一面。可以说赵顼的最大错误就是错信了自家人。

虽铸成大错，但毕竟是姥爷，战后神宗皇帝也仅让他降级了事。

刘昌祚（C）：刘昌祚本是员猛将，却遇到猪一样的上司，糊里糊涂地迎接军事生涯的一场惨败，很冤枉。

元丰之役后刘继续活跃在西北战场，屡破西夏兵，成为西北军名将。

王中正（D-）：不是所有太监都能像李宪那么能打，一路军主帅在元丰西征中就告诉世人嘴上无毛，办事不牢。

元丰之役后王中正被贬职，迁金州观察使、提举西太一宫。后来新党上台，他与李宪、宋用臣、石得一被新党列为“四凶”。

战争花絮

狄青、韩琦、李元昊“三角虐”：狄青行伍出身，活跃在西北对夏战场上，每战披头散发，戴铜面具，一马当先。西夏士兵闻风丧胆、谈狄色变。李元昊对北宋的狄将军又敬又恨，拿之无可奈何。但狄青却有克星和冤家，那就是他的顶头上司韩琦。双方有很多过节，一次狄青的一个叫焦用的老部下和狄青喝酒醉了，韩琦得知将焦用抓了起来，砍头。狄青向韩大人求情，说焦用在战场上立过很多功，是名好男儿，杀了可惜。韩大人回了一句，“东华门外以状元唱出者乃好儿，此岂得为好儿耶？”，一声令下，砍掉了焦用的脑袋，让狄将军颜面失地。

韩大人对下属很威风，但指挥和西夏人作战可就没那么神气了。韩琦刚到西北，对西夏人强调强势进攻，结果在好水川被元昊胖揍一顿，鼻青脸肿，损兵折将，让西夏取得了对北宋关键性的胜利。此战后，文化水平不高的元昊写了首诗悄悄丢进大才子韩琦家的后院，诗曰“夏竦何曾耸？韩琦未足奇。满川龙虎辈，犹自说兵机”。气得老韩差点吐血。

狄、李、韩三人互克互虐，成为北宋西北战局的一大特色。

能打是错：无论是李宪还是种谔，宋史上对其评价都不算高。对李宪的评价“宪以中人为将，虽能拓地降敌，而罔上害民，终贻患中国云”；对种谔的评价则是“自熙宁首开绥州，后再举西征，皆其兆谋，卒致永乐之祸。议者谓谔不死，边事不已”。

对于北宋的文官集团来说，当太监或当武将，就应该安分守己，老实本分，一个武将或太监太能打仗，也是一种罪过。

宋人主动还地求虐：神宗一朝，北宋积极对西夏用兵，收复了河湟、横山诸州。神宗皇帝一死哲宗上台，旧党得势，不仅废除了变法，对之前辛苦夺回的地盘，还哭着喊着要把地盘还给西夏人，以图西夏与北宋交好。

结果是西夏人不解风情，把前来还城的宋人胖揍了一顿，颜面全无。

战争猜想

元丰西征，北宋迎来了武力解决西夏问题的最好时机，五路大军最后却功败垂成。战争的失利影响了帝国的改革，不禁让人假设：如果帝国给武将多一点儿的信任和专权，如果不是分兵五路，而是交由李、种二将，那将会是怎样的一番风景呢？

黠戛斯
斡
哈拉汗
（黑汗）
西州回鹘
葱岭
西
黄头回纥
吐蕃诸部
大理
◎ 都城
政权部族界
未定 今国界
注：1007年,辽建中京，此后常为辽帝驻跸之所。

辽、北宋、西夏并立形势图

朗 改
黑 龙 江
女 真
辽（契丹）
辽 河
中京
宁城西
渤 海
夏
兴庆
银川
黄 河
东京
开封
东 海
大 长 江
江
北 宋
流 求
台湾岛
南 海
北宋
南 海
万 里 石 塘
南海

靖康之役

靖康元年（1126 年），金国吞灭辽国后，向北宋发起两次大规模南侵战争，于靖康元年闰十一月二十五日攻破北宋都城东京（今河南省开封市），俘北宋徽、钦二帝及三千赵氏皇族北上。北宋帝国宣告灭亡。

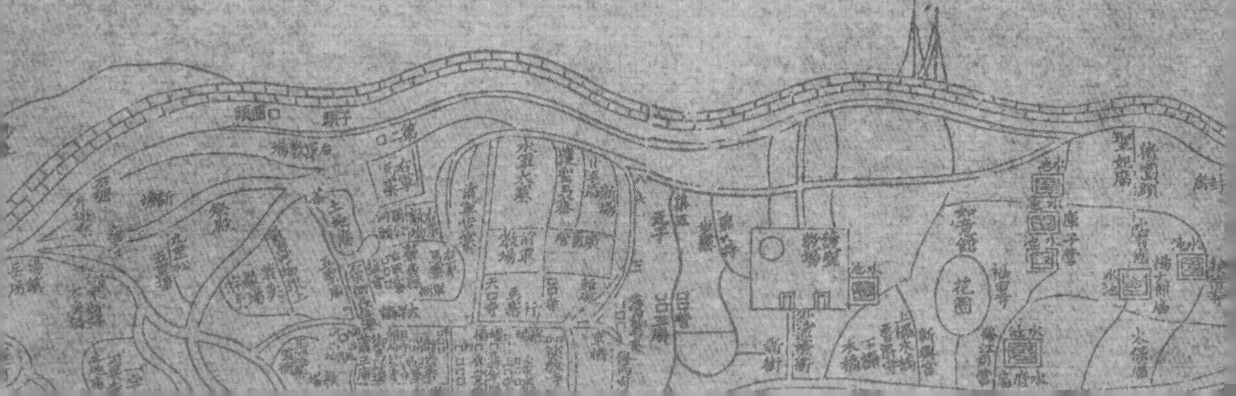

序曲　现世报

宣和七年（1125 年）正月，听到大金国开国君主完颜阿骨打逝世后（女真人很明显将消息封锁了一段时间），北宋帝国遣派尚书司封员外郎许亢宗为正使，武义大夫广南西路廉访使者童绪为副使，前往大金国，一来对逝者表示哀悼，二来祝贺新皇帝完颜吴乞买登基。携带的礼物，基本参照之前对契丹人的标准。

许亢宗是个心细观察能力极强的人，他把使金种种见闻记了下来，即《宣和乙巳奉使金国行程录》。这篇文章对于日后研究女真人具有极强的军事历史价值。

但是，许亢宗此次使金最大的一个感慨和发现，他不能也不敢写进他的使金报告书中，只能咬碎了藏在肚子里一辈子。

但回东京后，不知是许亢宗酒后失言还是使团里的成员有和他一样的感触，那个消息竟然在东京的上流社会慢慢、悄悄传开，成为当时帝国最敏感、最禁忌也是让人最感到新鲜的一个话题。到后面，许亢宗都不知道这个谣言是否始于其嘴。

这是个什么话题呢？

其实看似不过是一件小事，许亢宗在拜见大金国新皇帝的时候心里咯噔了一下——不知道是不是眼花。他发现金人的新皇帝竟然长得很像北宋帝国的开国皇帝老祖宗赵匡胤。

这种新闻，换到今天不过是一则花边新闻，撞脸了也不是一件大事，但是在当时却足以引发帝国文臣武将们的浮想联翩。他们不由自主地想起了另一个在帝国流传很久但同样不能搬上台面的江湖传闻——斧声烛影。

当年太祖皇帝赵匡胤中年暴毙，在两个儿子已经成年（注：二子赵德昭时年二十五岁、四子赵德芳十七岁）的情况下，皇位却很蹊跷地传到了赵匡胤的兄弟赵光义的手上，而太祖皇帝的两个儿子在叔叔当家后，很快也以不同的方式暴毙（赵德昭二十八岁时自杀，赵德芳二十二岁时暴病），引发了后世无限的猜想。宋仁宗时期，一个无官一身轻的文人文莹吃了豹子胆在他的个人“博客”《湘山野录》中记录了这段江湖传闻：据说太祖暴毙那晚，天降大雪，赵义光夜访皇宫，进入了太祖的寝宫太清阁。那晚太祖赵匡胤很奇怪地把太监宫女们都屏退了，下人们只能隔远看见屏内一开始二人哥俩好喝上了，过一段时间两人的语气开始激烈起来，似争吵，又听见赵光义愤怒地说“好做！好做”，最后下人们又听到了柱斧的撞击声，到了五更的时候一切归于寂静。第二天清晨，宫人们发现北宋帝国的开国君主已经暴毙。

令人奇怪的是《湘山野录》这样影射宋太宗赵光义弑兄篡位的野史杂闻竟然没有被北宋帝国当朝当禁书封杀，以至于南渡后的史学家李焘在编撰《续资治通鉴长编》时引据了文莹的这段野史。

江湖传闻的真假已无法考证，但却一直残存在帝国的臣民心中。赵光义的子孙接班人的香火一直不旺，八个皇帝（真宗、仁宗、英宗、神宗、哲宗、徽宗、钦宗、高宗）竟然有四个（真宗、仁宗、哲宗、高宗）闹继承人危机。文臣们白天和皇帝就立储之事在朝堂上闹得不可开交，晚上回家坐在太师椅上品茶消气的时候，总会冒出这样的念头——莫非真是老祖宗英灵不散，惩罚他兄弟的后人们？

所以当金太宗完颜吴乞买长得像宋太祖的江湖传闻在帝国流传的时候，人们通常会将这个传闻和赵氏帝国的惊天开国迷案联系起来。这样的联想让帝国的臣民感到心虚腿软，增加了女真人在他们心中的狰狞形象。

懦弱是懦弱者的通行证，英勇是英勇者的墓志铭。帝国高层如此介意上述江湖传闻，实则是心虚胆怯使然，以至于他们认为后来的浩劫来自太宗皇帝当年名不正言不顺获得皇位的现世报。

帝国实际上要还的债远不止江湖传闻中太宗皇帝所欠兄长的这笔；太祖皇帝本身也有债，当年杯酒释兵权并立誓与文人共治天下，为帝国一百多年的经济文化辉煌打下基础，但也为帝国军事的不举埋下最大的伏笔；真宗、仁宗皇帝也留下了债，由他们开头，之后无论对契丹人还是党项人，无论在军事上处于强势还是劣势，用银子换和平成了赵氏皇族和他的文臣们的习惯性选择，武将们的努力不过是为帝国的和谈换个好价钱而已；神宗皇帝也留下有债务，那场轰轰烈烈的变法没能让帝国走上富强之路，反而是让神、哲、徽三朝文臣精英开始陷入激烈的新旧党争不能自拔，内耗之烈实猛于虎；而徽宗皇帝风流天子赵佶可能欠得更多，不仅朝政被他和他手下的小弟们搞得一塌糊涂，尔后又不自量力想收回燕云失地，直接导致了之后的靖康之祸。

当女真人崛起的时候，帝国的“债务”危机一起爆发，瞬间让这个看似强大富庶的帝国崩盘。

1

女真人的历史最远可以追溯到商周时期，那时他们被称为肃慎。《国语·鲁语》有关于肃慎人的最原始文字记载，大意是孔子在陈国时，陈侯的庭院落下一只隼，陈侯请教博学的孔子，孔子说这只鹰来自北方，是被肃慎人的楛矢石弩射伤的，这种武器肃慎人曾经进贡过给周武王。

两汉时期女真人有了新名字，称作挹娄；到了南北朝时又称为勿吉，勿吉人已经建立颇具实力的七个部落，并一度消灭了夫余国。隋唐时期，史书上称他们为靺鞨，其中以粟末靺鞨和黑水靺鞨两个部落最为强大。粟末靺鞨于公元 698 年建立了渤海王国，而黑水靺鞨则在唐初依附高句丽。后来高句丽为唐所灭，黑水靺鞨人回归依附渤海王国。

公元 926 年，渤海王国被兴盛的契丹国所灭，黑水靺鞨人也依附臣服于契丹人。契丹人给他们起了新名字——女真。

为了分化和控制女真人，契丹把居住在松花江以南的女真人迁到辽阳以南地区，拥有辽国的户口称为熟女真；而居住在黑龙江中下游及长白山地区未编入辽国户口的女真人则称为生女真人。

生女真共有二十七部，在公元十一世纪时，生女真部落的完颜部开始强大。

完颜部的崛起始于一个从高句丽流浪过来的渤海人，这个人叫函普。因为朝鲜半岛连年战乱，已经六十多岁的函普带着弟弟保活里流浪到黑山白水的完颜部。毕竟是从文化先进地区来的，函普的见识眼光比起当时还处于原始部落的完颜部来说高了很多。当时完颜部因为杀了其他部落一个人，两个部落间相互征杀，伤亡很大，却不知如何解决这个争端。函普知道后对完颜部落的人说冤冤相报何时了，他愿意前往敌方让大家和解。完颜部的人很高兴，说如果你调解成功，我们把部落里一个六十岁的老姑娘嫁给你当老婆。

函普前去敌方调解，对方同意完颜部赔偿财物以解决此事，并和对方约定，如果以后部落间有杀伤人的，征发他家一口人、十头马、十头母牛、六两黄金交给被杀伤的人家，以此约束部族私自斗杀。

函普完成使命归来，完颜部的人很信服他，赠送给他一头青牛，并如约将那位六十岁的老姑娘嫁给他。函普用这头青牛作聘礼娶了这位老姑娘。婚后不久，新媳妇为函普生了两个胖儿子一个闺女，儿子一个叫乌鲁，一个叫斡鲁，闺女叫注思板。有了子女函普便名正言顺地成了完颜部落的人，而他的德望、才望也使他成了完颜部落的首领，并将领袖权世袭下来。

女真完颜部后来建国，函普被尊为始祖，追谥景元皇帝。

完颜部落用六代人的时间，渐渐成为生女真中比较强大的部落，而此时的生女真各部通过多年的征战和融合，渐渐形成了几个强大的部落联盟。契丹人对于控制这些强大的女真部落越来越力不从心，于是只好在生女真部落扶持代言人，实施女真治女真的策略。完颜部被辽人任命为惕隐，后来又被封为生女真节度使。

完颜石鲁和他的几个儿子利用辽国人赋予的职权以及物资的帮助，展开了内部征伐，相继征服了桓达、散达、乌春、窝谋罕等部落，开始了统一生女真部落的征程，势力快速膨胀。辽廷也渐渐意识到了女真完颜部是一头正在慢慢长大的狼，开始有意识地遏制女真完颜部的发展。

到了完颜石鲁的第五个儿子完颜盈歌上台后不久，完颜部落在征伐阿术的过程中就遇到了辽廷的强烈干涉。辽廷不仅要求盈歌退兵，还要完颜部退还在阿术城劫下的财物，不能归还财物的照价赔偿。

此时的完颜盈歌虽然还不敢公开和契丹人翻脸，但是在生女真部落，他的话显然已经比辽人的管用。在盈歌的授意下，生女真有几个部落断绝了对辽人的贡鹰之路。

无奈的辽人只能再次“命令”完颜盈歌征伐这几个不听话的部落。盈歌的条件也很简单，恢复贡鹰路可以，不过前提是你别再管我教训本部落的小弟。

对于完颜部落这头自己扶持起来的狼，内耗不乱的契丹人最后采取了睁只眼闭只眼，随它在白山黑水地界怎么闹腾，只要暂时还听他们使唤，还有海东青供他们玩乐，辽人也就满足了。

完颜盈歌在位九年，在九年的时间里，他率领完颜部落完成了对黑龙江下游的生女真各部的统一，其领土北到今黑龙江北岸、东达日本海、东至鸭绿江图们江领域。

崇宁二年（1103 年）初，完颜盈歌进行了统一生女真部落的最后一战——征伐海里。此战中，老大哥辽帝国派出了几千甲兵助完颜部一臂之力，而此时完颜部的甲兵数量，仅为一千人——这是完颜女真人有史以来拥有的最多的甲兵。

打仗，肯定得老大哥先来，结果是几千辽兵被海里部打得屁滚尿流。

完颜盈歌笑着对辽将说把你们的队伍全部撤到后面，让我们完颜部来。

一千完颜部甲兵如猛虎下山，大败海里部。完颜盈歌的侄子完颜阿骨打更是一箭射杀了海里本人。

此战在完颜女真人的历史上堪称里程碑，因为完颜部不仅一统生女真，更是知道了一件事——契丹人不足畏，纸老虎。

崇宁二年（1103年）十月，完成了统一女真各部的完颜盈歌病逝，年仅五十一岁，但被后世称为盈歌太师的他应该没有遗憾。不仅仅是因为他已经为女真人开创了一个新的时代，更因为他的身后，站着一个更为生猛、更为激情和热血的接班人——完颜阿骨打。

阿骨打又叫完颜旻，是完颜石鲁之孙、完颜劾里钵的第二个儿子，从小力大无比、箭术一流，射程范围达到三百二十步，比之前部落里最善射的射手要多出百余步。二十三岁的时候开始随父兄征战，不仅作战英勇，而且对于不可一世的辽主，他已经不再像父兄那样容忍谦让。辽道宗末年，年轻的阿骨打入朝见当时的辽帝耶律洪基，闲暇之余和一名契丹贵族玩“双陆”（一种类似飞行棋的游戏）。契丹人输了耍赖，双方言语冲突既而大打出手，阿骨打一刀刺穿了契丹人的肋骨。

事情在辽廷引起了震惊，女真人敢向契丹人动刀子，反了天！帝国上下的臣民都向耶律洪基提议杀了这个不知天高地厚的小子。耶律洪基最初也很愤怒，但他想到了生女真人的海东青，想到了长白山的人参貂皮和珍珠，他的怒火消了。之后不管臣子们说阿骨打不杀就是当年的石勒、安禄山，但道宗皇帝最终还是让这件事不了了之。

阿骨打的父亲完颜劾里钵死的时候对自己的亲属做出了一番预测。当他的老婆拏懒氏拉着他的手哭个不停的时候，他温柔地说亲爱的你不要太伤悲，一年后我们就会在天国相会；他的四弟完颜颇剌淑请教以后完颜部落的安排时，他说兄弟你也不要太操劳了，三年后我在那边等你喝酒。这让颇剌淑很不爽，说大哥是不是病糊涂了，怎么能这样诅咒自家兄弟呢。看到五弟完颜盈歌，劾里钵说完颜部落的江山要兄弟你来扛了，并对完颜盈歌说我的两个儿子，乌雅束性格温和，适合守成，打江山，还得老二阿骨打。我看也只有到阿骨打手中，我们女真才能真正打败契丹人翻身做主。

政和三年（1113年），女真完颜部首领完颜乌雅束病入膏肓，他做了一个很奇怪的梦，梦见自己追赶一头凶恶的狼，但自己无论怎么追，那头狼总是跑得远远的，而用箭去射它，它却总是敏捷地躲开。完颜乌雅束准备放弃的时候，他的兄弟完颜阿骨打出现了，一箭射死了恶狼。

第二天，完颜乌雅束把梦告诉了臣属，大家都挺高兴，说这是吉兆，大哥你可以放心把完颜女真部的未来交给你的弟弟，安心养病了。

当月，完颜乌雅束病逝，他的兄弟完颜阿骨打成了女真完颜部的新领导人。

完颜阿骨打上台第一件事是替大哥办丧事，但不知是无意还是存心，有一件很重要的事他没有做——向辽帝国报丧。

这可不是一般的小事，完颜部从景祖完颜乌古乃那一代开始就接受辽帝国任命为生女真节度使，借助辽人的势力一步步崛起，最终一统女真部。

按惯例完颜乌雅束病逝了，接班人阿骨打应该第一时间向辽廷报丧，辽人遣使向完颜家深表慰问哀悼，然后向新领导人颁发任职书，开始新的邦交。

辽人等了很久也不见完颜部落的官方报丧消息，很生气，派使者阿息保到完颜部，谴责阿骨打为什么不向辽廷报丧。阿骨打眼珠子一瞪说我家刚死了人，你们契丹人知道了不来吊丧反而来兴师问罪，算怎么一回事？

阿息保回到辽廷向皇帝禀报了完颜女真人强硬的态度。耶律延禧不相信女真人胆子有这么大敢公然和辽廷对抗，于是再一次派阿息保出使完颜部落。

阿息保的第二次出使差点小命不保，原因是他在完颜部落看中了一匹马，对女真人说他要牵走，结果阿骨打发飙了，说这是给我哥哥陪葬用的马，你竟敢牵走，拔刀差点杀了阿息保。

世道真的是变了，想当年，出使生女真部落是多么美的肥差，他们前往女真部落的时候，腰中佩着皇帝颁发的银牌，想要什么就拿走什么，名马、生金、大珠、人参、蜜蜡、细布、松实，各种飞禽珍兽，为了得到大如弹子的珍珠，女真人每年十月前是不能下水拾蚌的，要到冬季才能凿开坚冰，在冰水中作业拾蚌采珠，然后上贡辽人；海东青是产于东北的一种猎鹰，能捕捉天鹅一样大的猎物，被酷好打猎的契丹人视为神鹰，每年都要女真人捕鹰上贡，猎捕海东青很难，女真人每年都出动大量的青壮年捕鹰，辽廷甚至把从女真五国部盛产海东青之地到辽朝京都的路线称为鹰路，作为辽廷任命的生女真节度使，完颜部落必须承担鹰路通畅。

更令女真人感到耻辱的是，银牌天使们来到东北饱暖思淫欲就开始胡天胡地胡风骚，到了生女真部落看上谁家的黄花姑娘良家妇女，就迫使女真人献出“荐枕”。那些年不知毁了多少女真女人的清白。虽然女真部落并不像中原汉民族那般看重贞操节守，但自己部落的女人被外族强睡，仍然是女真男人们共同的不可抹去的耻辱。

很多年后，女真人将这种耻辱加倍强加在辽人、宋人的身上，那是后话。

想当初的银牌天使们是多么“风光”，而阿息保只不过想要女真人的一匹马，就差点掉了脑袋。阿息保的这个面子丢大了，当然丢面子后面传递着另一个更重要的信息——完颜阿骨打已经不把辽国老大哥放在眼里，翅膀硬了。

天祚帝很愤怒，他想起了很多年前的一件往事。那是天庆二年（1112年），辽天祚帝耶律延禧来到了春州（今吉林省乾安县北）混同江（今松花江），开始了新的一年的“春捺钵”。按旧例在千里范围内辽主捺钵，女真部落首领都得来朝见帝国皇帝，上贡品，陪吃陪喝，与老大哥共同和谐。

这一年，完颜部落的首领完颜乌雅束却因“病”未能前来，派出部落的二当家年轻的阿骨打前来陪同领导视察。

辽帝国春捺钵的一个重要仪式是头鱼宴，即皇帝要在结冰的冰面上凿洞钩鱼，钩得第一条大鱼后，要大宴群臣，称为头鱼宴。在头鱼宴上群臣和部落首领为了向皇帝祝贺，均要跳舞为皇帝助兴。

天庆二年春捺钵的头鱼宴上，当所有女真部落的首领都离席载歌载舞，唯有阿骨打一人坐在席前，不动。

旁人好心劝他下舞池活动活动，阿骨打板着个脸说不要理我，哥就是不爱跳舞。

气氛相当尴尬，天祚帝不仅没有面子，而且他感觉到了完颜阿骨打的霸气和杀气。

他找来了枢密使萧奉先，说阿骨打这人心怀异志，他日必成为帝国的心腹大患，得趁现在就要除掉。

萧奉先却说完颜部落一向归顺辽帝国，现在把他们的二当家杀了，不利于以后帝国对生女真部落的控制，对阿骨打的挑衅行径，睁只眼闭只眼算了。

萧奉先的一席话基本上改变了辽宋金三国的命运。天祚帝耶律延禧放下了他手中的刀，心不甘情不愿地看着完颜阿骨打从自己的眼皮下离去。

往事浮上心头，耶律延禧肠子都悔青了。

时至今日怎么惩罚不听话的女真人，他暂时还没考虑好。政和三年的辽国皇帝要面对的事太多，宫廷内部的你争我斗，国内蜂拥的农民起义，还有空空如也的国库。

天祚帝很忙，完颜阿骨打也没闲着，他开始组织生女真部落修堡建寨、修造兵器，动静很大。消息很快传到辽统军司，辽廷很快又派使来“谴责”阿骨打。问你们到底想干什么？想和辽帝国开战吗？

这个问题阿骨打暂时还不肯给辽人答案，他眼珠转转和辽使打起了嘴皮子官司，和辽人谈起了前不久他们刚打败的一个女真部落领袖阿术。他跑到了辽国，要完颜部落听辽大哥的话，那这个阿术，契丹人得交给完颜部落吧？

双方开始磨嘴皮子，在这个过程中女真人做好了一切能做的战备工作，而辽廷虽然也有所准备，在宁江州集聚了一些军队。但从天祚帝到普通契丹人都认为凭女真人的那点兵马，是掀不起多大风浪的，辽人在忙完家务事后再好好收拾这群来自黑山白水的野蛮人不迟。

阿骨打没有给辽廷时间，他知道既然双方走到了这一步，战争是不可避免的，与其等待辽人集结兵力讨伐，不如先发制人。

政和四年（1114 年）九月，阿骨打在涞流河（今拉林河，在黑龙江省与吉林省间）集结生女真诸部，正式宣布反辽。

那天北风吹得正紧，在涞流河旁，战旗在风中飘得很张扬，所有女真人最初都比较失望，因为数一数全部女真人的部队加起来只有区区二千五百人。

阿骨打迎风做了鼓舞人心的演讲，内容最先是忆苦，回忆契丹人这么多年是怎么欺负我们的，然后是嘲笑辽人现在的没落和无能，最后则是思甜。女真人的未来被阿骨打描述成了天堂，只要打败辽人，奴婢的升良民，良民做官，做官的做更大的官，前提是全体军士的共同浴血奋战。

二千五百人如狼似虎，杀向了辽国渤海宁江州（今吉林省扶余市），没费多大的功夫就攻克了宁江州。在宁江女真人又收纳了一些辽籍女真人及渤海人，将兵员扩大到三千七百人。

宁江失守终于惊动了天祚帝。十一月，他派都统萧嗣先、副都统萧挞不也统兵十万引兵出河店（今黑龙江省肇源县茂兴镇勒勒营子古址）。三千七对十万，这本是一场实力相当悬殊的角逐，连女真人的士卒都不相信自己能击败如此强大的敌人。阿骨打此时又玩起了小聪明，他假装萨满神附体，说神是站在我们这一边的，以此大大激励了军心。

女真人又一次主动向强大的敌人发起攻击，辽军没有防备，大溃败。

此战后女真人缴获了大量的物资兵甲武器和战俘，经过整编后他们的部队达到了一万人。曾经有契丹人说过女真人甲兵过万则天下无敌，现在他们的兵力达到了让辽人认为天下无敌的数字。

政和五年（1115 年）的正月初一，完颜阿骨打正式称帝，改名完颜旻，建元收国，国号为金，定都会宁（今黑龙江省阿城区南白城子）。

没有盛大的庆祝，完颜阿骨打甚至没有为自己建立一座像样的宫殿，五天以后，新皇帝就开始了他的征程，目标是辽国的黄龙府（今吉林省农安县）。黄龙府是辽国六府之一，为辽国的军事重镇。辽朝震惊，辽天祚帝耶律延禧率二十万众（号称）亲征，进驻达鲁古城（今吉林省前郭尔罗斯蒙古族自治县）。阿骨打放弃围攻黄龙，直扑达鲁古城寻求与辽军主力决战。公元 1115 年正月二十九日，辽金双方遭遇，金兵以左右中三军迎战，大败辽军。辽军步兵全部被歼灭，金兵占据了达鲁古城，并在九月攻占黄龙府。

当年十二月，辽天祚帝耶律延禧再次亲率十万辽军（号称七十万）亲征，朝黄龙府杀来。但还没站稳脚跟，后方却传来耶律章奴反叛的消息，耶律延禧被迫率军西还。完颜阿骨打没有放过战机，率部追击，至步答岗（今松花江下游西）。辽师败绩遗尸千里，丢弃物资牛马不可胜计。耶律延禧仅率几百禁卫军狂奔逃命。

仅仅用了一年的时间，新成立的金国就两次大败辽帝国，粉碎了辽国的进攻。

接下来完颜阿骨打要做的，不仅仅是反抗辽国的统治这么简单了，他要一举灭辽。

而辽天祚帝两次东征失败加速了辽国内部的政治危机，各地反叛层出不穷。政和六年（1116 年）正月，辽东京爆发了渤海人高永昌的反叛，并占据了辽东五十余州县。阿骨打坐山观虎斗，等高永昌与辽军厮杀至双方都精疲力竭时，金人出兵，灭了高永昌。高永昌所占东京辽阳府（今辽宁省辽阳市）

及辽东州县均归于金国，于是辽东半岛全部归于女真人。

面对新兴女真人的凶猛，昔日的北方霸主是如此的不堪一击，大辽帝国的末日，就在眼前。

女真人的下一个目标是上京临潢府（今内蒙古自治区赤峰市巴林左旗林东镇南郊），这里是耶律阿保机的发家之地。面对金人的咄咄逼人，辽国人组织从辽东逃到关内的饥民，组成一支三万人的怨军，以郭药师为主帅，与金人一搏。政和七年（1117 年）十二月，双方主力在蒺藜山（今辽宁省阜新市北）再次决战，辽师再败，成、懿、濠、卫、显、乾六州均向金人投降。

一次次的败仗，辽国不得已向金国求和，希望像当初北宋人向他们用金钱换和平一样。经过两年多的征战，完颜阿骨打也需要巩固地盘，按抚民心，所以同意和辽国人和谈。

一边议和，一边寻找政治盟友，期待和酝酿着另一次风暴的到来。

2

当辽国陷入金人风暴中时，隔邻的北宋人很开心。虽然辽宋之间自澶渊之盟后基本无大的战事，保持了近百年的和平，算起来也是友邦之国，但是宋辽之间的和平是以宋人的屈辱和金钱为代价的。几乎每一个宋人都忘不了失去的燕云十六州。宋神宗赵顼死前就立下了复全燕之地者，异姓可以封王的遗诏，代表着大部分宋人的心声。

对新近崛起的金人，宋人本着敌人的敌人就是朋友的原则，伸出了友善和合作的手。宋徽宗赵佶让西北王、枢密使童贯负责与女真人取得联系，合力抗辽。童贯派出使者以买马为名乘舟赴东北。使者到了金人的地盘，看到金兵如虎似狼，竟吓得不敢上岸，泛舟而逃。第二年，宋人再次派使者马政渡海北上，这次宋使者终于见到了完颜阿骨打。对宋人抛来的媚眼，完颜阿骨打照单全收，宋金之间开始了勾勾搭搭。

宣和二年（1120年）三月，在完颜阿骨打准备发动对辽大总攻——三京之战的前一个月，宋金之间达成了共同灭辽的盟约：宋金共同出兵灭辽，金兵出兵取上京、中京，宋取辽燕京，灭辽后，燕京一带归宋，其他归金，如果金人占领了燕京，可以带走人财物，地盘给宋人留着。

还有重要的一条，金人承接了辽人的政治经济权利，接受宋人以前给辽人的五十万岁币。

此约达成前，有识之士也提出，此时已是辽弱金强，宋辽之间已是唇亡齿寒，联金无疑是自杀式行为，但此时的朝政为蔡京、童贯等奸臣把持，在封异姓王的吸引力下，蔡、童等人摇身变为热血激情的主战派，容易头脑发热的赵佶也站在主战派一边，最终达成了宋金海上之盟。

宋金达成协议后，完颜阿骨打终结了与辽人索然无味的谈判。在宣和二年（1120年）四月，完颜阿骨打亲率大军，分三路向辽上京临潢府（今内蒙古自治区巴林左旗南）进军。五月，三路大军会于青牛川，以一昼夜行六百五十里的速度，以迅雷不及掩耳之势抵上京。辽上京留守托卜嘉未做大的抵抗就开城投降。

宣和三年（1121年）正月，辽国又一次发生重大内乱，耶律余睹等辽国贵族投奔金国。阿骨打于七月再次发动攻辽，以其弟完颜杲为主帅，其子完颜宗翰为副帅，剑指辽国中京大定府（今内蒙古自治区宁城县西大名城）。正月十三日，金军占据了中京外围据点高州、恩州、回纥等地。正月十五元宵的时候，金兵兵临中京城下，辽军不战自溃，金国占据了中京。

金军再接再厉，完颜杲与完颜宗翰率军追击逃往西京大同府（今山西省大同市）的辽天祚帝耶律延禧。金兵的前锋部队行军神速，在白水泺（今内蒙古自治区察哈尔右翼前旗东北）追上了辽帝，三次大败辽帝护卫部队。辽天祚帝耶律延禧远逃大漠夹石（今内蒙古自治区默特左旗西北）。而金军的其他大部则直奔西京，辽西京留守苏京出降，但不久又再次反叛。追击天祚帝而还的完颜宗翰再次向西京发起攻击，西京再次落入金人之手。

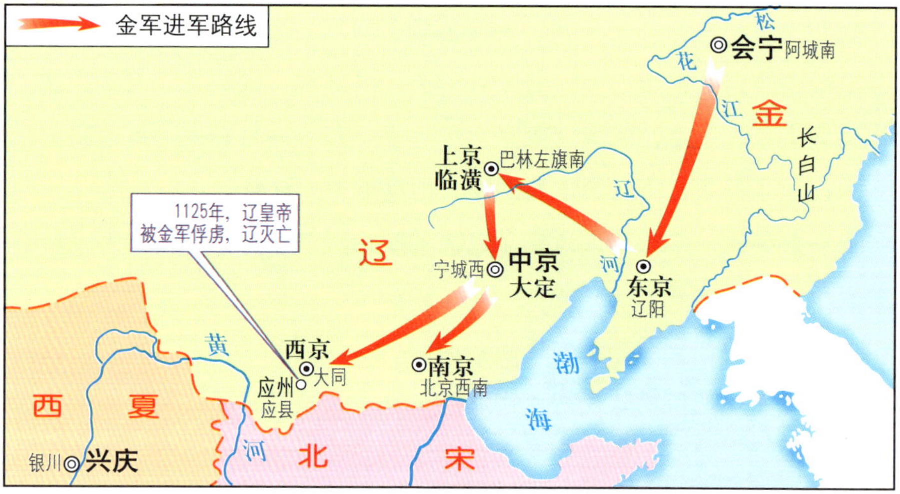

金灭辽

至此，辽国五京，四京均已落入金人之手，只剩下宋金约盟中规定的由宋人攻克的南京幽州（今北京市西南）了。

完颜阿骨打并没有趁势再攻盟约中留给宋军的南京幽州。他把精力放在了打扫战场收拾战利品安定所平诸地，同时也以此观察宋军的战斗力。

事实上宋人并没有如约与金人一起发动灭辽之战，因为在宣和二年（1120 年）十一月，方腊在浙江、安徽一带起事，声势浩大，一心灭辽的童贯只得先率十五万大军镇压方腊。后来看到金人在辽事上取得节节胜利，又眼红了，生怕好事全给金国人占了。宣和四年（1122 年）五月，宋兵派种师道、辛兴宗兵发两路攻辽。虽然辽军在金兵面前不堪一击，但瘦死的骆驼比马大，对付毫无战斗力的宋军却绰绰有余。种师道、辛兴宗在白沟、范村分别被辽将耶律达实、萧干等击败。十月，宋廷命刘延庆率兵十万再出雄州（今河北省雄县），向燕京发起进攻，在白沟再次被辽将萧干击败，退兵闭垒不出。倒是投降宋军的辽将郭药师率六千骑趁燕京空虚杀入了燕京，在燕京城里烧杀抢掠一番。但刘延庆的部队一直未到，又被辽人赶了出来。而驻营在卢沟（今北京市南）的刘延庆却被断粮道，仓皇逃走，死伤惨重。

宋军二次攻击燕京，均以失败告终。宋军主帅童贯不得以，只得请金人出马，当年十二月，完颜阿骨打自大同入居庸关。居庸关守将开关投降，宋军两次未能攻克燕京而金军未伤一卒攻克。

自此，辽国五京全部被金人所占领，此时距阿骨打建立大金政权不到七年。

女真攻克幽州后，阿保机的身体健康状况已经恶化。尽管内部很多大将和原来的辽国降臣都反对将幽州还给北宋人，自知时日不多的阿保机权衡利弊后还是决定遵守宋金的盟约。

他对儿子和臣属们说我生前不愿再违宋金之盟，等我死后，你们根据具体情况再作定夺。

归还幽云，成了阿骨打为他的继承者们布下的最后一步棋，也将北宋帝国套入绝境。

经过反复的谈判，宋金达成协议，宋朝以每年岁币一百五十万两的代价得到燕京六州（涿、易、檀、顺、景、蓟六州）及周边二十四县。宋朝还一次性付给女真人一百万两白银，得到西京及周边其他八州（包括武、应、朔、蔚、奉圣、归化、妫、儒）。

但女真人可以带走他们所能带走的一切东西，百姓、财富、牲畜，并顺便毁掉了幽云一带所有的关塞城墙，留给宋人废城荒野一片。

这时候是宣和五年，赵佶终于完成了他收复幽云的梦想。而在宣和五年初的时候，帝国的户部尚书也告诉他一个消息，北宋帝国人口已达二千八十八万二千三百五十八户，人口四千六百七十三万四千七百八十四人（事实上后世史学家认为这后一数据是不准确的，北宋时期一户不可能平均不到二人，46734784 应是男丁人数，帝国的人口在大观元年即 1110 年就已达一亿二千左右）。这一数据超越了疆域更加广阔的雄汉盛唐，而帝国的财政收入，早就已经突破了亿万贯（注：以贯、匹、布、两为单位），傲视前朝后世。

不仅如此，宣和五年的时候，赵佶心中的“仙境”，中国历史上最豪华最具有艺术品位的皇家园林万岁山（后改名艮岳）也宣告落成。作为人工园林，里面人造石山其最高一峰可达九十步，其山周十余里，运四方奇花异石置其中，千岩万壑，麋鹿成群，楼观台殿，不可胜计。而最奇特的则是朱勔从太湖取回来的那座巨石，高广数丈，成了艮岳的地标性建筑（不久就被东京的市民们用来作抵抗金兵的炮石）。

作为帝王，或许赵佶在宣和五年的遗憾，仅仅是那位叫李师师的女人一直不肯进宫为妃嫔吧！

通过宋金的联合演习，金方对于北宋人的军事实力有了一个全面的了解。此时的女真人，拥有比契丹人和党项人更为强悍的骑兵，当然，他们的野心，也远远超过了前两者。

北宋人的钱，能让契丹人和党项人推磨，却不能平息女真人那颗进攻的心。

女真人只需要稍作休息，然后寻找一个借口。

3

平州（今河北省卢龙县）、营州（今河北省昌黎县）、滦州（今河北省滦县）三州，一直是宋金同盟和议中最大的争议。

当初北宋人要求联合金国攻辽，最初要求平州、营州、滦州也属于燕云地区，应归宋人。

女真人一口拒绝了，说这三个州早已属于平州路，不能给宋人。

后来两国正式达成盟约时，平、营、滦三州没有纳入幽云地区划归宋人的范围。

而北宋人后来连燕京都拿不下，女真人“帮”宋人拿下燕京后，连燕京都需要用银子赎回，平、营、滦三州自不用说。

但对宋人提出赎买平、营、滦的建议，女真人没同意。

平州虽然女真人不肯给宋人，但自己却一直没摆平，有个张觉在那儿成了钉子户。

张觉是平州义丰人，辽国进士出身，金人入侵辽境时他任辽兴军节度副使（耶律大石的副手）、知平州。耶律大石等人拥耶律淳为帝时，他在平州有五万人马，但张觉选择拥兵自守，观望时局，并不听从耶律淳的号令。

后来金兵入燕，阿骨打让人去招降张觉。张觉表面答应投降金人，但背地里仍然接受燕人流民，积极扩充军队备战。

金国人准备用兵打平州，但辽国降臣康公弼说打反而会使没有反意的张觉反叛。他主动请缨去平州探虚实，该公到平州转了一圈后回来拍胸脯打包票说张觉是真心降金的。女真人暂时放弃了打张觉的计划，将平州改称南京，又加封张觉为试中书门下平章事判留守事。大军掉头去追击天祚帝，暂时没有处理张觉这个烫手山芋。

金兵离开，张觉胆子就大了起来。他杀了前来接收平州的金国宰相左企弓等人，公开反金。

平州地小，张觉知道靠自己这点人马，他日金国大军杀到时自己肯定挺不住。于是他想到求援于宋朝，并向宋人放风，自己可能随时连同平州带五万大军投奔宋人。

张觉向北宋抛来的媚眼，接不接招，又成了赵佶的烦恼。

朝廷里一些有识之士反对接纳张觉，多次出使金国对金国军事实力有所了解的赵良嗣就是其中之一。赵良嗣说平州本来就未在宋金协议规划的范围，如今北宋贸然接受张觉的受降，金国可能会为此而撕约与宋人开战。

但大多数朝臣则认为这是送上门的肉，不吃可惜，反复向赵佶讲述平州在军事上的重要性。赵佶脑袋一热，忘了宋军刚在军事上的惨败，也忘了燕京是用钱买回来的，决定接受张觉的投降。诏建平州为泰宁军，以张觉为节度使，世袭平州。

宋人在平州搞小动作的时候，金国人那边也发生了大事，女真人的领袖开国皇帝完颜阿骨打病重不治死于军中，女真人推举他的亲弟弟完颜吴乞买继位，是为金太宗。

对于更年轻更有激情的完颜吴乞买来说，辽国的残余天祚帝已经满足不了他的胃口，南边富有而战斗力低下的南人，才是新皇帝的下一个猎物。

恰好宋人给了他这个借口——平州张觉。

宣和六年四月的时候，金军大将阇母率军两千路过平州，听说张觉这小子要反，于是屯兵营州准备对张觉兴师问罪。张觉主动率兵出击。阇母不敌张觉，率部撤退营州，抛下一句狠话说现在天热，秋后再找你小子算账。

剩下的小半年，北宋君臣们在反复考虑要不要接受平州张觉，等他们下定决心时，阇母所说的秋天来了。

宣和六年十一月，新皇帝吴乞买派完颜宗望（斡离不）派兵讨伐平州。大军临近平州，完颜宗望接探子报说张觉率平州官员出城在郊外迎接北宋的使臣，正式归降宋人。

这样好的战机，完颜宗望不会错过，他派一千兵袭杀在郊外的张觉。张觉被杀了个措手不及，并被金军断了回平州的路，只得狼狈的奔向燕山府投靠郭药师。

金军很快占据了营州，围困平州，平州城的几万兵虽然没有了主将，但还有一定战斗力，在将领张醇固的率领下抵抗了半年。

袭击张觉这一仗完颜宗望打得相当漂亮，更重要的是他从张觉之弟张齐身上得到了赵佶亲笔写下的招降张觉的手诏。

女真人向宋人问罪，说你们啥意思，我们家老皇帝前脚刚走，你们就背着刚登基的新皇帝搞小动作。

北宋人羊肉没吃成，反倒惹一身骚，又没了同女真人翻脸的决定，只能低下姿态赔小心。

此时的女真人还不想完全和宋人翻脸，一来平州未攻克，二来西边的天祚帝还在。女真人说要我等不追究张觉事件也行，两个条件，一是把张觉的人头送来，二是你们宋人害我们劳师费力攻打原本属于我们的地盘，这次军事行动费用你们得出，大军的粮草你们得供。

赵佶答应了女真人的第二个要求，给女真人送去了粮食。有宋人钱粮供着，打平州一向勇猛的女真人开始消极怠工，打了半年才打下来，赚了北宋人不少钱粮。

但张觉的人，赵佶一开始还是不想给的，命王安中不交人。

女真人催得急，上头又不让给，王安中耍了个小聪明，找了一个长得酷似张觉的人砍了头给女真人送去。

可惜女真人没这么容易糊弄，很快将人头送回来说这是假的，真张觉藏在王宣抚您的甲仗库内。你们不交张觉的人头，我们自己带兵来取了。

王安中认为到了这个地步，只有牺牲张觉，他密函赵佶请求皇帝答应女真人的请求。

赵佶只得再一次牺牲降宋的辽臣。

接到圣旨后，王安中把张觉抓了起来，宣读了张觉的“罪状”。张觉破口大骂，说我的罪过就是相信了你们这帮鼠辈。

王安中命人勒死张觉，砍下头送到了围困平州的金兵那里，金人把张觉的头悬挂在营前挂了很久。

张觉的死，彻底伤了一个人的心。

郭药师。

郭药师，辽宁盖平东人。辽募辽东人为兵，号称“怨军”，药师是这支队伍的领袖。辽亡，药师以涿、易二州归宋。他手下的怨军（常胜军）都是妻离子散家破人亡的辽东饥民。这支部队有极强的战斗力，但也有极强的破坏性，是一把锋利的双刃剑。

最初选择降宋，郭药师一是出于本能的民族认同感（郭自称汉人），二是自己的部队对女真人的仇恨情绪，三是对富庶又冒似强大的北宋帝国抱有极大的信心。

投靠宋人后，郭药师证明自己不是吃干饭的，打仗真是一把好手，敢于拼命，和杨可世率七千人偷袭幽州，和耶律大石、萧干大战三天三夜，杀得自己都差点丧命；若不是宋军草包主帅刘延庆不给力的表演，郭药师差点就拿下了幽州城。

之后郭药师的表现依然出彩，刘延庆大败溃逃辽军全面追击时，郭药师又率常胜军在永清县大败辽军，打了一个漂亮的阻击战，遏制了辽军的势头。后来燕山府建立，郭又率兵数次击败辽国残余的萧干部。

即便郭药师表现出彩，但在收复燕山府后，帝国竟然将如此重要的战略要地的军事指挥权交给了一位刚投降过来的将领，显得无奈而冒失。西北军的惨败让帝国原来的枢密使童贯及其嫡系将领没有了话语权。而帝国实在是找不到其他有经验资历的武将，此时的郭药师比较起同时代的将领大有鹤立鸡群之感，最终帝国的高层做出了这样一个致命的错误任命。

郭药师军队的战斗力是始终如一的强，赵佶在郭药师任常胜军节度使后不久，派童贯到燕山府考察郭部的战斗力。郭药师请童太师随行，到了四下无人的郊外。郭药师跳下马来令旗一招，顷刻之间，四山之间铁骑嘶鸣，甲光向日，举目一望，黑云压成一般，兵士不知其数。常胜军队伍的行动力之迅速，令见多识广的童大帅也为之一惊。回去后，童大帅的报告上没少夸郭药师的这支虎狼部队。

尽管先降宋再降金，但郭药师绝非没有原则的小人。起兵降宋献涿州时，他的顶头上司萧干就在郭药师的帐营，郭药师劝萧干一起归宋，萧干不从。属下劝他杀了萧干，以免消息外漏。郭药师自己也权衡了半天，最终还是放了萧干，理由是萧干曾经是他的上司，而且救过他性命。

收复燕山府后，郭药师到了东京接受赵佶的召见。赵佶加官封爵赏钱一样不少，只是附带提了个要求，说天祚帝还在西面，是宋军的最大威胁，让郭药师带兵去砍下天祚帝的脑袋给新东家献礼。

郭药师立即表示拒绝，说弑旧主这种缺德事俺不干。

几乎所有史料都记载说郭药师投奔宋廷后随时准备反水，当第二个安禄山，但除了他手下的士兵不肯改汉装，保持着契丹的旧习惯外，也没见其有多大的动作。但投奔宋廷后，他渐渐看清了帝国的整个政治环境——君不可信、臣不可靠、将不可战，像自己这样卖傻力的武将真没有几个。

张觉被赵佶君臣砍下脑袋后，郭药师心寒了，对手下说哪天如果女真人要他的脑袋，不知道赵佶给不给？

毕竟他还属于金国人所说的燕云地区的“逃犯”，上了金国人的黑名单。

让常胜军驻守燕山府也是不得已之举，帝国对武将本来就不信任，何况是一个降将，一边让郭药师镇守燕山府，帝国也一边在燕山府积极策划建立另一支义胜军，想取常胜军而代之。义胜军的工资待遇是常胜军的二倍，很快就有很多常胜军的士兵跳槽去义胜军。郭药师为了防止常胜军士兵跳槽，不得不在军士的脸上刺字标识。

在宋帝国的地盘上，队伍越来越不好带。即使赵佶给郭药师再多的赏赐，但他已经无法给郭药师一样东西——信心。

金国方面平州事件后就下了大兵南侵的决心，女真人一边悄悄调集兵力至边境，一边继续麻痹宋人，俘虏天祚帝后，先后派了三拨使臣到宋朝，庆祝两国海上之盟圆满功成。

当然，大规模的军事调集行动不出一点声响是不可能的。燕山府方面有一名叫陈角的郎官负责送金国的第三批使臣出境，到了女真人的地盘，发现金国方面正在大规模集结兵力，气氛异常。虽然探刺军情不是他的任务，回到燕山府后，他还是将这个重要的军事情报向燕山路安抚使蔡靖作了报告。结果蔡靖怒斥他道听途说，制造恐怖气氛，差点治他的罪。

六月，宋人又接到了女真人飞狐、灵丘两县的军事活动频繁的情报，但帝国以童贯为首的军事高层对这样的情报依然置之不理，没有做任何防范。

到了十月的时候，金国人的兵马屯集边境的情报不断从各路传来，连边境的老百姓都知道了女真人即将向宋廷开战，但是童贯等人的想法竟然还是等金国方面割交土地。

他们不知道，帝国的末日已然来临。

4

宣和七年（1125年）十一月，金国正式发起了侵宋战争。

女真人大军兵分两路，东路军以完颜宗望为主帅，率兵六万，自平州入燕山，掠取河东、河北的广大地区；西路军以完颜宗翰（粘罕）为主帅，率兵六万，自云中入太原、下洛阳，绝宋军西北军援助开封的道路，并防止赵佶奔蜀，最后的战略目标是两路大军合围开封，一举灭宋。

战局的进展完全出乎金人的想象，第一个没想到的是西路军竟然被太原的孤军拖了那么久，第二个没想到的是东路大军会如此顺利。

因为在燕山府，宋人最倚重的郭药师已经心猿意马。

十一月二十六日，金人的东路军攻占了古北口，随即攻克檀州（今北京市密云县）、蓟州（今天津市蓟县），向燕山府逼近。

燕山安抚使蔡靖派郭药师、张令徽、刘舜仁率兵四万五千人屯兵白沟，抵抗金兵。

十二月六日，完颜宗望到了白沟东岸后，对郭药师的部队有所顾忌，一时不敢贸然进攻，在东岸扎营观望。

郭药师认为金军对辽对宋都是一路凯歌，必然不会想到自己会主动进攻，于是做出一个大胆的决定，主动偷袭金军。

可惜宗望早有防范，等郭药师部渡过东岸，金兵早已做好准备。

接下来的是一场硬碰硬的激烈战斗，双方厮杀战况惨烈，战火绵延三十余里。

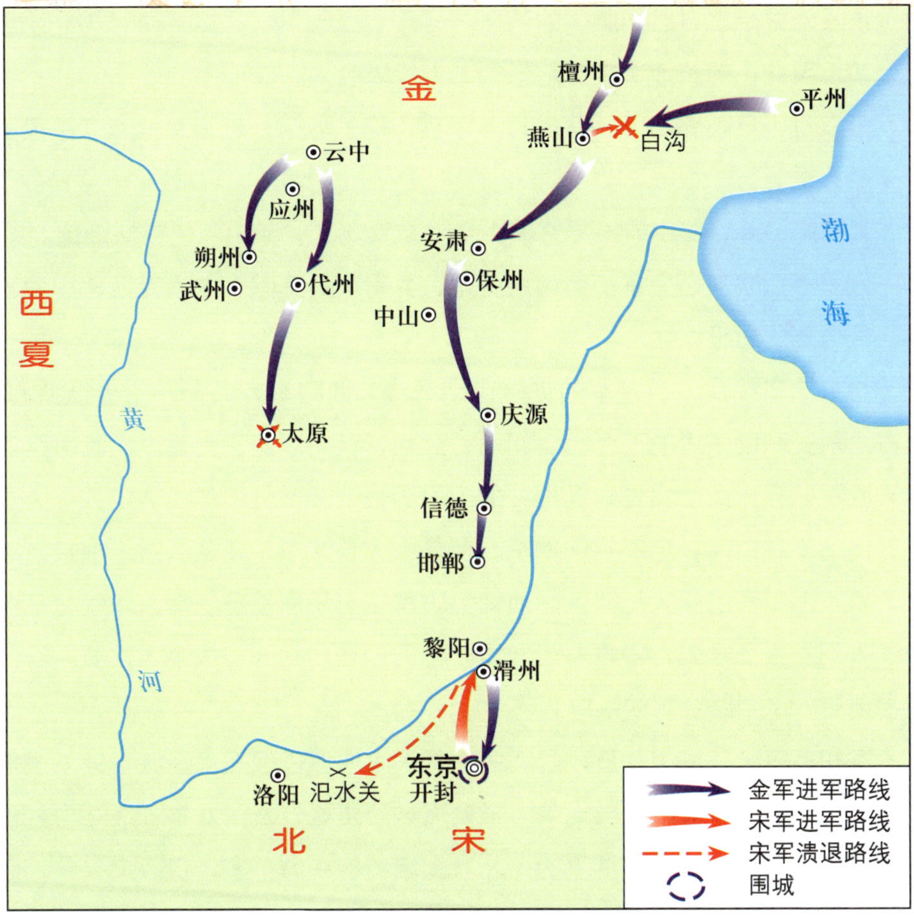

金军南下

交战正激烈的时候，完颜宗望发现只有郭药师的常胜军还在和自己死磕，而张令徽、刘舜仁的部队却已经开始撤退。

宗望当机立断，放弃与郭药师死磕，转向追击张刘部。

结果是郭药师部占领了金军的大营，但张刘溃逃损失巨大。

郭药师率军撤回燕山府，此战杀得太猛，郭药师本人的三百近卫军仅剩一百余人。

就在他对拥有两个猪一样的战友而郁闷的时候，他收到了张刘二人准备向金人投降并献上自己的脑袋的消息。

事已至此，郭药师决定提前张刘二人投降金人。

十二月十日，郭药师挟蔡靖打开了燕山府的城门，带领着七万守军投降了完颜宗望。

郭药师一降，燕山府再无军事力量对抗女真人，燕山六州很快陷落。

金军不费吹灰之力拿下燕山府各地，并得郭药师献上的马万匹，甲胄五万，兵七万的超级大礼。

与东路军相比，西路军的进程可谓艰难，西路军方面一开始也挺顺利，连占之前交割给宋人的三个州：朔州、武州、代州。此三州基本由临时组建的义胜军驻守，兵士均是宋廷招纳的山后因战乱流离失所的当地汉人，为了供养他们不致饿死，全部招纳入军，但是因人数太多，朝廷军需米粮接济不上，领不上工资的汉人纪律可想而知，宋军将士矛盾重重。金人入侵，三州的汉人们发生了哗变，守将前门守城，他们偷在后门开门放金人进城。三州轻易地落入了西路金军的手中。

宣和七年十二月十八日，西路金军到了太原城，但在太原城下停下了他们的脚步。一百年前，赵氏兄弟为了攻克这座坚城，费了九牛二虎之力，现在龙城太原同样磕掉了女真人的大牙。太原城的兵力不多，仅万余兵马，而金军是六万大军。但是无论女真人的兵马有多少，攻城手段多么丰富，太原城在知府张孝纯和将军王禀的率领下成了铁堡一个，无法攻克。

完颜宗翰绝望了，眼看着东路大军主帅完颜宗望渡过黄河一直杀到东京开封，而他却过不了太原城这一关。

东西两路大军围攻东京开封的战略已经成了泡影，完颜宗翰只能坐看东路军完颜宗望的表演了。

东路军南下的战略和当年辽萧太后发起的袭击战基本一致，目标直指帝国的心脏开封，而不在乎沿途城塞得失，所以在熟知河北等地军情的郭药师带领下进展神速。宣和七年十二月十八日，金军南下保州（今河北省保定市）、安肃军（今河北省徐水县），攻而不克后绕保州、安肃军而过，进围中山（今河北省定州市）。中山在守将詹度的率领下顽强抵抗，同样没有攻克。金军再度绕城而过，随即攻克庆源（今河北省赵县）、信德府（今河北省邢台市），进至邯郸，到达了黄河岸边。

面对金军的大军南下，赵佶六神无主，画画弹琴吟诗泡妞是他的强项。他那诗人般敏感而脆弱的神弱经不起狂风暴雨的战争摧磨，本着江山代有人才出、长江后浪推前浪的想法，宣和七年（1125年）十二月二十三日，赵佶称病退位，将江山让给了自己二十七岁的儿子赵桓，自己带上几个亲近侍从逃到了京口（今江苏省镇江市）。

赵佶离开东京的那一天，东路军打到了庆源府（今河北省赵县），离东京仅十天的路程。

钦宗上台后，迅速调整领导班子，李邦彦被任命为太宰，吴敏为中大夫守门下侍郎，李纲为兵部侍郎，耿南仲（原太子东宫太子詹事）为签书枢密院事，封种师道、何灌为都统副都统，统帅河北河东两路军马，应付危局。

新的领导班子最重要的一件事是如何阻击迅速南下的金军东路军。

守住黄河渡口，黄河天险，已经是东京的最后一个屏障。

而在赵佶正式退位的前一天，已经派宦官梁方平（为什么又是太监）率七千禁军精锐赴浚州（今河南省浚县东）守黎阳津北岸；赵桓上台的第三天，又派大将何灌率兵二万赴浚州守南岸渡口。

三万精锐加上黄河天险，应该能抵挡女真人一段时间吧。

但帝国此时终于开始为百年来对武将不公待遇而开始买单，事实证明一个优秀的武将胜于任何天险强兵。而率七千精锐守险关的梁公公到了黎阳根本没想过如何布防迎敌，而是想着如何过春节，整日与部属饮酒为乐。金军杀到，梁太监吓得差点尿裤子，拔腿就跑，七千人大溃逃。

在南岸驻守的何灌看见北岸溃逃，连忙烧了黄河浮桥。

浮桥一烧，来不及过河的宋兵被金兵追赶射杀到河中的有几千人，场面惨烈。

何灌转身，发现自己的部下开始逃跑——没办法，帝国除了西北军，这些年谁打过仗，从东京出征时，这些兵士好多连马都骑不稳，得两只手牢牢抓着马鞍，其战斗力之差可想而知。看着对岸如狼似虎的金军，他们腿都是软的，反应只能有一个，跑。

何灌空有河东名将之称，在最关键的时候竟然控制不住自己的部队溃逃，只好退到汜水关，放弃了在黄河南岸的坚守。

东路金军在没有大的抵抗下来到了黄河边，他们千里奔袭，并没有准备好渡河船只，只是搜集到宋军残留的十余只小船后，花了近五天的时间才把六万大军从黄河北岸搬到黄河南岸。

完颜宗望过河后，望着奔腾的黄河水不禁感叹，说南朝真的无人了，如此黄河天险，若在此有一两千精锐驻守，我们也跨不过这黄河天险。

当时全球最繁华的都市，就在如狼似虎的女真人面前。

5

靖康元年（1126 年）正月初七，六万东路金兵在主帅完颜宗望率领下兵临东京城。

北宋方面，虽然老皇帝跑了，新皇帝虽然嘴上无毛办事不牢，但他们幸运的是临时拥有了一个顶级文臣，来顶受金人的狂风暴雨。

李纲。

李纲字伯纪，出身高级知识文化份子家庭。其父李夔虽是文人出身后来官至龙图阁待制，有着长期在西北任职参与对抗西夏的军事活动的经验，曾经在任鄜延帅幕僚时，西夏人数十万来侵延安，敌众我寡守将准备弃城逃跑时，李夔却坚持按兵不动积极备防，最终西夏人望城退却。那时李纲正值少年，亲眼目睹了这场战事，对他的日后影响颇大。

李纲祖籍是福建邵武，而其父亲在政见上也属于新党，这让李纲和同出于福建籍的蔡京父子拉扯上了不少关系。不少野史也记载他和蔡攸的关系非常密切，这和他能在进士后五年（政和二年到政和八年）的时间里就能从小小的国子正跃升到副部级的太常寺少卿（正四品）有很大关系。

相比较李纲进士后在政坛上的一帆风顺，李纲的进士之路却并不平坦，在二十九岁的时候才跨过了进士的门槛，这也让他在当时帝国的最高学府太学滞留了七年之久（留级生）。

不得不提及的是北宋帝国当时的太学。

太学是中国古代的最高国立学府，通常被视为中国古代的大学，起始于汉朝，东汉中后期兴盛，到了魏晋南北朝没落，而到了隋唐随着科举制度的创立而重新复兴，并改传统意义上的太学为国子监。国子监下设国子学、太学、四门学、律学、书学、算学；唐中后期随着国力的衰退国子监由盛转衰。

北宋基本沿袭唐制，到了仁宗时期，范仲淹推行新政，重点之一是加强高级知识分子人才的培养、兴办太学，制订了太学令，在开封锡庆院兴办太学，最初规模约有两百人；神宗时代王安石变法，也把发展教育作为重点，扩大了太学的招生规模，招纳对象是从八品以下的官员子弟和平民优秀子弟，太学生名额扩大到两千多名。制定了三舍法，新生入学在外舍学习，各项考试合格后升内舍生；内舍生两年一考，考试优异者纳入上舍生。三舍生太学均提供免费伙食，内舍生和上舍生可以担任政府的一些闲职领取一些补助。蔡京变法，教育同样是重点，他在继续推进三舍法的基础上增加外舍生的生源，在东京城南熏门外，建立“辟雍”，专门招收外舍生，达三千人；而城内的太学本部改为内舍生和上舍生的本部，有八百人（内舍生六百，上舍生二百）。

崇宁三年（1104 年），蔡京完成了王安石想做却没做到的事，以学校养士代替科举养士。宋徽宗下诏罢科举，太学成了知识分子入仕唯一的途径。太学在蔡京的手中发展到了顶峰。

徽宗时代的太学生是一群特殊的群体，他们是全国最优秀的年轻知识分子，是帝国未来的栋梁。他们年轻、热血、时尚，喜欢标新立异，喜欢抨击时政，关心国家大事的同时又藐视权贵（虽然他们明天就是权贵）。

太学文体，太学馒头，太学装，他们是东京城一道独特的风景。太学生中的领军人物，则成为了东京城中的偶像级人物，李彪、陈朝老、陈东无一不是街头巷市茶娱饭后的话题，当然，李纲也曾经是这其中的一名。

太学的气息和经历一直影响着走入政坛的李纲。李纲在经过进士后的一帆风顺后，很快遇受到打击。宣和元年，东京水灾，李纲上题为《论水便宜六事奏状》的奏疏，把皇帝和执宰们都狠批了一通，并把矛头直指赵佶迷恋的花石纲。踩在了赵佶的痛脚上，赵佶把李纲交吏部贬为税监。随后又连贬两次，最后贬到李纲的老家福建一个叫南剑州沙县的地方当税监，一连降了好几级。

在沙县待了一年多后，其父去世，他又回家守孝，守孝期满，朝廷重新启用他为秀州知州，宣和七年重任太常寺少卿（正四品官员）。

金兵入侵，赵佶南逃，但最初赵佶并不准备让位，只想先让儿子赵桓“监国”。这时候任太常寺少卿的李纲和给事中吴敏跳了出来，说赵佶要走可以，学唐玄宗把位置让给儿子。

李纲拿出他的愤青姿态，刺臂写了血书，最终成功逼迫赵佶退位。

赵桓继位后，有拥戴之功的李纲、吴敏入阁，李纲全面担负起了东京保卫战的职责。

暂时主持军政大局的李纲基本稳定了人心，也让新皇帝赵桓放弃了南逃的想法，也有宋军援军陆续赶到东京。

完颜宗望在城西北牟驰岗下寨驻扎后，随即向西水门、酸枣门发动强攻，李纲组织开封军民击退了女真人的进攻。

初九，金军加强了进攻，猛攻通天、景阳门。李纲闻讯亲率一千弓箭手赶去助战，射杀了很多攻城金兵。随后金军改攻封丘、卫州等门，均被击退，当天从早杀到了下午，金军损失数千人马，遇受到南侵以来的最大打击。

在双方激烈交战的同时，外交谈判也同时开展。

金兵刚到东京开封，赵桓就派尚书驾部员外郎郑望之为使者，带上一万两黄金前去“慰劳”金军。

事实上寻求和谈，从开始到最后宋人一直没有放弃过。当初徽宗皇帝知道金兵南侵后，派出使者去金营求和。完颜宗望提出了三个要求：一是赔钱，黄金五百万两，白银五千万两，绢彩各一千万匹，马、驼、骡、驴各一万匹，岁币每年两百万贯。二是遣员割地，遣返所有逃到宋境的燕云百姓官员，再割太原、中山、河间三镇。三是亲王作质，另派一名宰相到金国一同划定三府边界。

女真人狮子大开口让赵桓心疼，但他打不定主意拒绝，于是和大臣们会商。

以李邦彦、张邦昌二相为首的大臣们会商的结果是银子要让女真人打五折，送亲王、割地的条件完全答应。

对这个商议结果李纲表示反对，太原、河间、中山是边部要塞屏障，女真人此次奔袭，都未能攻克这三座坚壁，怎么可以主动割让给金国，何况一下要这么多银子，不是要端了帝国的老底？至于送亲王宰相为质，那太伤帝国的面子了。

他与李张二大执宰发生了激烈的争吵，但朝堂上的文人们大多用沉默来表示他们对后者的支持。

议和之事已不可阻挡，亲王作质方面，康王赵构（后来的宋高宗）危难之际主动请缨，去金营作质，宰相则派出了少宰张邦昌。而东京城内则是执宰们搜刮城内的一切财富，以满足女真人庞大的胃口。

但李纲最后还是扣押了割让三镇的诏书，在他看来，这是帝国的命根，是绝不能割让的。

当时的情况，用金钱来拖住贪婪的女真人，不失为一个好办法。

正月十四日，李纲最期待的种师道终于带领他的部队来到了东京。

种师道，字彝叔，其祖种世衡，其父种记，其伯父种谔皆为西北名将。作为西北种家军第三代领军人物，种师道最初文职出身，但最后徽宗皇帝还是别有用心地派他去了西北。徽宗时代西北王童贯一手遮天，但对种师道，童大帅还是敬畏三分，在西北谁见了童大帅都行跪拜之礼，唯种师道做长揖而已。

后来西北军第一次北伐征辽，种师道随童贯出征，失利后被贬任保静军节度使，很快种师道申请退休。

金人入侵，徽宗急令老种相公复出，封他为检校少保、静难军节度使、京畿河北制置使，有权自行征兵征粮，急救东京。种师道紧急复出，组织兵马，救援东京。

种家军的到来对于开封军民来说无异于打了一针强心剂。种家三代在西北累下来的功名，以及老种相公的品行及战斗力，都让东京军民视他为救星。

进城后，赵桓拜种师道为检校少傅、同知枢密院、京畿、河北、河东宣抚使，帝国的武将终于在危难之际当上了枢密院的副职。

种师道之后，各路勤王队伍也随即赶到，姚平仲率秦凤军、范琼率京东路骑兵、马忠率京西路军齐集开封。到正月二十一日的时候，东京城内外的宋军已达二十余万，是金军的四倍之多。

东京的部队多起来后，赵桓的腰板也硬起来，但是二十多万大军的指挥权是一个问题。按理说之前李纲是东京保卫战的总指挥，来的援军自然应归他指挥，援军进城后李纲也明确向赵桓提出要求，把种师道、姚平仲等部割归其率领。

可是这么多兵让李纲一个人管，赵桓并不放心。他以种师道老而知兵为由，设置了宣抚司，以种师道为河北河东京畿宣抚使，姚平仲为宣抚司都统制，西北军和四方勤王之师由宣抚司来管理。

这样，东京保卫战有了两套班子，大家各自为战。

但无论李纲还是种师道，对于已经陷入困境中的金人，都主张打持久战。东路金军千里奔袭，粮草补给都很困难，西路军又被纠缠在太原；北宋方面各地勤王之师不断涌入，气势与兵力都日益高涨。李种二人都认为女真人撑不了多久，等完颜宗望率部撤离的时候，才是宋军反击的最好时机。

但赵桓却没有二人的耐心，兵强马壮后，他此时又想一口吃掉金军。这时候同样年轻气盛的姚平仲提出袭击金营的想法正合了他的胃口。

在西北军，有三个世家是为世人所敬仰的，一是种家军，二是姚家军，三是折家军。这三姓在西北历代名将辈出，而姚平仲则是姚家军的第三代传人，其养父姚古，古父姚兕均为西北名将。姚平仲十八岁就在西北扬名，与西夏人大战于灭底河，斩敌甚众。关中豪杰给他起了个外号“小太尉”。后来又随童贯平方腊，表现同样勇猛。

姚平仲年轻成名，又出身于名将世家，优点是打仗勇猛，缺点是桀骜不驯，目空无人，争强好胜，西北王童贯他都没怎么当回事，种师道他同样看不上，总觉得种家声名超过姚家很不公，总想立奇功证明姚家军才是西北第一世家。

小太尉的名头，赵桓很久以前就听过，一直以未见其人为憾。姚平仲率军进京后，赵桓在福宁殿召见了姚将军。

两个年轻人一见如故，小姚第一次见新皇帝，急于给东家一份见面礼，于是献出了奇袭金军，生擒宗望、救康王（其时康王赵构已赴金营为质）的计策。

赵桓很赞同这个建议，于是决定由姚平仲率七千精锐袭击金营。

二人知道沉稳老成的老种将军一定不会赞成这种冒险，于是这样的大事，竟然没有知会小姚的上级领导宣抚使种师道，倒是知会了李纲。李纲没有反对，他的意见也不怎么管用，毕竟姚平仲的部队暂时是不归他管辖的，以李纲的意愿，给女真人一点颜色看也是好事。

虽说是奇袭，但保密工作却做得相当的差，出兵前三天东京人就在流传勤王大军要主动出击金军了。这样的情报同样也就传到了金营。

二月初一，姚平仲率七千兵偷袭金营，反中完颜宗望埋伏，大败。

偷袭失利，对于当时的战局原本是发生不了多大的影响，宋军也不过是损失了一小股力量，这件事真正影响的是赵桓那原本就不坚定的心。此战一败，他再也不敢与金人言战。

而李邦彦为首的主和派抬头，矛头直指李纲，我们说和谈吧你要开打，现在打败了吧。

完颜宗望也派使来谴责北宋人不讲信用的做法，并要个说法。

说法当然是找替罪羊，两位主战派领袖李纲、种师道当然是不二人选，于是赵桓下诏罢免李纲、种师道，同时重新答应了女真人之前开出的条件。

代替李纲出任尚书右丞的蔡懋上任后，基本上执行了不抵抗政策，命守城士兵卸下盔甲，拆除防具，解散地方乡勇，讨好女真人。

但是此时的东京，已不是软弱摇摆的北宋政府所能控制。一股积蓄已久的烈火在地下运行，随时喷薄欲出。

学生，太学生们。

政府的软弱无能，最大的受害者只能是东京的平民百姓。为了满足金人开出的天价赔偿条件，赵桓下令全城民间的金银一律充公，私留者重处，一时城中财富掠之一空。而东京城内的粮食供给也发生了困难。物价特别是食品的价格疯涨，加之天气恶劣，一时饿死冻死的贫民数不胜数。

后来勤王大军到达，东京人看到了击退金军的希望，结果是才遇小败，高层就趴下了。

主战派领袖李纲、种师道被罢的消息传到街头巷尾后，平民们愤怒了，更加愤怒的是太学生们。

与已经入仕做官的文官不同，太学生们是帝国未来的国家栋梁，虽然他们的社会地位很高，但是他们的利益和理想在明天，这使得他们比只保今昔的官员们更关注国家的命运。而靖康元年的帝国，他们看见的是当政者带领这个国家一步步走上不归路。

靖康元年二月初五，太学生领袖陈东带领三百太学生走上东京街头，游行示威，抗议当权政府丧权辱国，要求恢复主战派领袖李纲、种师道的职务。

一路上，东京的民众加入了游行的队伍，到宣德门外时，示威队伍已达数万。民众的怒火高涨，他们在太学生的带领下冲进朝堂，砸碎了登闻鼓和其他一些办公设备，有太监上前阻止，被殴打至死。集会活动开始演变成暴力活动，看太监就打，结果有二百多个太监被民众活活打死。

赵桓看到局面无法收拾，解铃还需系铃人，他派人去找李纲和种师道。种师道闻讯赶往现场，对百姓说皇上已经恢复我和李大人的职务了，劝慰百姓，让大家停止内斗，一致抗金。

在种师道的主持下场面才趋于稳定。

当天，赵桓重新恢复了李纲、种师道的职务。

不管如何，靖康元年二月初五中国历史上轰轰烈烈的学生运动挽救了帝国的命运。得知李纲、种师道重新被任命的决定后，完颜宗望叹了口气，从纯军事角度上来说，只要宋人不主动放下武器，他就没有攻占东京的可能，而且还有随时被吞掉的危险。

他决定撤退，不过收获已经颇丰，宋人已经答应割让太原、河间、中山三镇，又收获了黄金二十万两，白银四百万两，发了一大笔横财。

二月十一日，东路军从开封撤退。李纲、种师道、张叔夜等人都建议现在的金军荷包满满，是一只喂饱了的狼，如果率兵追击，必然大胜。开始赵桓同意李纲等人的建议。李纲率兵十万，以护送为名跟在东路军后面准备随时出击。刚追没多久赵桓又派人让李纲把部队带回来，说前线最新战报，西路军那边完颜宗翰已经放弃太原大军南下了，必须把部队留下保证东京开封的安全。李种二人的追击计划又成了泡影。

但不管怎么说，东京算是暂时脱离了危险，宋人成功地抵御了女真人对东京的第一次冲击。

6

东路金军撤退后，北宋帝国得到了千载难逢的喘息之机，本应及时补充防卫，防止金人再次南下。

但对于新皇帝赵桓来说，他要接手处理的棘手事很多。

首先是老爷子赵佶的问题。赵佶南巡虽然起初是一个人跑的，但是很快以童贯、蔡攸为首的大臣没跟新皇帝请长假就跟着跑了过去，一路跟随到了镇江。在镇江那儿赵佶开始后悔当初让位的决定了，北边就交给儿子吧，在东南他以太上皇的诏令号令江浙各地，并且截流了东南一带的粮赋，并令东南的兵马不准前往东京勤王，大有在东南搞个小朝廷的意思。

东路金军北返后，按赵桓的想法，是要立即严惩那些擅自跟随赵佶南巡的官员。但李纲劝说如果惩罚过严，恐怕会逼迫童蔡等人挟太上皇造反，不如先给他们一个轻微的惩罚，缓解矛盾，迎回太上皇再找他们秋后算账。

赵桓听取了李纲的建议，在二月中旬降旨，贬蔡京为秘书监、分司南京；贬童贯为左卫上将军致仕、池州居住；贬蔡攸为太中大夫、提举亳州明道宫、任便居住。

随后赵桓又派李纲去镇江慰问老皇帝，表示了儿子赵桓对他的思念之情。

镇江，赵佶也快待不下去，特别是金兵退却后，江浙一带的官员又都重新听从了东京那边的调令，搞小朝廷的想法成了泡影，虽然很不情愿，但还是磨磨蹭蹭回到了东京。

赵佶回到东京后，赵桓开始秋后算账，拥护太上皇的童贯和蔡攸均于贬地被诛杀。

其次是对付西路金军和解救太原的事。

西路军主帅完颜宗翰比较郁闷，眼睁睁看着东路军完颜宗望直捣东京，在东京城下吃肉喝酒拿银子，而他的西路军滞留太原城下却啃不下张孝纯、王禀这块骨头。

当然宗翰也不是完全没有收获，虽然太原城没有打下，但是却成功地阻击了北宋方面对太原的援军。太原被围后，河东名将朔州知州观察使孙翊带两万宋军（一说为两千）援助太原。孙翊离开朔州后，朔州城发生了叛乱很快落入金军手中，而孙翊的队伍知道后方失守后军心不稳，与金军交战很快溃败。孙翊战死太原城外。

孙翊兵败后，府州知州折可求、军马使韩权、晋州知州罗称、延安府路援兵刘光世几路人马合兵于一处，前来太原城解围。在太原城郊与金军展开大战，双方激战一天，胜负难分。宗瀚后来命一支部队悄悄包抄到折可求营寨后方，突然出击。刘光世部看到折可求被抄后路，什么不做先向后方撤退。宋军阵营大乱，罗称、韩权战死，整支部队基本被歼灭。

两支援军被灭后，太原城成了孤城。但在知府张孝纯、大将并州府副总管王禀的坚守下仍固若金汤。

宗翰看到东路军那边赵桓的竹讧敲得当当响，自己也很动心，于是派人去东京也要求宋人给西路军劳务费。不巧的是使者到达东京时，正是东京援军涌至，赵桓信心满满的时候，宗翰敲竹讧的想法遭到了拒绝。

宗翰生气了，看来要银子得亲自跑一趟，于是他命手下大将完颜银术可率一部分兵力继续围困太原，而自己则南下，相继攻破威胜军（今山西省沁县）、隆德府（今山西省长治市）、高平（今山西省高平市）。

西路军南下的消息惊动了赵桓，原来就同意割让太原、中山、河间三镇给金军，赵桓派大臣路允迪拿着割让太原的诏书至高平宗翰营中。

宗翰大喜，得来全不费工夫，他带着路允迪回太原，让路允迪入城宣读诏书。

路允迪入太原城宣诏书，但张孝纯和王禀却拒不受诏。王禀带着路允迪到太原城楼上让他看看太原城中的军民，说太原城的男儿们每一块骨头都是硬的，你去告诉女真人要城只管来打，要降没门，我们是山西纯爷们。

招降不成，宗翰一时也无招，只好命大将银术可继续围城，自己率兵回云中休整。

无独有偶，东路军回军途中也拿着北宋政府的诏书到他们未攻破的中山、河间二府去招降，说你们老大同意把城给我们，你们降了吧。结果二地的守将同样选择了拒诏，东路军只得动兵攻城，不克。

听到三镇都不降的消息后，再加上李纲、种师道反复向赵桓强调三镇的重要性。赵桓下诏固守三镇，并派兵援三镇，主要援助被重兵围困的太原。

靖康元年五月，赵桓派秦凤经略使种师中由井陉进河东，熙河经略使姚古由隆德、张颢由汾州北上，三支部队共同援救太原。

种师中就是《水浒传》中常提及的小种经略相公，种师道的弟弟，历任环滨邠州知州、庆阳府知府、秦州知州，侍卫步军马军副都指挥使、房州观察使，奉宁军承宣使。

金军入侵的时候，时任秦凤经略使的种师中率二万秦凤军奔开封勤王，还没到开封金军已退，率军驻守于滑州。

东路军撤军途中完颜宗望收降中山、河间不成，留兵围攻。种师中率秦凤兵先解中山、河间之围，金兵没有和援军过多交锋，北返幽云。

随后赵桓命种师中由井陉路出兵，和姚古成掎角之势，援救太原。种师中进驻平定军，乘胜克复寿阳、榆次等地，但由于姚古、张灏的部队还未及时跟进，秦凤兵势单力孤，种师中又返回屯兵于真定。

此时在东京，知枢密院事许翰收到军情，说宋军三路大军逼近，西路军已经准备从太原城撤退逃跑，于是几番下令让种师中快速进军，并责备小种经略畏敌逗挠不进。

种师中接到枢密院的命令后叹了口气，说逗留怯弱，是从将者的大罪。我从少年即在西边从军，现在老了，岂能接受这种罪名，于是约姚古、张灏分道俱进，自己则留下辎重快速向太原驰进。

种师中的部队由此陷入了金军的重围，一直杀到离太原二十公里的石桥。但是姚古和张灏的部队没有如约赶到，种师中部转战榆次、杀熊岭。在杀熊岭种师中陷入金军重围，率亲军与金军死战，最后以身殉国。

姚古的部队一开始也是初传捷报，收复了威胜军、隆德府等地。但当种师中约他一起进击太原时，他却接部属焦安节谎报军情，说完颜宗翰的主力屯兵太原，导致了他逾期不至，让种师中身陷于绝境。而种师中被女真人吃掉后，女真人转过头来对付姚古，在盘陀（今山西省祁县东）与姚古发生遭遇战。姚古兵败退守隆德府。

随后女真人又在交城（今山西省交城县）击败张灏部，帝国的三路并发救援太原的计划泡汤，并搭上了小种经略相公的命。

此次解救太原的三支部队近十万人，均是西北军精锐，虽然作战英勇，但却缺乏一个统领全局的统帅，再加上东京不懂军事的枢密使们的瞎指挥，最终导致了失败，失去了解太原之围的最好机会。

解救太原失败后，主和派的声音又响亮了起来，李纲竭力反对。而此时，种师道在听到其弟种师中丧命疆场的噩耗后，原本已经很虚弱的身体终于撑不住了，病垮了，不得不以老告病，在靖康元年九月病逝。

主和派们于是有了一个绝妙的主意，你李纲不是天天喊着要解围太原吗？那你就带兵出征。

于是他们建议由李纲代替种师道任河东河北宣抚使，率兵解太原之围。

李纲很无奈，他说我只是一个文人，站出来进行开封保卫战，那是非常时期的非常之举，怎么可能天天带兵呢，带兵是武将的事。

赵桓不满意他的回答，因为帝国眼中的顶级文人是进得书房上得疆场的，文武两手都要硬，何况他李纲现在是帝国上下眼中的救星，当年寇老西做的事，他同样得做。

李纲只得担任起第二次解围太原的军事总指挥，期间他多次向赵桓提出缓期出征，而且向皇帝说如果征集大军去解太原围的话，东京河北一带兵力必然空虚，一定要把各地的勤王部队调集东京，以防女真人秋后再度举兵南下。

赵桓等人听不进去李纲的建议，只觉得他是为逃避自己出征而找借口，多次逼迫李纲出兵解太原之围。

李纲只得于靖康元年八月离开开封，在隆德府设置宣抚府，召集四路兵马，制置副使解潜屯兵于威胜军，都统制折可存、张思正屯兵汾州，范琼屯兵南北关，刘韐屯兵辽州。

此次解围太原，赵桓一狠心大出血，四路大军近二十万人马，是太原城下金军的数倍。

结果却只能用一塌糊涂来形容，事实证明让孔夫子来舞大刀是不行的。李纲确实无法有效地指挥这几支部队，各部将领都把在隆德府的宣抚府当成了摆设，各自为政，很快被女真人各个击破。先是刘韐在辽州被金军击溃；随后解潜部与金军在南北关遭遇，也被击败；张思正在文水夜袭金军大将娄室部，大败，几近全军覆灭；折可存部也在子夏山溃败，这位剿灭了宋江起义的西北名将也栽在了女真人的手里。自此曾经在西北战场上不可一世的三大世家（种家军、折家军、姚家军）均被金军击败。

而北宋帝国最精锐的西北军经过南征方腊、北伐幽云、解围太原三大战事的折腾后，基本损失殆尽。

完颜宗翰进击太原的时候，没有想到他会在太原城下遇到如此顽强的抵抗，让他在东路军主帅的面前颜面尽失。当然，他同时也没有想到，顽强的太原也给了他另一个机会，一次次地将北宋方面的援军吞食，给予北宋帝国军事上一次次致命的打击。

太原城下的攻防战成就了金军一次次无意识的围点打援案例。

对于帝国来说，被东路军杀到东京开封看似惊险，但与女真人真正的角力与较量，其实却在西路。围绕着太原这座赵家兄弟最不喜欢的城。

一方面是一座城小兵弱之城如此坚不可摧，另一方面是帝国的几十万大军如此不堪一击。两者的反差太大，看不明白。

再坚固的城堡，敌不过现实的残酷。靖康元年九月，太原城坚守十月后，终于城破。

王禀一直率部抵抗到了最后，城破后率部巷战，身中数十枪，最后投汾河殉国。

张孝纯被俘，降金出任伪齐丞相，很快隐退归田，虽晚节不保，但对比同时代的士大夫们，他骨头也硬了很多。

李纲因为太原解围战役的失利，被罢免除去宣抚使的职务，出知扬州。其实他从出开封的那天起，就知道这是他的政敌们为他挖下的一个陷阱，而他却不得不去钻。

开封他再也回不去了。

太原城破，女真人再无顾忌。靖康元年（1126 年）九月，金人再次卷土重来，还是原来的配置，东路军由完颜宗望从保州（今河北省保定市）自真定，取开封；西路军自太原南进，破汾州（今山西省汾阳市），夺回牛岭，连下威胜军、隆德府、泽州（今山西省晋城市），成功渡河，直逼东京。东路军则在雄州（今河北省雄县）、广信军（今河北省徐水县西）、中山连连击退宋军，并攻破了真定及所属五县。

此时的北宋放在和谈上的心思比部队兵力的补充和战略的部署要多，从巨额的赔款到割地，赵桓的回答都是 I do（我愿意）。

但是一切的卑躬屈膝都无法阻止金军在靖康元年（1126 年）十一月二十

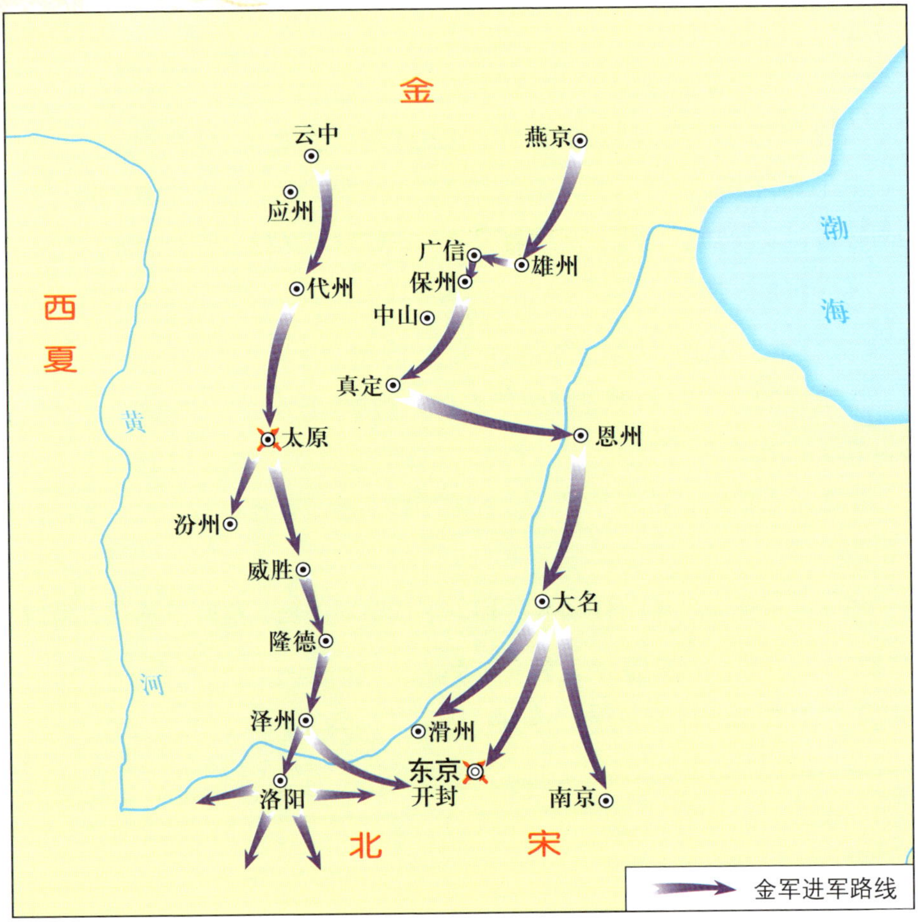

靖康之役

四日第二次到达东京城下。

此时的东京已经没有了李纲，各路援军也被主和派打发回了老家。仅留一群毫无战意的文人和七万余兵，而在闰十一月初一，东西两路金军完成了东京城下的会师。

中国冷兵器时代史上最残酷和激烈的攻城战在东京城上演。火梯、云梯、撞竿、鹅车、飞火炮、九牛弩、楼橹、弩炮，各种当时世界上最先进的武器都在这场战争中展示，攻防之间来自黑山白水的女真人在科技含量上已不落下风。

双方的战斗损员都很严重，宋军很快打得只剩万余人。此时的赵桓只能病急乱投医，在东京城招揽一些神棍市井无赖组成所谓“神兵”加入守城队伍。

靖康元年（1126 年）闰十一月二十五日，金军终于爬上了东京城楼。

东京失守，徽、钦二帝被金人所俘，北宋帝国宣告灭亡。

尾声 北狩

靖康二年（1127 年）二月丁卯，金国的部队终于离开了东京。

女真人带上了北宋帝国的两个皇帝——赵佶、赵桓父子，以及东京城掠夺来的财富美女，满载而归。

女真人扶立的傀儡政权大楚国的“皇帝”张邦昌带着文武百官到东京城门前送别他们的前任老板。看着徽、钦二帝的身影远去，大楚皇帝哭得稀里哗啦，眼泪鼻涕混在一起分不清了。而自发前来的东京百姓也都泣不成声，场面十分凄凉。

每个人都知道，一个黄金梦幻般的时代结束了。

送行的人群中有一个全身素服脸蒙黑纱的女子，开封的百姓对这样的装束并不奇怪，金人入城，烧杀抢劫、作奸犯科。一些良家女子为保贞洁不得已自毁容颜，而上街出行只得以黑纱掩面。

黑纱的里面，是宋人都不愿见到的伤疤。

当队伍走出开封城，蒙面女子坐地抚琴，送别故人。

曲子是宋人都很熟悉的大词人周邦彦的那首《兰陵王》。

登临望故国，谁识京华倦客，长亭路，年去岁来，应折桑条过千尺，望人在天北凄恻。恨堆积，渐别浦萦回，津堠岑寂。斜阳冉冉春无极，记月榭携手，露桥闻笛，沈思前事似梦里，泪暗滴。

琴声飘进了宋徽宗赵佶的耳中，如一把刀子将繁华往事刺穿。当年，为了这个抚琴的女人，他一度和大才子周邦彦争风吃醋，把周邦彦一脚踢出京城，发配边地。

但赵佶虽是风流之辈，却也惜才，李师师后来弹唱了这首周词人凄凉婉约的《兰陵王》，让他当场黯然泪下，并当场下旨让周邦彦回京。

今天，没有了绝代容颜的女人用这一曲送他。

赵佶已无泪，故国佳人，已如梦想空花。等待他的，是灰暗的北方天空。

战争人物表现评级

完颜吴乞买（A+）：完颜吴乞买没有辜负那张酷似宋太祖赵匡胤的脸，接替兄长阿骨打成为女真的新当家后，果断发动了对北宋的战争，完成了野狼吞大象的战争神话。再次南侵中，女真人打谈结合，进退有序，勇气与耐心兼备，两路大军精诚团结，一切都离不开女真当家背后的有力操控。

完颜宗望（A+）：完颜宗望是阿骨打二子，常年跟随金太祖身边征战，是平灭北宋第一大功臣。靖康之役，宗望作为东路军主帅，两次冲破宋师防线，冲破黄河天险，兵临东京，最终一举灭北宋。完颜宗望的军事指挥才能、政治交外能力都尽显名将风采。

完颜宗翰（A+）：完颜宗翰是国相撒改长子，南侵北宋战争中担任西路军主帅，宗翰最初遇到了太原城这座钉子户，眼看着完颜宗望在东边带大军吃香的喝辣的干着急，但其后围点打援，在西路战场上歼灭了宋师大部分精锐，宗望吃肉，宗翰啃骨头，二将一起将北宋帝国送进了历史坟墓。

赵佶、赵桓（E）：历史将他们推上了北宋帝国皇帝宝座是一个错误，不然他们都是不世出的杰出艺术家。但面对狰狞的战争，他们直不起腰，迈不开脚，在胆怯恐惧中迎接帝国的末日。

犯下错的是个人，还是帝国根深蒂固的重文轻武体制呢？

李纲（B）：李纲率领开封军民取得了第一次开封保卫战的胜利，一度拯救了北宋帝国，像寇准一样。但是北宋末年党争如虎，他并不能将所有精力放在抗击金人身上。最后，一个不知兵的文人带领着十万大军前往解太原之围时，李纲的悲剧命运便已注定。

童贯（D）：童贯是北宋灭亡的罪魁祸首之一，作为徽宗时代执掌军政大权近二十年的帝国军事首脑、西北王，促进了宋金联盟的达成，随后率西北军北伐幽云，两次对辽用兵皆以失利告终，最后还不得不以银子赎回失地，在太原听闻金人入侵，第一反应却是跑回东京随赵佶南逃，最后被钦宗皇帝追责赐死。

当初童贯离开太原的时候，知太原府张孝纯感叹，说童太师一世英名，恐怕要葬送于此举。童贯此前虽在西北立功颇巨，又有南下平方腊之举，但当国难来临，他还是告诉了世人，他只是一个失去男性特征的太监。

战争花絮

六如给事：金兵兵临城下，北宋方面有一名叫李邺的给事中小官，主动提出去金营求和。赵佶派他前去金营，并带上了不少金子。完颜宗望把金子收下，和谈的事压根没提。李邺为了减除自己的罪过，回来后添油加醋，把女真人形容为“人如虎，马如龙，上山如猿，入水如獭，其势如泰山，中国如累卵”。后来东京人给他封了个“六如给事”的外号。

姚平仲战败厌红尘：金人第一次南下，姚平仲主动请命，夜袭金营，却被金人事先得知，惨败。姚家小将当时生死成迷，世人都以为他战死沙场，不料过了半个世纪，有人竟在四川的道观里看到了他。原来当年战败后，姚家小哥一跑狂奔，跑到了四川，找了个石洞躲了起来，后来进道观当了道士，还习得一手好草书。

姚家小哥的命运转折也太让人称奇，其实当年夜袭兵败，也怪不得姚小将，金人入侵动作凶猛，打败仗很正常，但像姚平仲这样一败看破红尘的却没几个。

女汉子师师：北宋名妓李师师是北宋末最吸引人眼球的女人。她是亡国之君徽宗皇帝赵佶的小三，还是大词人周邦彦的红粉知己，《水浒传》中给宋江当过说客，和小帅哥燕青有过一段暧昧之情。靖康之役，覆巢之下安有完卵，一代红颜在乱世中注定命运悲惨。但据《三朝北盟会编》和《李师师外传》等史料记载，倾城绝代的李师师在面临金人入侵时却表现得像一个女汉子，她先是捐出了自己全部的财产，助河北饷，鼓励前方的将士英勇抗击金军。后来金军破开封，金军主帅完颜昌（挞懒）早就对北宋帝国第一名妓的美艳垂涎三尺，命令当时傀儡皇帝张邦昌一定要交出李师师。张邦昌带兵去金线巷，却没有找到李师师。东京的市民们冒着生命危险藏匿起这位他们敬慕喜爱的女人。张邦昌于是在东京开展了地毯式大搜索，花了很多天的时间终于搜出了李师师。兵士将李师师带到张邦昌面前，一向温柔的美女显现出了她的刚烈，痛骂张邦昌卖国求荣，虽然她只是一名娼妓，但只侍候娱乐东京爷们儿，宁死不去金营受辱，骂痛快后李师师拔出金簪自杀，不死，折而吞之，气绝。

在女汉子李师师面前，她的那位爱人同志——赵佶应该会感到无地自容。

战争猜想

很多人都说，北宋的灭亡是一个自杀性事件，并不符合历史的发展规律，以北宋的国力、兵力，女真人灭北宋都是一件不可能完成的任务，唯一可以解释的理由就是北宋人选择自杀。

这种说法不无道理，从联金灭辽，到自驱主将，北宋高层犯的错误不止一个，金人最终成功打进开封，俘二帝，不过是替北宋人自杀后收尸。

看似很无厘头式的结局后面，体现出来的是北宋立国近两百年来长期崇文抑武，久而久之，养成了精神气质上的孱弱。

北宋之亡，对和平时代的今天仍然有很大的借鉴作用。

黄天荡之战

建炎三年（1129 年），金发动入侵南宋的战争，分东、西两路大举南侵，由名将完颜宗弼率领的东路军一路高歌猛进，先后占领了和州、建康、杭州、越州。宋高宗赵构被完颜宗弼从建康追至杭州，再从杭州追至越州。高宗又从越州逃至明州，最后入海三百里以避宗弼，极度狼狈。

宗弼部在回师途中，于黄天荡遇到了南宋韩世忠部水军的阻击，被困四十余天，最后用火计得以逃脱。

宗弼南征，是金人南侵的顶峰，也使金代名将完颜宗弼与南宋名将韩世忠一战成名。

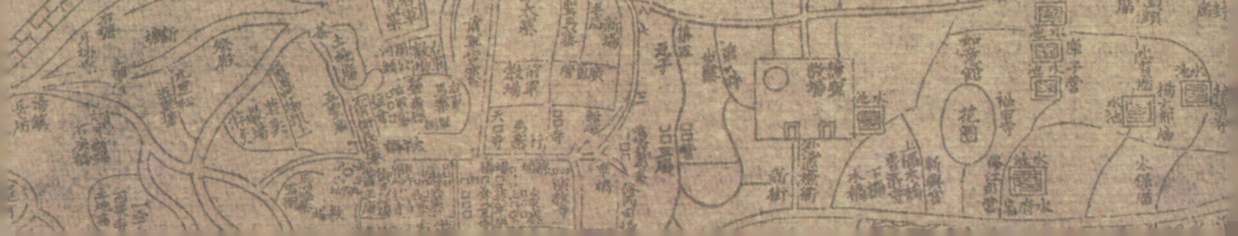

序曲　命运呼叫转移

靖康元年正月的东京虽然寒冷，但赵氏帝国的君臣们在崇政殿上却如热锅上的蚂蚁。

谁来对付兵临城下的女真人，这是一个问题。

漫长的朝会对于群臣的体力是一个考验，有的老臣早就受不了这灵与肉的双重考验，昏厥过去。就算是年轻的康王赵构也是腰酸背疼，思维老是跳跃。他时而看见坐在皇帝宝座上的人依稀还是他并不年迈的父亲；时而又仿佛嗅到了自己的母亲韦氏早上为他亲熬的那碗红枣粥的香味；时而脑海中又浮现的是父亲的一幅近作，他临摹多日却不得要领。

争吵，还是争吵，李纲虽然中气十足，但是在朝堂上他是孤立的，几乎没有人赞同他和女真人对抗到底的主张；求和，求和，这个声音成为靖康元年朝堂的主流。

能用点银子打发走穷凶极恶的女真人，那是最好的，反正赵氏帝国看起来最不缺的就是银子。

和谈工作其实从金兵南下就开始展开了。当初徽宗皇帝知道金兵南侵后，一个叫李邺的小官就主动提出去金营求和。赵佶派他前去东路金军大本营，并带上了不少金子给女真人“压惊”。完颜宗望收下红包后，心想打归打，既然宋人这样客气，咱也别脸皮薄，有什么要求只管提，满足不了再打。他于是派了一个叫吴孝民的人为使者回访，提出撤兵的要求，一是以黄河北岸为界，二是给金军报销来回车旅费。

宋廷方面表示割地肯定不行，要银子嘛，可以商量。

和谈不成，女真人开始强攻东京，但在李纲的率领下，女真人的两轮强攻均被宋人击退。强攻不成，完颜宗望又主动派出使者去见宋人，提出了三个要求，一是要宋朝派一位亲王到金国当人质，二是以后两国边界要以黄河为界，三是要劳军银两。

负责守城的李纲知道开始和谈后，主动要求去金营和女真人谈判。但赵桓拒绝了，他觉得李纲的性子太刚，去一定会惹怒女真人，后来派性格柔弱的知枢密院事李棁为正使，带郑望之等人再赴金营谈判。

李棁等人出了城，因天色已黑差点被金人放箭射死，吓得到了金营话都说不清楚。李棁走后金人嘲笑说宋人怎么派了一个妇人来军中谈判。

李棁回城后，向赵桓汇报了结果，女真人的狮子大开口让赵桓心疼，但他打不定主意拒绝，于是召急大臣进行紧急朝会。

朝会的结果是主战的声音淹没在朝堂上，多数文臣主和的声音占据朝堂。

议和既已成定局，接下来的事一步步解决，第一是筹银子，这个对于帝国来说不是大问题；第二就是派一名亲王和一名宰相到金营做人质。

宰相人选很快有了，少宰张邦昌不幸中奖。张执宰哭丧着脸一副君让臣死臣不得不死的可怜样收拾行装待发。

派哪个亲王作为人质与张邦昌一起去金营做质，这却是一个问题了。

朝堂上又是一片沉寂。

赵桓坐在龙椅上看朝堂下面赵家的那些叔伯兄弟，发现他们的头都低着，似乎有一种恨不得地上有个坑跳进去躲一躲的架势，他的心就更冰冰凉了。

朝堂的沉寂终于让赵构从狂想世界转换到现实，这片沉寂压得他喘不过气，总得有人发个话，结束这一切，于是他清了清干哑的嗓子，说我去吧。

赵构的声音很轻，但却像清脆的棋子砸在了大理石板上一样清脆，传进了崇政殿上每一个臣子的心里。

很多人都劝年少的赵构不要热血冲动，知枢密院事李棁说此去金营肯定是有去无回，凶多吉少，康王要三思；连主战派领袖李纲也发话说让少宰张邦昌去就可以了，康王亲往金军大营太危险，不必前往。

虽然不是赵佶的儿子中最有才华的一个，但赵构肚子里的墨水还是有一些。他淡淡吐出一句“国家有急，死亦何避”，让他的兄弟们相形见绌，自愧不如。

十八岁的康王赵构和四十二岁的少宰张邦昌一起作为使臣兼人质去了围在东京外面的金营。

与那个看见女真人腿就吓得发软的张邦昌相比，在完颜宗望的金营里，十八岁的赵构显示出了一个亲王该有的气度。在谈判中不卑不亢、有理有节，倒把金国人的咄咄逼人全化为无形。这让完颜宗望有些犯嘀咕，这那里像一个衣来伸手饭来张口的赵氏亲王，分明就是马扩之流的外交使臣冒充亲王。

赵构、张邦昌到金营后，北宋帝国的援军也陆续到了东京，也许是弟弟的淡定增强了赵桓的信心。钦宗皇帝心血来潮忽然强势，不顾种师道、李纲的反对，命姚平仲夜袭金营，但却走漏风声，偷袭失败。

打退宋人的偷袭后，完颜宗望非常愤怒，提着刀来到北宋使臣帐篷说我一心一意和你们宋人和谈，想不到你国竟派兵偷袭，看来是不想留你们两个使臣的脑袋了。

看着明晃晃的刀子，张邦昌连喊冤枉，吓得都快哭了。

康王赵构却依然淡定，说你们大军兵临城下，虽然两国在和谈，但东京城里几十万兵马，偶尔有一两支部队没管束住，双方发生摩擦是很正常的。

看着赵构那白皙而平静的脸，完颜宗望坚定了自己的判断。他做了一个他这辈子最后悔的决定，退货！北宋人送来的这个王爷是山寨版的，重新换一个货真价实的来。

于是康王赵构被打发回了东京城，钦宗无奈只得换了五弟肃王赵枢。

如李棁所说，留使金营有去无回，肃王赵枢一去不回，替赵构担受了悲惨的战俘命运。

后来，女真人第二次入侵，完颜宗望率东路军卷土重来，宋钦宗赵桓加紧了同女真人的求和频率。他派一名叫王云的宋使前往东路军完颜宗望营求和。

王云到了东路军占领的真定府，这次东路军主帅完颜宗望却和颜慈眉，说我们金国人再次发兵完全是因为你们的皇帝不守承诺不肯割让原来说好的三镇，现在三镇我们基本上也打下来了，双方的梁子可以化解，银子我看你们也掏得差不多了，只要你们宋人向我们献五辂、冠冕及上尊号，以示臣服，我们可以退兵。

王云掏了掏耳朵，怀疑自己听错了。完颜宗望再次重申了他的要求，不过，宗望说这事谁来都谈不成，唯有上次使金的康王赵构来才能玉成。

王云回到东京，向皇帝传达了这一“利好”消息。赵桓当然喜出望外，一方面急召太常礼官集议金主尊号，一方面再次让自己的兄弟赵构委屈一下，再次出使金营。

完颜宗望这招可谓是老奸巨猾，在东西两路大军的障碍都已扫清的情况下，合围攻下东京指日可待，而现在女真人要做的事情就是稳住在东京的徽钦二帝这两条大鱼，不让其逃往南方。

至于点名要康王赵构为使，则是出于完颜宗望的自尊心作祟。第一次南侵，东路军可谓一切圆满，唯一的遗憾是宗望大元帅的招子竟然走眼了，竟然以为来使金营的康王赵构是山寨版亲王，放走了。

为了弥补自己的过失，完颜宗望这次亲自点名了，要康王。他等不及他日攻克东京再行拿下这位赵氏亲王，早点拿下康王赵构，完颜宗望会睡得更香一些。

完颜宗望当时并不知道，他的这个决定几乎是改变了宋金两国的命运。

奉命再使金营的赵构当时也不知道，他的出行竟使他成了整个赵氏王族唯一的漏网之鱼，并担负起赵氏王族的半壁江山。

1

靖康二年，东西两路金军攻破了北宋都城东京，掳走徽钦二帝以及大量赵氏皇族、后宫妃嫔与贵卿、朝臣等三千余人，北宋灭亡。

赵氏皇族唯一的幸存者是康王赵构。康王的使金团队在磁州（今河北省邯郸市磁县）被当时帝国著名的“刺头”磁州守臣宗泽挡了下来。

宗泽字汝霖，汉族，浙江义乌人，家境出身贫寒，但父亲宗舜卿算得上乡村知识分子，宗泽也受到不错的文化教育。到了三十三岁（元祐六年）的时候，已经步入中年的宗泽才鲤鱼跳龙门，进士中第。

不过宗泽作为一个刺头的本性在他步入帝国政治舞台之初就显现出来。参加科考时他不仅洋洋洒洒落笔万言完全超过了答卷的字数限定，而且还极陈时弊，锋芒毕露。

当刺头是有代价的，宗泽的举动让主考官非常厌恶，结果被考官搞了个末科，赐了个同进士出身，勉强踏入仕途之旅。

之后的宗泽做了二十多年的地方官，每一任政绩都不错，但都很难得到提拔，原因当然是他那刚直不阿的性格。在知登州的时候，全国都在徽宗皇帝的带头下，尊崇道家，政府下文件给僧尼改名，佛家寺庙更改为道观，宗泽公开表示反对中央的红头文件，拒不执行，结果可想而知，他被免官流放。

慢慢的宗泽在帝国也算有了名头，有名的刺头，官不大，名气不小。

靖康年初，钦宗上台，把在遥远的西南巴州任职的宗泽调回京当谏官，随后让他知磁州，调到了抗金一线。

使金团队到达磁州时，形势越来越不利于北宋帝国。东路金军攻破真定后，绕开磁、相、浚几个防守能力较强的要塞，由大名李固渡口过黄河，直逼东京。西路军攻下太原后，一小部向汾阳、平阳进攻，牵制宋军在陕西方面的主力，余部经河阳渡口直奔东京。金国人两路大军完成了最初的战略目标，对东京形成合围。

当宗泽知道赵构一行经过磁州的消息后，他忽然意识到，以目前的形势女真人再度围困东京已是必然的情况下，前往金营的康王很重要——这可是赵氏皇族从东京脱围的唯一血脉，战局往最糟的地方崩溃时，康王将是稳定时局和人心的一面大旗。

宗泽带领磁州的军民把使金团队挡了下来，恳求康王不要再往金营自投罗网，而是留在磁州带领河北军民抗击金军。

抗旨不前，对于一个十八岁的亲王来说这不是一件小事。他肯定不能仅凭一个老愤青的三言两语就做出对自己和帝国都极其重要的决定。

时局没有坐等他选择，磁州的百姓已经替他做出选择。他们愤怒地打死了往返于金营的宋使王云，不管康王愿意不愿意，“好客”的磁州人民把他暂时强留在了磁州。

但磁州也不是久留之地，宗泽之前率部救援真定，已损耗了大半兵马，而此地离完颜宗望的大本营很近，赵构入城后，宗泽接到探报，不少金兵探子在磁州城附近活动。如果得知赵构在磁州必然大举来攻，以磁州目前的兵力目前是无法抵挡的。

这时候，相州（今河南省安阳市）知府汪伯彦也知道了赵构留在磁州的消息，立即遣兵二千请康王移驾相对安全的相州，在那里领导河北军民抗金。

赵构和宗泽商议之后，决定连夜奔往相州。

到达相州后，东京方面的最新消息也传来了，钦宗并没有责怪兄弟赵构抗旨不前，而是即令他留在河北成立大元帅府，率领河北军民共同抗金。

赵氏帝国幸运的在东京之外成立了一个临时军政府，在帝国首都开封被困后，相州成了帝国的另一个枢纽和中心，这个临时的河北大元帅府的一举一动，决定着整个帝国的命运走向。

东京方面的短视与愚蠢把北宋帝国与赵氏皇族送上了一条不归路，而阴差阳错躲过了这场灾难的康王赵构在相州同样面临选择，打还是逃。

支持积极率兵解东京之围的是已经被任命为大元帅府副元帅的老刺头宗泽。认为大元帅设立的目的是什么？不就是为了在河北树一面旗帜，集天下兵马解东京之围。不管相州兵力如何与金军悬殊，都应该救援东京徽钦二帝。

另一位大元帅府副元帅汪伯彦的主张更为悲观但更加现实，看得也更深远，以现在的兵力解救东京是杯水车薪，大元帅府的第一目的是保障康王的人身安全，保障赵氏江山大旗不倒，其次才是召集既有战斗力，与金人斡旋抗争。

两派的主张，一边是理想一边是现实，年轻的康王如何选择？

当时的相州大元帅府，相州原有兵力加上宗泽从磁州带过来的残部以及真定、辽州等地奔来的溃兵，加起来共有万余人；随后信德知府梁扬祖率领三千残部来到相州，加之随后苗傅、杨沂中、田师中等部，约有万余；把各路散兵游勇加起来，也不过二万余人。

最后赵构做出了一个折中的选择。他把相州的兵马一分为二，宗泽带领着相磁原来的一万余兵马，分五军，赴开德府（今河南省濮阳市），积极增援东京；而他和汪伯彦率梁扬祖等部一万余人赴东平府（今山东省东平县），静观时局。

在东平府，高阳关路安抚使黄潜善又率数千马兵到东平，与康王会合。

东平府也不是安稳之地，完颜宗望攻下开封后，还想骗回赵构这条漏网之鱼，遣甲士及中书舍人张徵到东平，以钦宗皇帝的圣旨命赵构将大元帅府的兵权暂时交给副元帅，让赵构跟着张徵回京。

女真人用挟天子令诸侯这招，大元帅府拿着还真有些难办。康王问元帅府众人意见，黄汪等辈都是文人，还真不好明目张胆让赵构公然抗圣，这时候还得有一大老粗武将来说话。

适时跳出来的是后军统制张俊。张俊没什么文化，看不惯文人的酸劲，说这不过是金人的计谋，康王现在能逃出东京坐在东平，这是上苍给的好运气，怎么可能回去送死，傻子都知道的事，你们还在犹豫个什么鸟。

张俊一番话，打消了大元帅府众人的疑惑。东京城内的大臣吕好问也遣人传来消息，说金人已派铁骑五千索康王，千万小心，以康王当前的兵力，能打则打，打不过就跑，跑到个安稳地，把赵氏的山头旗号打起来才是当务之急。

吕好问的信正合汪黄等人之意，众人商议后，离开东平，继续南逃，到济州（今山东省巨野县）。

靖康二年（1127 年）四月，在济州的大元帅康王赵构接到消息，女真人终于离开了开封，不过一起和女真人离开的，还有他的父兄以及三千多赵氏皇族，十万壮男妇女。康王闻讯后带百官前往太庙哭拜。

哭嚎之后是要面对现实的，未来，何去何从？依然零星会有宗泽等武将上书兵回开封、驱逐金人一报雪耻。但这种抱负此时已被大多数帝国臣工认为痴人说梦，帝国百年基业，曾经雄兵百万，在女真铁骑前尚灰飞烟灭，而赵构的大元帅府所能指挥的不过是几股溃败下来的残兵余勇，无斗志无纪律畏金如虎，更无财力保障，以此残余势力与女真人对抗，在大元帅府的文人来看，无异于鸡蛋碰石头。他们绝不可再冒险，因为在济州的这筐鸡蛋，是赵氏皇室最后的命脉和本钱。

女真人走了，但在东京扶立了新的皇帝。尽管新皇帝张邦昌是旧臣工，也遣使请康王回都主持大局，但披上皇袍的臣子的话，有几分可信？

而济州这种弹丸之地，随时可能被金人铁骑卷土重来一夜踏平。金军虽然离开东京，但河北、山西等要塞均留重兵分守，万户尼楚赫屯兵太原，洛索屯河中，副都统素赫屯兵真定，蒙克进据磁州、相，渤海万户大托卜嘉屯兵河间，金人随时可以一夜间卷土重来。赵构和他的臣子们怎么敢在此时回东京。

只有南边，南边有江，尚有半壁江山可图。南渡，仿佛已是没有退路的选择。

康王赵构继续南逃，他的下一站是南京（今河南省商丘市）。靖康二年（1127 年）五月一日，康王赵构在南京称帝，是为宋高宗，年号建炎，宣告着赵氏帝国的江山正式延续，我们今天习惯称之为南宋政权。

新成立的南宋王朝的重要成员，大抵可以分三个集团，一是在相州、济州拥立康王成立大元帅府的拥立派，代表是汪伯彦、黄潜善、宗泽。

其中黄汪二人是南宋政府成立后赵构最倚重的政治助手，黄潜善为中书侍郎，汪伯彦同知枢密院事，双双把持军政要职，南宋政府早期的政治策略几乎全出于汪黄。

宗泽虽然当初第一个拥立康王，但与汪黄政见不合，被排挤在新政府的权力核心集团外。南宋王朝建立后，他仅被授为襄阳知府，后任东京留守。

二是以张邦昌为首的沦陷派，金人攻陷开封，带走了二帝和少数的硬骨头，留下的，得拥护大楚皇帝张邦昌。虽然张皇帝一共就当了三十三天“皇帝”，但于他们而言，却不得不背受变节之罪名，“皇帝”张邦昌首当其冲，其他还有吕好问、徐秉哲等。南宋王朝能迅速建立，与沦陷派迅速的归顺拥护赵构有很大关系。沦陷派根基深，影响大，赵构虽不信任，但出于政治需要，暂时还是给予了沦陷派很高的政治地位。张邦昌归后被封太保、左仆射兼门下侍郎，吕好问被封尚书右丞兼门下侍郎，一些在沦陷时期积极替女真人卖力气的积极分子如王时雍、吴幵、莫俦等官员也没有过度追究罪责，贬为虚职罢了。

三是赵构称帝前后赶来与其会合的权威派，李纲是其中的代表。经过东京保卫战，李纲在帝国臣民心中的威望已达顶点，在危难之际，从年轻的皇帝到普通的士卒，都迫切希望有一个主心骨，来主持大局力挽狂澜。

南宋政府从成立第一天起就承接了北宋帝国的政治文化“精髓”，从李、汪（黄）之争开始，站在朝堂中央的顶级文人们从来不缺对手。

他们开始秋后算账，谁来为造成靖康巨难的局面买单？是战还是和、是新党还是旧党，汪李之争、李张之争，成立伊始的南宋政府乱成了一锅粥。

此时年轻的皇帝和他的臣僚们都还找不着北。

帝国文臣们吵得脸红脖子粗的时候，他们又听到女真人再度南下的消息。

2

靖康元年女真人的两次南侵，侵占了河南、河北地区，占领了北宋帝国都城东京，平灭了北宋帝国，并在东京扶立了自己的傀儡张楚政权，战果丰硕。但对女真人来说唯一的遗憾是漏掉了康王赵构，并让其在南方建立了赵氏政权。随后女真人除了进一步巩固在河南、河北地区的统治外，将其军事打击重点放在了新兴的南宋政权上。

建炎元年（1127 年）秋，金军再次南下，兵分三路，中路由左副元帅完颜宗翰率领，攻河南；东路军由右副元帅完颜宗辅、完颜宗弼率领，攻山东；西路军由娄室、完颜杲率领，攻陕西。此次南下女真人一改前两次南下攻克城镇后不派兵留驻的习惯，而是步步蚕食，每下城池都留重兵把守。

有了前两次南下的作战经验，第三次南下的金军显得配合娴熟，分合自如，而新成立的南宋政权方面，并没有对女真人的再次南下做有效的全面的防御布置，基本由各地军民各自为战抗击女真人。一时间，三线节节败退，一个个败仗传到了南京应天府。黄、汪内阁执宰们能做的只有一件事，劝皇

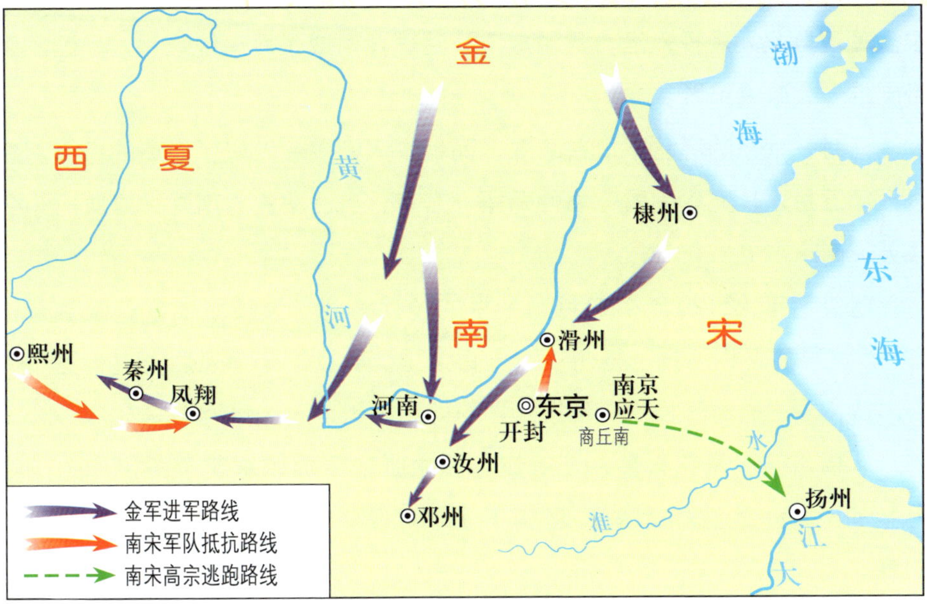

金第一次攻南宋形势

帝赵构南迁扬州。

建炎元年十月，赵构南逃，建炎二年二月到达扬州，基本宣布南宋政府弃淮守江的基本战略成型。

金军三路大军战果丰硕，近一步摧毁了南宋的军事实力，但却没有达成最初的战略目标——活捉赵构。

一是因为从两河到山东陕西，金军都遇到了宋军及义军的顽强抵抗；二是康王无心经营北方，跑得太快，而金军对于渡江没有相关准备。

就在南宋小朝廷以为他们相对安全可以喘息的时候，金军于建炎二年（1128 年）十月第四次举兵南下。

此时宗泽已死，两河义军在金军第一次南下时也拼得差不多了，主持两河战事的是东京留守杜充。杜留守能做的唯一一件事是开决黄河河堤，企图用泛滥的河水阻挡金军。

黄河决堤没有阻挡住女真人的步伐，只是给两河流域人民带来更深的苦难。黄河自此大规模入淮，泛滥成灾，治理黄河成了后来统治北方地区的金帝国的一大政治难题。

开封在杜充的经营下日益衰败，而他本人则早就做好了撤离的打算。建炎三年五月，杜充令副留守郭仲荀留守东京，自己率主力南下往建康府（今江苏省南京市）。

建炎三年（1129 年）二月，金军的骑兵杀到了天长军（今安徽省天长市），这里离赵构所据的扬州不过一百余里。听到这个消息后，赵构当日带着内侍，乘小船离开扬州，到镇江，随即到杭州，改杭州为临安府。

从扬州溃逃意味着黄、汪等议和派主张的示弱以求苟全图议和的政治主张的流产。到达杭州后，赵构下了罪己诏，并立即罢免了黄潜善、汪伯彦。

到杭州后赵构和他的南宋王朝同样面临着前所未有的困境，帝国君臣从扬州一路仓皇逃跑，不仅后面追击的金军烧杀抢掠，溃败下来的官兵也失去纪律约束，公然劫掳，很多官员在路途上就被溃兵杀死。到了杭州后，跟随前来的官员不到十分之一，赵构只能把府衙当行宫，尚书省衙只能设在显宁寺。相关的后勤工作也不到位，皇帝的御膳用品一路丢了不少，赵构只能日食一羊汤煎肉炊饼，相关官员以及将兵的境遇可以想象。

新成立的南宋政府，和不能，守不能，战不能，已然陷入绝境。

没有最坏，只有更坏，到杭州不久赵构迎来了人生中最大的一场政治风暴。建炎三年三月初五，刘正彦、苗傅等武将发动兵变，杀掌握杭州兵权的御营司都统制王渊。赵构退位被囚禁，隆祐太后垂帘听政，立皇子赵旉为帝。事变历经一月，后来在张浚、吕颐浩的干涉下被平定。

明受之变是南宋初年最重要的一次政治事件，对南宋的政治格局造成了深远的影响，对于赵构本人来说这次兵变更是刻骨铭心的。他不仅仅是狼狈退位这么简单，兵变中他唯一的儿子、被刘苗扶立的小皇帝赵旉在兵变中受惊吓过度，一病不起，当年八月即病逝，成了这次兵变最大的牺牲品。儿子夭折让赵构痛不欲生，他和潘贤妃抱着儿子的尸体哭了三天三夜。而更令他感到悲哀的是兵变之后，年轻的赵构竟失去了生育能力，太宗一脉竟在他赵构这代断了烟火。那条在帝国流传很久的诅咒似乎显验。

当然也有积极的因素，通过勤王之功，主战的张浚、吕颐浩组阁，主战成了南宋初年的主旋律。

同时，还有一名武将通过此次兵变，成了帝国的军事新宠，在帝国危难之际，为帝国撑起了一片天。

那就是韩世忠。

3

韩世忠字良臣，延安人，早年即以侠气闻名乡里，酒量脾性武艺都很烈，能骑生驹野马，好饮烈酒佳酿，更能挽三百斤强弓飞马射箭，也喜欢厮混青楼，与文人名妓为朋。韩世忠十八岁即在西北从军，一混混了二十余年，却一直是一名低级武官，并非韩大侠酒囊饭袋，相反长期以来韩世忠的名头就响冠三军。崇宁四年（1105 年），当另一名南宋名将岳飞还是一名乳臭未干的吃奶娃时，韩忠世已在西北银川斩将夺关，立下大功，但并不受西北王童贯的常识，仅仅升为一个义副尉（类似一个小排长的九品武职）。

顶头上司的不待见，使得韩世忠的仕途走起来如此缓慢，直到后来他遇到王渊，千里马遇到了伯乐，随即跟随王渊南下平定方腊之乱。

平定方腊成为韩世忠的成名之战。此战中韩良臣大发神威，率其部组成敢死小队，深入方腊老巢，出其不意地将方腊擒获，成为西北军南下平方腊的第一功臣。

韩世忠一战惊天下，从此开始了他的表演。开始用他的拳头一步步将官职打大。靖康元年，他因平淄、青乱兵有功，升左武大夫、果州团练使。

康王逃到济州时，韩世忠带着他的千余部众投奔。也许在一个手握二十万重兵的童太监眼里，一个领千余兵能打点仗的小将领实在算不得什么，可是当时康王赵构手头就万余兵马，韩世忠的到来显得格外珍贵。随即他被任命为御营左军统制，开始成为南宋初期赵构倚重的武将之一。

刘苗兵变时，韩世忠刚在沭阳（今江苏省沭阳县）被金帅粘罕（完颜宗翰）所击溃。他正率领残部南逃，半途接到了张浚的书信，同时刘苗叛党也遣使前来，许以高官。

于公于私，忠义重情的韩世忠都只能选择与刘苗不共戴天。于公宋高宗是他效忠的君主，于私被刘苗所杀的王渊对他不仅有提携之恩，更有成人之美之情。王韩之间曾有艳史一则，早年王渊在东京还是一个小官时，结识了一个周姓青楼知音，后来离散。南渡后，周美人为秀州太守皇族子弟赵叔近所有，这成了王渊的一块心病。

后来赵叔近有与谋反的士官陈通勾结之举，朝廷派张俊出兵征讨。张俊杀了赵叔近，把周美人带回交给王渊。王渊却不愿将周美人留在身边了，他最初将周美人赐给张俊。张俊说您就像我父亲一样，您曾经的女人我怎么能要呢？坚决不受。王渊于是就把周美人赏给韩世忠。韩世忠素来不看重女人名节之类的东西，没客气，纳得美人归。

但韩世忠还是有所顾忌的，当时他的家眷在杭州，投鼠忌器。但随即刘、苗昏了头，为了向韩世忠表示合作诚信，竟然把其妻梁红玉放了出来，投奔韩世忠。没有家眷的顾虑，韩世忠举起了勤王大旗，和另一位王渊门生张俊一起成为平定明受之变的主要军事力量。

韩世忠与即将横空出世的岳飞，镇守西南的吴玠、刘锜，一批新兴优秀将领的涌现，逐渐改变了宋金之间的战局。

4

金军第二次南下，攻克扬州即返，并没有对流亡杭州的赵构进行追击从而消灭处于风雨飘摇之中的南宋政府。原因是多方面的，一是南方地区并不利于女真骑兵展开攻击，在陕川和两淮他们都遭到了有力的阻击；二则金兵全线出击，兵力分散，后援不足。

但赵构政府的不抵抗让女真人信心倍涨，更加坚定了他们要一口吞并南宋政权、一统中国的野心。建炎三年（1129 年）秋，女真人再次卷土重来。

原金东西两路军主帅均退离军事指挥一线，宗翰退居朝堂，执掌江山，而宗望则在两年前已经病逝。女真人年轻的军事主帅也在此战中浮出水面，那就是女真人新的战神完颜宗弼。中国民间妇孺皆知的金国四太子——金兀术。

完颜宗弼是阿骨打第四子，自幼就随父亲完颜阿骨打东征西伐，练就了一身好武艺，娴于战阵，勇识过人。少年时曾随哥哥完颜宗望率百骑追击辽主天祚帝。那次战争中，完颜宗弼独闯辽阵，矢尽后空手夺辽兵枪，独杀八人，生擒五人。辽兵溃败，少年宗弼一战成名。

完颜宗弼一生绝大部分的作战对手都是宋王朝。完颜宗弼侵宋的第一仗是在金太宗天会四年（1126 年）正月，他随宗望出征，先是降宋兵三千人，后又率三千骑兵逼近汴京城下，吓得宋徽宗仓皇出逃。宗弼以百骑追之，获马三千而还。

但完颜宗弼一生中最辉煌的一战，还是此次建炎三年（1129 年）的南征。

此次南征金兵分东西中三路，东路完颜昌取山东、两淮，西路大将娄室在陕西发动攻击。东西两大路大军战略目标都很简单，拖住南宋在陕川、两淮的兵力，让完颜宗弼率中路大军深入南下，一举俘获皇帝赵构。

苗刘兵变之后，南宋帝国进行了大改组，吕颐浩迁宣奉大夫、守尚书右仆射兼中书侍郎兼御营使，年仅三十三岁的张浚知枢密院，吕张组成了新的执宰班子。新的内阁上台后对金战略采取议和与积极防御并行。鉴于宋金实力的对比，依然选择示弱以图议和，但与汪黄内阁不同的是吕张对于议和都没报什么大的希望，所以积极组织军事力量在川陕、山东及最重要的江淮一带布防，阻击金人再次南下。江淮防线上，由承接宗泽军主力的杜充任右仆射职，镇守建康。大将兼任执宰，这是赵氏帝国自仁宗朝后的头一遭，也是非常时期的非常之举。

同时勤王有功被升为检校少保、武胜、昭庆军节度使的韩世忠率部守镇江，刘光世守池州，组成江淮三角防御体系。

金军三路大军齐头并进，东路军完颜昌连破莱（今山东省莱州市）、登（今山东省蓬莱市）、密（今山东省诸城市）、沂（今山东省临沂市）等州；西路娄室渡渭水，攻占京兆府（今陕西省西安市）；而完颜宗弼的中路军则更为凶猛，九月攻占单州（今山东省单县）、兴仁府（今山东省曹县西北）和南京归德府。十月，宗弼率十万大军南下渡淮，攻陷寿春（今安徽省寿县），分两路渡江，其部拔离速、马五率部自蕲州（今湖北省蕲春县）、黄州（今湖北省黄冈市黄州区）攻江西。宗弼亲率大部从庐州（今安徽省合肥市）、和州（今安徽省和县）攻江东。

十一月初，宗弼连克庐州、和州、无为军（今安徽省无为县）等地，接下来在采石渡江遇宋军阻击，顺江而下，克真州（今江苏省仪征市），最后在马家渡（今江苏省南京市西南）强行渡江。

马家渡阻击战失败后，杜充毫不犹豫地选择放弃建康，率兵三千逃到了真州。到真州后，他接到了完颜宗弼的劝降信，说如若杜枢密归降，当予以张邦昌同样的待遇。

杜充没有过多犹豫，选择了归降。

杜充叛降对于南宋政府是一次致命的打击。自从杜充南下后，从赵构到吕颐浩、张浚，都对杜充寄予厚望。最初任命杜充枢密院副长官（同知枢密

金军第三次进攻南宋形势

院），杜充嫌枢密院副长官官太小，以病为托辞。赵构认为奇才俊子往往较高傲，于是又破格任命杜充为右相，又兼江、淮宣抚使，全权负责江防。除留在身边作护卫的张俊一军外，其余刘光世、韩世忠、王燮等军，都拨属杜充调制，其手下有十万余部。可以说掌握了南宋的大半家底，然而杜充不仅稀里糊涂的败了，还窝窝囊囊的降了。赵构听到杜充投敌的消息，好几日茶饭不思，自言自语道我待杜充如此，他怎么还要叛逃。

建康失守，在江州方面的老油条刘光世面对蕲、黄方向来的拔离速、马五部也习惯性地选择了不战而逃。自此杜刘韩的三角防御体系瓦解。据守镇江的韩世忠把储存在镇江的军资装入海船，退守江阴（今江苏省江阴市）。其他各路将帅也纷纷溃逃，南宋方面的防御体系全面崩溃。

宗弼在建康休整了十天，才开始他们最重要的任务，生擒赵构。

十二月，宗弼军克广德军（今安徽省广德县），下安吉，进入浙江境内。

建康失守消息传来后，在杭州的吕张内阁就时下危局做出了最新方略，三十六计跑为上策。

往海边跑，往南边跑。

金军攻下安吉时，赵构率吕张执宰已逃往越州（今浙江省绍兴市），随后又到了明州（今浙江省宁波市）。

杭州人去城空，女真人不费什么力气就攻下。

攻下临安后，宗弼派出大将阿里、蒲卢浑率铁骑四千，追击赵构。

明州再往南就是大海了，陆地上赵构已无路可退，和吕张商议后，赵构咬咬牙，入海。

十二月中旬，赵构率众臣在定海（今浙江省镇海区）登船下海，在海上漂泊。

阿里、蒲卢浑追击到明州。在明州城外二十里的高桥，据守明州的浙江制置使张俊组织刘宝、杨沂中等将，在主管殿前司公事李质的水师配合下，在高桥打了一场漂亮的阻击战。金军自马家渡渡江来，第二次遇到强有力的反击。

高桥之战后，张俊部为保存实力，撤出了明州。吃了亏的金人入明州，进行了屠城。

阿里、蒲卢浑开始准备寻船入海追赵构，但被风浪吹了回来，后又遇到宋水师张公裕大海船的拦截，便放弃了入海追击赵构的打算。加之高桥的阻击战让不可一世的金军开始对宋军的战力有所顾忌，所以他们并没在明州待多久，便回师杭州向宗弼复命。

从涞流河边到明州海边，十五年的时间内，女真铁骑创造了一个个辉煌的军事奇迹。明州是他们的辉煌顶点。

站在这个高峰上的，是南宋名将韩世忠们一生的敌人完颜宗弼。

5

建炎四年，赵构在海上度过了他的新春佳节，而作为皇帝，这一点在中国历史上前无古人、后无来者。

这时候，他的帝国还是仍然看不到一丝希望，陆地上仿佛已经没有什么力量可以阻止女真人的铁骑了。

一路向南，真的是一个巨大的政治失误？南方多山水，这是他们认为能够缓冲女真骑兵威力的唯一有效方式，但完颜宗弼的队伍在南方依然如此生猛。这让当初力主南迁的文臣们开始怀疑自己的判断，无论是北方的平原还是南方的丘陵，帝国的部队一样不堪一击。

这时候的南宋帝国需要一根救命稻草，一丝黑暗中的光亮，哪怕就是一丝划过夜空的烟火，也能够拯救帝国君臣那几乎绝望到底的心。

他们等待的名字，叫黄天荡。

从镇江退守江阴后，韩世忠就开始谋划在江上阻击宗弼大军北归。所以当完颜宗弼在江南追着赵构玩老鹰捉小鸡的时候，他并没率兵勤王，而是在江阴积极备舰造船，等着完颜宗弼回程一战。

但长江众多渡口，完颜宗弼怎会如他韩世忠所愿，来镇江与他一战。

这个对韩世忠来说只是一个小问题，他只需要做中国古代两军对垒时最简单的一个办法：下战书！

建炎四年三月，完颜宗弼的数万大军带着从江南搜刮来的金银珠宝北归途中，接到了韩世忠下的战书，放话你完颜宗弼不是牛吗，老韩我在镇江有兵八千，有种来此地与老韩一战。

韩世忠敢约战，完颜宗弼哪有不去之理，自打宗弼他爹（注：阿骨打）出道以来，女真人没怕过谁，女真铁骑的脸面不能在他完颜宗弼手头丢掉。

那就去镇江，在镇江渡江回家，完颜宗弼决定此处山有虎，偏向虎山行。何况在宗弼的眼里，宋军是被打得满地找牙的小绵羊，哪里来的老虎。

在镇江，完颜宗弼看到了北岸的宋军队伍，人确实不多，但他们的战船很大。

女真人不知道，那些战船叫艨艟，在东汉末年曹孙刘赤壁大战时就已经出现。经过近千年的发展，南宋帝国建造的艨艟战船已经是当时世界上最先进的海上巨无霸。

而女真人还没有水军的概念，他们的思维中，骑在马上打仗的才能称之为士兵，船就是用来装载兵士的，当年阿骨打起兵灭辽过混同江，连船都不用；宗翰率东路军渡黄河，只有区区几十小舟，运兵都运了两天，渡过河后连宗翰都感叹说在对岸宋军若有万余部队，我们休想渡河。

宗弼南征，在马家渡渡江时遇到的主帅是无心恋战的杜充，并没有在水上遇到多大阻碍。

与充分做好战争准备的韩世忠相比，宗弼显得过于托大。到达镇江后不久，他仅率十余铁骑就前往金山龙王庙侦察，却不知老韩之前也来过此地。老韩知道龙王庙之地形险要，日后金兵必派要员来此侦察，于是派二百余骑在龙王庙设伏，不过韩世忠也绝想不到前往视察的会是宗弼本人。

马背上的女真人依然是骁勇无比，二百余宋兵依然没能困住勇猛的完颜宗弼，不过脱围后的宗弼背后开始有了些汗，也许此时他才开始意识到，他在南方有麻烦了。

建炎四年（1230年）三月十五日开始，金兵在焦山、金山一带渡江，遇到了韩世忠的水军猛烈阻击。宋军人虽少，但战舰精良，金军人虽多，但在船上他们的脚是软的。他们乘坐的小船看起来是如此的脆弱，他们的小船通常还没接近韩世忠的战舰，就被韩世忠抛出的新式武器——巨型铁爪拉到舰边，来个生吃活剥。

一连几日，女真人连连大败，而宋军在梁夫人的擂鼓助威声中越战越勇。

最后宗弼放弃了强渡的念头，溯江而上。

但他跑也跑不掉了，对岸的宋军沿江追击，金人的船虽小，但宋人那些看似威猛笨拙的战舰并不比他们的船慢。

打不过，逃不脱，金人难免心慌，加之地形不熟，驶进了河道湮塞的黄天荡，前后无路，陷入前所未有的困境。

虽然对此战的结果，后来金宋两国史册记载不一，但有一点是不可抹杀的，完颜宗弼遇到了大麻烦。以至于金史也不得不提及宗弼被困黄天荡后，金元帅左监军完颜昌听到宗弼军渡江北归受阻的情报，急遣部将移剌古率军自天长（今安徽省天长市）趋江宁增援宗弼部，乌林答泰部亦以兵来会合。如果遇到的麻烦不大，心高气傲的宗弼怎肯向各部求援。

远水救不了近火，眼前的困境还得自己来解决，宗弼并不是有勇无谋的武夫，他开始冷静下来，寻求脱险之策。

首先是与韩世忠求和，他派人前往韩营，放话说只要韩将军放行，他南行掠夺的财富可全部留给韩世忠。

这给了韩世忠本人向赵家王室表忠的机会，老韩高调地拒绝了女真人。

宗弼没指望宋人放行，他四处找人勘察地形，寻求突围的机会，后来在当地一个渔民的带领下，在黄天荡找到了一条废弃的通往秦淮河的通道。宗弼派人一夜通成，从黄天荡突围到建康。

韩世忠发现后率部追击，很快追上了宗弼部，但这时，宋军在金军的下游。

身处上游的宗弼恢复了一个杰出军事将领的智慧，他使出了周瑜在赤壁用的那招——火攻。

宋金之间的第一场水战仍然以女真人大胜而结束，韩世忠八千水军基本全军覆没。部将孙世询、严永吉等战死，韩世忠勉强率小舟突围。

打了败仗的韩世忠迎来的却是满朝文武铺天盖地的盛赞和皇帝厚重的嘉奖。因为结果已经不重要，重要的是韩世忠的八千水军竟然能把不可一世的

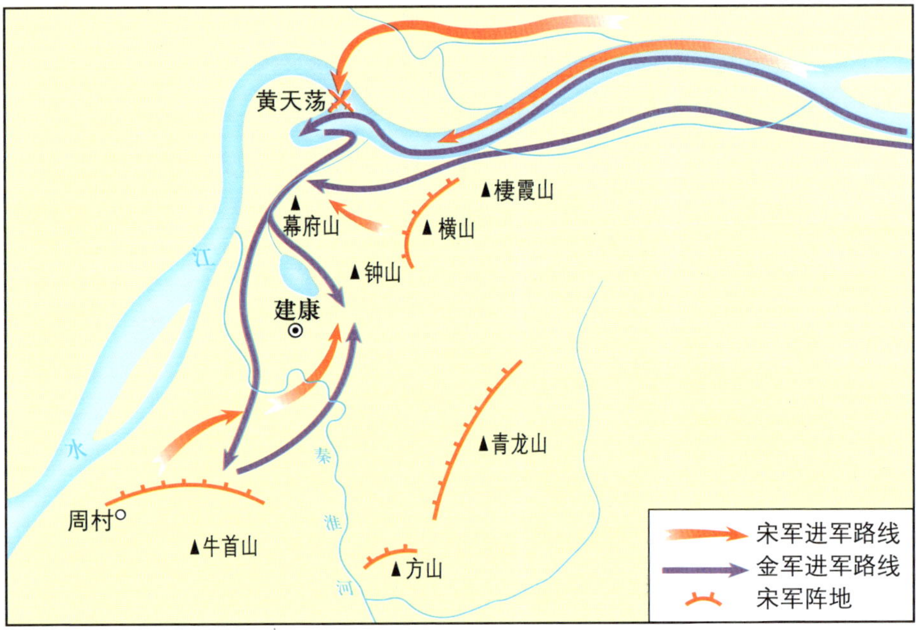

黄天荡之战

数万女真铁骑在江上困了三十多天一度打得求饶。这是宋金战史上破天荒头一回，南宋军人没有收获胜利，得到的却是信心。

而赵构君臣当初撒开了腿往南跑，口头和心中念叨的都只有一想法：南边有长江天险，南边多山水，金人不擅水战。

当赵构被完颜宗弼逼出海，上述信念基本荡然无存。

而韩世忠在黄天荡替赵构将上述概念捡了回来。

西安、长沙、成都，都不是赵构的方向，偏安南方，成为南宋帝国君臣坚定不移的国策。

黄天荡一战也让女真人意识到了自己水军力量的薄弱，据说不可一世的宗弼北归后，遇人就哭诉回程在长江边遇到的惊险。此战后二十多年，金人再不敢大规模擅自渡江南侵。宋金双方的军事焦点，开始转移到中原和川陕的争夺上。

南方，开始慢慢安全。

黄天荡一“败”，替宋帝国保住了半壁江山。

战争人物表现评级

赵构（A）：赵构，历史上对这位南宋的开国之君评价并不高，民间更是因为他杀死了岳飞而将其列入昏君之列。但事实上，拥有赵构，是赵氏皇族的幸运。幸运的从开封逃离开始南奔，在南方建立了流亡政府。赵构的日子无比艰难，政变、丧子，一度还被完颜宗弼追到了海上。他咬着牙挺过来了，在他的组织领导下，宋人恢复了应有的铁血与战斗力，一批武将也得到了重用，岳飞、韩世忠、刘光世、张俊、刘锜都成为了一代名将。赵构率领着他们保住了半壁河山。

政治上的赵构是一名典型的现实主义者，从渡过长江时起，他其实就抱定了保半壁江山的主意，与金人无论打与和，都是围绕这个目标来开展。最终，他是成功的，不仅完全抹杀了金人侵占江南的企图，在他的治理下，南宋的经济与军事力量都得到了恢复。南宋最终能偏安一百五十余年，赵构是第一功臣。

韩世忠（A+）：韩大将军在黄天荡打了一场败仗，却拯救了帝国的命运。从阿骨打涞流河起兵到黄天荡，十多年的时间，女真人横扫中原大地，战无不胜，战场上是神级的表现。但在黄天荡，韩世忠将女真人从神打回了人，除了长江天险，还必须兼备勇气、谋略。

这些老韩都有，所以在黄天荡，他改变了历史。

完颜宗弼（A+）：宗弼南征，一直把南宋皇帝打入海，创造了女真战史上的辉煌顶点。回师黄天荡被阻，危情时刻从黄天荡突围，并火攻韩世忠，成功归北，关键时刻显现了一代名将的冷静和智慧。

战争花絮

梁红玉击鼓闻军威：名将韩世忠有一个嗜好在当时特立独行，在婚事上老韩非常“重口味”，他的四位夫人不是青楼女子就是丧夫寡妇。四位夫人中数二夫人梁红玉为世人所津津乐道。梁红玉出身青楼，后来从良嫁给了韩将军，但知书达理的梁红玉显示出了高出同时代妇人的勇敢与智慧。明受之变中，她为刘苗所困，竟说服了刘苗让她携家眷投奔韩世忠，去掉了韩世忠最大的一块心病，从而以平叛之功跃升为最受赵构重用的武将。黄天荡一役，梁氏在两军对垒危情时刻站上甲板击鼓助威，大振军心。黄天荡一战后，韩世忠迎来满朝文武的盛赞，梁氏却在此时向朝廷奏了韩世忠一本，批评他错失良机让宗弼逃走，提醒丈夫和南宋高层，他们在黄天荡收获的仍然还是一场败仗，宋金对战，路漫漫其修远兮。

绍兴五年（1135 年）八月，韩世忠部在楚州与金人激战，梁红玉随夫同军，遭金人袭击，重伤，于当年八月逝世。韩大将军失去了知心爱人与红粉知己。

有妻如此，夫复何求，又何必讲究出身。

战争猜想

南宋政府当初的际遇，和后来清兵入关后流亡的南明政权有几分相似。按理说，南明政权的根基比南宋的还要牢固（因为明朝对南京的经营一直很重视，四镇的兵力也相当可观），但是南明政权很快就灭亡，而当初风雨飘摇一度被金兵追到海上的赵构，却将南宋政权稳定下来，并偏安了一百多年。这其中，韩世忠、岳飞等名将关键时刻在战场上化腐朽为神奇，应该说起到了非常关键的作用。而宋高宗赵构因为后来诛杀岳飞，历来被人们认为是一个昏庸之君。然而细细看来，赵构真是个昏君吗？未必，当初宗弼南侵，根基未稳的赵构没有血气方刚，而是选择没有尊严的四处逃窜。试想如果宗弼抓住了赵构再次北归，宋金之间的命运走向，又会如何呢？无论采用什么手段，赵构在未带一兵一卒仓皇南逃的情况下稳定了南宋政权，或打或和最终与金相对峙，形成南北分治的局面，让南方的文化和经济都得到了高速而稳定的发展，百姓生活也相对富足。这些，其实都不应该被抹杀。

宋、金对峙形势图

萌古斯部
（蒙古部）
烈　部
上京
会宁 阿城南
金
燕京
北京西南
渤海
夏
兴庆
银川
黄河
东
海
大散关
宝鸡西南
淮水
大江
长江
临安
杭州
南　宋
流求
台湾岛
理
千里长沙
南海
南宋
千里长沙
南海
万里石塘
南海

郾城之战

绍兴十年（1140 年）五月，金国撕毁绍兴和议，完颜宗弼等分四路大军南征。宗弼大军出师不利，在顺昌（今安徽省阜阳市）意外被刘锜的八字军打败。随后南宋韩世忠、张俊、岳飞乘势出师迎击。很快，在东、西两线均取得对金的胜利。岳飞部更是挥兵从长江中游挺进，实施锐不可当的反击，一口气收复了颍昌、蔡州、陈州、郑州、郾城（今河南省许昌市东南）、朱仙镇。完颜宗弼率一万五千精骑企图袭击岳飞，双方在郾城激战。岳家军大败完颜宗弼，岳飞的北伐令金军军心动摇。完颜宗弼一度曾准备从开封撤离，南宋抗金斗争有了根本性的转机。就在南宋抗金战争取得辉煌胜利的时刻，为了议和及防止岳飞拥兵自重，宋高宗赵构连下十二道金牌，急令岳飞“措置班师”。金兵重新占领了中原地区。

序曲　庐山守孝

绍兴七年（1137 年）秋，岳飞上庐山守孝已有半月有余，而山下的南宋临安朝堂和驻扎在鄂州的岳家军早已因为帝国这位最有影响力的将军的鲁莽决定乱成一团。

丁忧为母持余服，这是中国封建时代任何官员都必须承担的责任。在和平时期，父母亡，担任再重要的职务，也须辞去官职，守孝二十七个月。如果位居高位，声名显赫，工作岗位无人替代的，皇帝可以特批不用守孝，称之为夺情。

但岳飞连假都没请，从东京回鄂州驻地途中就跑上庐山守孝，就太不合规矩了。此时正值南宋帝国的非常时期，宋金战和未定，南方盗匪未平，一个执掌五万大军的军团主帅，竟然未经批准擅离职守，岳鹏举的胆子也太大了。

对于赵构及满朝文武看来，持余服不过是岳鹏举的一个借口，之前岳飞和赵构、张浚发生了一次激烈的矛盾冲突，事由缘于帝国的另一支部队，刘光世所统率的五万刘家军的指挥权问题。刘光世其人，圆滑狡诈，作战胆怯，并不完全为赵构所用。南宋政局稍有平定，赵构及执宰张浚都在想着如何解除刘光世的兵权。但如何平定维系首领被解职后刘家军的稳定，谁又是继续执掌这支刘家军的最好人选，帝国君臣都没有一个好的主意。

赵构一时心血来潮，想到了近年表现最优秀的岳飞。他召来岳飞进行长谈，岳飞承诺若刘家军合并于他，三年必复东京两河。赵构也下了手诏，命岳飞着手接管刘家军。

君臣一时激情之后，遇到的是整个文臣集团的反对，包括当时的主战派领袖执宰张浚，理由很简单，太祖开国至今没有一个武将能够独立统领十万以上的大军，岳飞同样没有资格破这个例。

赵构很快“幡然悔悟”，但皇帝是金口玉言，怎好无故反悔，于是他让岳飞去见张浚，由张浚代其转告赵官家新的决定。在张浚的都督府，岳飞得知皇帝新的决定后，很愤怒，并迁怒于张浚，于是私自上山守孝。在给皇帝的辞呈里，他提到辞职的理由，一是为母持余服，另一个则是与张浚大人不合，产生不可调解的矛盾。

接到岳飞的假条，赵构和张浚都很愤怒。张浚直接指责岳飞此举意在并兵，奏牍而去，意在要（要挟）君，建议皇帝趁机把岳飞的兵权也一并夺了。

赵构毕竟是一个成熟的政治家，几大家军领袖的兵权，他每天做梦都想收回。但局势尚未明朗，刘家军尚未完全解决，如此时岳家军再生乱，帝国半壁江山不稳，于是他连发几诏，并派岳家军将领王贵和岳飞最器重的参谋李若虚上庐山促请岳飞下山。

王李二人上山六天，依然请不动岳飞，后来李若虚动怒了，质问岳飞说宣抚这是想造反吗？宣抚不过就是河北的一介农夫，因为朝廷委以重任才有了今天的位置，如果今天宣抚执意不从，也就是明摆着公开和朝廷对抗，岳家军众兄弟也会因为触犯刑律而被杀。众兄弟跟随宣抚多年，何罪之有，宣抚要将兄弟们送上这条不忠不义的不归路。

话已经说到了这个份上，岳飞不得不选择下山，前去建康行在，向皇帝请罪，并复职视事。皇帝对此事既往不咎，但给了岳飞一个意味深长的答复，大意为卿家前些日子的奏章确实很轻率，但朕没有恼怒。若是恼怒了，怎么会没有谴责卿家呢？太祖皇帝曾经说过，谁犯了我的法度，用来招呼他的，就只有刀剑。如今我继续让卿家执掌军队，寄托恢复中原的宏志，可见朕并没有怪罪卿家的意思。

下山前，岳飞去了母亲姚氏的坟前，磕头辞别，说众人皆以为我是意气用事，其实飞儿心神疲倦，战场上你儿子从不畏惧任何对手，但站在朝堂上，儿子却笨拙如牛，举步维艰。如果不是为了那北方的故国家园，儿子真想天天陪在娘身边，耕种传读，做一个安分守己的农夫。

此时的岳飞，已是身不由己，更何况他的心中，还有那未完的梦想和鸿志。

山下，是一条梦想之路，但也是充满艰险的荆棘之旅。

1

靖康二年（1127年），刚灭掉辽的金军大举侵宋，在主和与主战的反复中，看似强大的北宋政权失去最基本的抵抗力，国都汴京沦陷，徽钦二帝被俘。北宋帝国瞬间倾塌。

徽宗之子康王赵构带领为数不多的王室成员南逃，在淮水以南建立了南宋王朝。

最初的南宋王朝根基不稳，百废待兴，同时金兵又经常南侵，赵构一度被金兵追击到海上逃难。一时间南宋政权风声鹤唳，处在风雨飘摇之中随时可能沉没。

南宋初的几个名将在此时挺身而出，力挽狂澜，稳定了危局。

岳飞就是其中的佼佼者。

岳飞，字鹏举，河北西路相州汤阴县（今河南省安阳市汤阴县）人，出生在一个佃农家庭，父岳和，母姚氏。岳飞年幼虽家贫，但其父乐善好施，生性豁达；其母姚氏贤良淑德，并略识文字。

岳飞年幼非常好学，文武兼攻，尤好《春秋左传》与孙吴兵法，后又师从北宋武术传奇名家周侗，尽得其真传，又曾随汤阴县教头陈广习识枪法，拳脚功夫号称一县无敌。而作为一名普通农夫，他又有幸在当时的帝国豪门相州韩府（注：韩氏四代高官，仁宗、神宗朝韩琦、韩忠彦相继为相）为庄客，耳濡目染，学闻见识和其他普通农民自然不一样。

宣和四年初（1122 年），岳飞初次从军，于同年十月参加了北宋攻辽的战争。宋军败北后，适值其父逝世，岳飞回家守丧。

靖康元年（1126 年），金兵南下，岳飞再次从军，投身于这场轰轰烈烈的中原人民抗金斗争中。

岳飞的从军之路并不平坦，他最初投军相州刘浩部，参军没多久就被刘浩开除，原因是作为一个下级军官，越级上书（今天称之为上访）要求抗金。

岳飞被开除后不久开封失陷，北宋灭亡，但在中原的抗金斗争依然进行得如火如荼，岳飞流亡到大名府。在大名府他正好遇见一个叫赵九龄的故交在为大名招抚使张所募集兵士。有了赵九龄的推荐，岳飞顺利地加入了张所的队伍。

在张所部，岳飞极受张所赏识，跟着张所收复了卫州等地，因其见识非凡、武艺高超，张所破格提拔他，先是“白身借补修武郎”继而升任中军统领。接着，他又很快超升三级，借补从七品的武经郎，拥有了自己的一小队人马。

但他和张所的缘分却很短，随着李纲被快速罢相，当初是李纲力荐张所任的招抚使，李纲下台，汪黄二相本就一门心思想着南渡，根本无心收复失地，设置招抚司在他们看来不过是烧钱生事之举，于新朝没有任何好处。在汪黄二人的指使下河北转运副使、权北京留守张益谦弹劾张所措施不当，本职是招抚河北一带流寇，结果却是匪盗四起。汪黄以此为借口，废除了河北河东招抚司。张所也被贬岭南，后北还，结果在湖南境内被杨幺农民起义军所杀。

张所的提携之恩以及横遭惨死之祸，岳飞一直念念不忘。他多次向朝廷申请恢复张所之名衔。几年后，他还找到了张所之子张宗本，收为义子抚养，“教以儒业，饮食起居，使处诸子右”。后来朝廷给其子岳云一个荫职的机会。岳飞再次上书，要求将这个名额给张宗本。后来岳飞又率部平定杨幺起义，算是为恩师报了仇。

张所南归后，岳飞部归后来的八字军传奇将领王彦管辖。但就如何坚持抗金，岳飞和王彦的意见分歧很大。王彦目标很明确，队伍要发展就要团结来自不同阶层的广大人民群众，乡夫也好，匪盗也罢，只要敢和女真人抗争，就可以拉进队伍。大乱之际，一切以抗金为目标。而岳飞却不以为然，他认为队伍应该招纳有作战经验的西北军士为主，宁缺毋滥。王彦命岳飞去招纳新乡附近的绿林好汉，岳飞拒绝这项军事任务。他并没有太把王彦放在眼里，带着自己的一小队人马，选择离开单飞。

事实证明在当时的现实条件下，王彦的选择是正确的。新乡突围王、岳分家后，王彦收集溃部，并积极联络“两河豪杰”，队伍迅速壮大。河北、河东有十九个营寨的忠义民兵首领纷纷响应王都统。为了增加队伍的辨识度和凝聚力，王彦让部下在脸上刺八字“赤心报国，誓杀金贼”。谁愿意跟着他王彦干，组织手续很容易办，刺上这八字就行。一时，“八字军”名满两河，在王彦名下的部队，号称十八万，成了一支对女真人极具威慑力的中原武装力量。

而岳飞的一小队人马却在新乡突围后转战太行山区，渐渐陷入困境。岳鹏举不愿盲目招兵，粮草补给又成严重问题，几次战斗下来严重减员，衣食住行都成问题，岳鹏举自己的战马都被宰杀了。

当八字军屡败金人的消息传来，岳飞决定回去找王彦，请罪、借粮。

当日岳飞不辞而别，王彦非常生气，向上级报告了岳飞临阵脱逃的事。岳鹏举不知道自己早就上了黑名单。

岳飞回归请罪，有部属建议应斩首以树军威。王彦思量再三，最终还是没下手，放了岳飞，也没有收留他。

岳飞带着自己的残部投奔在东京领导河北人民抗金的宗泽部，结果东京留守司的官员查出了岳飞在王彦部叛逃的经历，按律当斩。宗泽惜才，容岳飞戴罪立功。岳飞没有辜负宗泽的厚爱，在宗泽的帐下屡立战功，升至统制，成长为宗泽部最重要的将领。

宗泽死后，东京留守的位置由杜充接任。杜充文人出身，没有宗泽那样的果断与魄力。以前听宗泽调遣的很多支义军队伍都不再服从杜充指挥，在东京城内各自为政互相火拼。杜充能指挥的只是岳飞等几支比较正规的部队。杜充在任期间，岳飞部经常奉命镇压不听调遣的义军，在此过程中岳飞部不断壮大，成为后来岳家军的雏形。

随后岳飞部随杜充南下，镇守建康。

建炎三年（1129年），完颜宗弼南征。杜充派陈淬、岳飞、王侁率兵三万与金兵在建康附近展开激战，最后因王侁率部逃跑而溃败。

此战虽败，但却意义深远，这是南宋军队首次正面与金兵主力正面作战，也是岳飞、完颜宗弼两个“一生的敌人”的第一次交手。这一次完颜宗弼占了上风，并成就了将南宋皇帝追击至海上的南征神话。

杜充很快弃守建康并投降了金人。岳飞率部退守广德军。在广德军钟村，他整顿队伍并收纳了杜充部其他不肯降金的散部，正式宣告岳家军的成立。

随后岳飞应宜兴（今江苏省宜兴市）知县钱谌之请，移师驻军宜兴，进行了宝贵而短暂的休整。他的队伍拥有了千余骑兵、近万名步兵，成为了一支独立的军团。

建炎四年（1130年）春，完颜宗弼回军北撤的时候，在宜兴充分休整后的岳飞部于建康城南三十里的清水亭击溃金军，首战告捷，斩得耳戴金、银环的女真人头一百七十五级，活捉女真、渤海、汉儿军四十五人，缴获马甲、弓、箭、刀、旗、金、鼓等器械三千七百多件。

随即岳飞部和前建康知府联手收复了建康，在收复建康战役中，岳家军大小几十战，斩女真人“秃发垂环者之首无虑三千人”，成为南宋帝国一支新兴的精锐之师。

收复建康后，岳飞进入了赵构的视野，成为赵构极为器重的青年将领，获迅速提拔，被任命为通泰镇抚使，负责长江以北地区的防务。绍兴元年（1131年）又被任命为沿江制置使，所部也由杂牌军成为赵构的直系军。此后几年，岳家军活跃在两淮、汉水、长江战场上，平内乱、伐伪齐、抗金人，岳飞屡建奇功。三十岁的岳飞，已经统领五万精锐之师，被提升为靖远节度使、湖北路荆襄潭州制置使，成为与刘光世、韩世忠、张俊齐名的南宋重要将领。

对岳飞来说，多大的财富和官爵都满足不了他。他的理想只是挥师北上，恢复故土，驱逐挞奴。而宋金之间变幻莫测的政治变局，他并不上心。

2

黄天荡之战后，宋金强弱关系有所改变，赵宋王朝在南方慢慢稳住脚跟，经济恢复、军事发展，形成较为巩固的淮河、汉水、长江防线，并拥有了刘光世、韩世忠、张俊、岳飞、吴玠五支颇具有战斗力的集团军（某家军），战略形势向有利于南宋的方向发展。女真方面，迫于形势，调整战略，从全线进攻转为重点进攻，全力争夺川陕，同时在中原扶持伪齐刘豫政权与南宋政权对抗。而南宋方面，由于害怕金军卷土重来威胁江南政府，帝国高层必须想办法缓解宋军在江南的军事压力，帝国也必须在川陕积极动作，将金军的主力吸引至川陕会战。

赵构派出了帝国的执宰张浚入主川陕，与金人对抗。

张浚字德远，汉州绵竹人，是唐名相张九龄之后。其父张咸才德兼备，曾同时中进士、贤良两科，不过在张浚四岁时张咸就去世了。早年家庭的不幸成就了张浚早熟和冷静果断的性格。政和八年（1118年），二十一年的张浚进士及第，开始了他的政治生涯，最初为从七品的太常簿。

开封沦陷，张浚身临其境见证帝国的那场苦难。他没有死忠舍命陪二帝北狩，也不屑与张邦昌同流合污，而是跑到了太学，找地方藏了起来。

看着二帝被俘北狩，繁华的帝国首都变成人间地狱，张浚坚定了自己的人生政治信仰——终生不与金人和议。

赵构在南京称帝后，张浚很快来投，任枢密院编修官，随后很快改任殿中侍御史。

张浚虽是主战派，但他政治上的发迹却是弹劾另一个主战派领袖——李纲。南宋政府成立之初，赵构任命在东京保卫战中立下大功并拥有极高威望的李纲为相。李纲上台后施行新政积极抗金并对投降派进行清算。一时投降派和沦陷派视其为死敌，时任七品殿中侍御史的张浚上书弹劾南宋朝第一任宰相，数落其典刑不当、杜绝言路、买马之扰、招军之暴等数十罪状，导致了李纲的下野。随后宗弼南侵，赵构罢免了汪黄内阁，逃到扬州，遇苗刘之乱。张浚与另一文臣吕颐浩坚定不移地举起了勤王大旗，成为平乱的大功臣。苗刘之乱后，张、吕组阁，吕颐浩迁宣奉大夫、守尚书右仆射兼中书侍郎，三十三岁的张浚任知枢密院，成为南宋政府新的执宰组合。

吕、张皆主张积极抗金，这一执宰组合的成立成了宋金对峙的关键转折。

张浚刚上任不久，赵构即命张浚亲任川陕宣抚处置使以帝国第一军事首脑的身份入主川陕，集结西军主力与金人一战。赵构给予了张浚极大的信任，陕西六路、四川四路的人权、财权、军权都控制在张浚手中。无论大小，诸事张枢密皆可专断，一时张浚可控制的地域甚至超过了江南宋人控制的范围。

因为长期与西夏人作战，后来童贯又经营了西路军二十余载，北宋帝国最精英的部队都出自西北。虽然经过靖康之役，号称精英的帝国西北军队也损伤堪多，但瘦死的骆驼比马大，在川陕南宋还是拥有一定实力的军力。

从长远来说，川陕对于帝国的战略意义深远，进是图中原的必然跳板，退是守江南的上游屏障，是帝国生存之根本，必须保住。

到达川陕后，张浚采取与金人主动进行会战的战略，几乎是遇到了西军众将的一致反对。

理由是多方面的，敌强我弱，陆地大规模作战，金人骑兵的威力是宋军无法抵挡的。但更重要的是，西军的主要将领都不愿意将自己的家底拿出来和女真人赌一把，那可是各位将领好不容易保存下来的在乱世安身立命的本钱。

抵制得最激烈的是被视为当时西军领袖的大将曲端。

曲端，字正甫，镇戎（今宁夏回族自治区固原市）人。其父曲涣，曾任左班殿直，后战死沙场。曲端三岁即以父荫授任三班借职，机敏知书，善于写作文章，有兵机韬略，历任秦凤路队将、泾原路通安寨兵马监押、泾原路第三将。金人入侵，西军大败，时任泾原路第三将的曲端召集流民溃兵抗击金兵，屡败金兵，并收复了秦州、长安、凤翔等地，在西北名声大震。

曲端的优点是能打仗，但缺点是心胸狭小，不能容人，和兄弟部队及顶头上司都不合，曾几次因私愤杀部属和友邻将领。张浚入川前，他的顶头上司是入川陕的八字军将领王庶。但曲端自视地头蛇并不听王庶的调度，多次冲突，并企图杀掉王庶。

对曲端这样优缺点都很突出的刺头，张浚最初还是想重用。一入川陕张浚便按制筑祭坛，拜曲端为威武大将军、宣州观察使、宣抚处置使司都统制、知渭州，等于公开承认宣告其西军领袖的地位。

但曲端并没有因此而感恩戴德，对新来的张执宰，他依然是老子天下第一的不合作态度。

张浚上任川陕宣抚使后不久，金军娄室部率十万兵力围攻陕西要塞陕州（今河北省三门峡市陕县）。陕州在名将李彦仙的率领下，坚守了近二年，战事之残酷激烈堪比太原保卫战。其间李彦仙多次向张浚求援，张浚命曲端组织兵力援救。曲端出于妒忌李彦仙在西军之盛名，同时也考虑保存自身实力，拒不出兵。张浚没办法，亲率兵救援，却因道路被阻救援不得，眼睁睁看着金人最后夺取陕州——经略陕西最重要的一颗棋子。一代名将李彦仙也因此战死沙场。

曲端从没有因为张浚的器重而给他面子，在他眼里的张浚只是一个不知兵的青年书生。

对张浚在川陕“前控六路之师，后据两川之粟，左通荆襄之财，右出秦陇之马”的进攻战略构想，曲端公开表示强烈反对，表示没有十年的时间，川陕宋军绝不能由守转攻。

曲端甚至以项上人头和张浚相赌，西军在两三年内与金军会战，必败。

已决意发动大会战的张浚罢免了曲端的职务，授宫观职，责海州团练副使、万州安置，下了曲端的兵权。

但持反对意见的并不只是曲端一人，还有八字军的传奇将领王彦。王彦的看法与曲端相同。张浚不为王彦的威名所动，同样下了王彦的兵权，调他去任利州路兵马钤辖。

他要在川陕搞动作，既然调不动已有威名的老将，就开始在西军提拔一批能为自己所用的青年将领。

他任用了一批年轻而有才华的将领，吴玠、刘锡、刘锜、刘子羽，委以重任，而取代曲端的便是吴玠。

吴玠字晋卿，兴国州永兴（今湖北省阳新县）人，年少即在西北从军，性格沉稳。靖康初年，西夏犯边，吴玠率百余人追击，斩获颇多，因其英勇晋升为第二副将。之后他在曲端军中效命，凭借战功升迁至泾原路副总管，成为了曲端的副手。

让吴玠取代曲端成为张浚在川陕所下的最成功的一步棋，随后数年吴玠坐镇四川，成为了女真人始终无法逾越的一道铁墙。吴家军成为了南宋初年与韩、岳齐名的集团军，那是后话。

建炎四年（1130 年）八月，张浚集中熙河、泾原路、秦凤路的刘锡、刘锜、孙渥、吴玠、赵哲等五路大军，步、骑十八万人，号称四十万，向地处关中平原的耀州（今陕西省耀州区）富平地区集结，与金人主动会战。金国方面，除了娄室部，原来围困楚州（今江苏省淮安市楚州区）的宗弼部也西进，开始了宋金战史上最大的一次会战。

富平之战的结果是以宋军溃败而告终，并彻底失去了在陕西的主动权。金人很快占领陕西五路，宋军退守阶（今甘肃省武都区东南）、成（今甘肃省成县）、岷（今甘肃省岷县）、洮（今甘肃省临潭县）、凤（今陕西省凤县东北）等州及凤翔府（今陕西省凤翔县）的和尚原（今陕西省宝鸡市西南）、陇州（今陕西省千阳县西北）的方山原（今陕西省陇县西南）等蜀口要隘，凭险设防，与金军对峙，双方在川陕形成对峙。

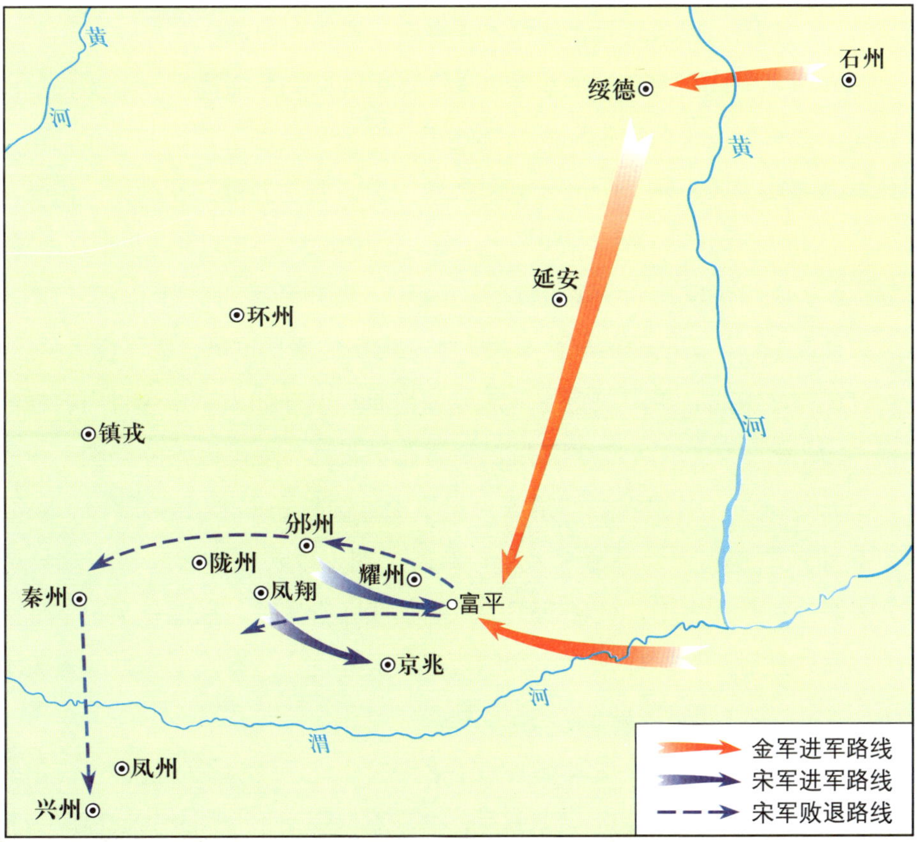

金军入陕

赵构并没对张浚领导的富平之败过多追究责任，毕竟富平之战达到了一个初衷，将东路军宗弼部吸引去了川陕，江南的安全更多了一分保障。

张浚没有上面的压力，开始在川陕军界进行整顿。富平一战中关键时刻提前逃跑的赵哲及其部将张忠、乔泽被斩。而之前抗命拒不发动会战的大将曲端，也被张浚、吴玠联合以莫须有的罪名杀害，成为岳飞之前被南宋高层铲除的最高级别的大将。

金军初定陕西后，开始向四川进攻。绍兴元年（1131 年），金宋两军先后在和尚原（今陕西省宝鸡市西）进行了两次激战，金军皆被守川大将吴玠击败。尤其第二次和尚原之战，由完颜宗弼领军十万，自宝鸡南攻和尚原，结果被吴玠大败，损兵数万，宗弼本人身中二箭狼狈而逃。

绍兴二年（1132 年），金军卷土重来，主帅由完颜撒离喝代替受伤的完颜宗弼。金军有鉴于两次在和尚原都吃了大亏，于是采取了迂回战术，留一部分军力在仙人关、熙河地区，吸引吴玠主力，而主力避开和尚原，由长安进攻商州（今陕西省商洛市商州区）；绍兴三年进至上津（今湖北省郧西县）占领金州，剑指饶凤关（今陕西省石泉县西）。得知金兵的企图后，吴玠率精锐急援饶凤关，与刘子羽苦守饶凤关，但仍抵不住金兵攻势，丢了饶凤关。

饶凤关之败后，吴玠决定主动放弃和尚原，退守仙人关（今甘肃省徽县东南）。绍兴四年（1134 年）二月，金军在陕西发动规模最大的一次入川战役，由完颜宗弼、撒离喝、韩常等大将率金、伪齐联军十万，杀奔仙人关。双方在仙人关激战一天，金军大败，退回凤翔（今陕西省宝鸡市凤翔县）。至此金军控制长江上游、迂回南下的战略彻底宣告失败，反倒是吴玠在仙人关大捷后，趁胜又收复了凤州（今陕西省凤县东北）、秦州（今甘肃省天水市）、陇州（今陕西省陇县），陕川防线趋于稳固。

金宋川陕激战之际，岳飞部发动了第一次北伐，目标是收复伪齐占领的襄阳六郡。绍兴四年（1134 年）五月，岳家军自鄂州（今湖北省武昌区）渡江，五月初五攻占郢州（今湖北省钟祥市），五月中旬占领襄阳（今湖北省襄阳市）、随州（今湖北省随州市）。随后齐金联军纠结重兵反扑，企图收复襄阳，被岳家军击溃。岳飞趁势再夺邓州（今河南省邓州市）、唐州（今河南省唐河县）、信阳军（今河南省信阳市），圆满完成了第一次北伐任务。

对川陕、江淮战场的节节失利，女真人很是恼怒。绍兴四年九月，金任命完颜宗辅为帅，完颜昌为副帅、完颜宗弼为前锋，率金军五万和渤海、汉军五万以及大量河北、河东签军，与伪齐军一起南下攻宋。此战金军避开了襄阳的岳家军和西线的吴玠军，直扑滁（今安徽省滁州市）、和（今安徽省和县）、扬（今江苏省扬州市），然后准备从采石、瓜洲渡江。

南宋方面由张浚亲自指挥这次防御，张浚令刘光世、韩世忠、张俊部组成江淮防线，同时命岳飞部增援淮西。比起建炎三年的那次南侵，宋军攻防有序，三个月的战役，双方始终在江、淮战线上拉锯，互有胜负，金军无法再进一步深入南方。十二月，金国后方传来金太宗病危的消息，女真人不得已放弃了这次并不成功的南征。

3

金太宗完颜吴乞买逝世后，太祖完颜阿骨打嫡长孙完颜亶即位，是为金熙宗。

熙宗上台，由于对宋战事的连连不利，女真高层不得不面对现实，将灭宋战略改为和议，并剥夺了主战派领袖完颜宗翰的军权，同时废除了并不能替他们对抗南宋的伪齐政权。把持朝政的是议和派完颜昌（挞懒）、完颜希尹、完颜宗磐，他们主张与宋议和，维持南宋、金政权并立现状。

双方于绍兴九年（1139年）签订了停火协定，协定内容是金国把陕西、河南两地还给南宋，宋向金纳币称臣。

金国议和派向南宋的妥协，遭到了金国主战派的不满。绍兴停火议和签订没多久，金国内部发生政变，力主议和的完颜昌、完颜希尹、完颜宗磐三人被以完颜宗弼为代表的主战派发动政变所杀。上台把持朝政的是金方的主战派将领，南宋最大的敌人完颜宗弼。

完颜宗弼把持金国军政大权后，第一件事就是撕毁了绍兴议和协定，于绍兴十年（1140年）再度大举侵宋。

金军此次举国之力，兵分四路，聂黎贝出山东，李成攻河南，撒离喝攻陕西，完颜宗弼自率十万大军攻东京。

对于宋金之间第一次和谈的结果，南宋政府一开始也没有想到金人会如此爽快地把河南、陕西两地还给南宋。虽然接受了地盘，出于谨慎起见，南宋政府并没有过多在河南、陕西两地投入太多兵力，所以初期面对金军在大举南侵，河南、陕西两地纷纷失守。完颜宗弼几天内就到达了东京。东京留守孟庚率官员出城投降，附近州县也纷纷降金。陕西方面，完颜撒离喝自河中（今山西省永济市）渡河，经同州（今陕西省大荔县），取长安（今陕西省西安市），陕西原齐属州县又复归金人。

金军并不满足于夺取河南陕西地，继续大军南下，兵分两路，撒离喝领兵入川；完颜宗弼率主力继续南下，从亳州（今安徽省亳州市）、顺昌（今安徽省阜阳市），渡淮河南下。

完颜宗弼还想重温建炎三年的旧梦，再次让赵家皇帝入海过年。

他没想到，他会在小小顺昌被刘锜磕掉了大牙。

刘锜字叔信，出身西军世家，其父刘延庆是徽宗时代童贯帐下大将。刘锜少年便随父亲征战，与西夏对战屡立战功，威震边陲。一时西夏人吓小孩常以一句“刘都护来了”，西夏小孩立即停止啼哭。

张浚入主川陕，非常赏识刘锜，任命他为泾原经略兼知渭州，后任宣抚司统制，把王彦的“八字军”交由他统率。

绍兴十年（1140年）五月，刘锜的作战任务原本是率二万“八字军”赴东京任东京副留守，防卫东京，但中途却传来了东京已经失守。这时有部将劝说金军凶猛，既然东京已失，不如原路退回以待后命。刘锜却大胆地做出一个影响时局的决定，率部入驻顺昌，阻击金军南下。

为了让全军将士明白死守顺昌的决心，刘锜凿沉了战船。入城后，刘锜也得到了顺昌军民的全力配合，短短五六天，原本守备缺全的顺昌城建筑起了初具规模的城防。

当六月初完颜宗弼的十万大军到达顺昌时，看着这座破落的小城，他依然十分轻视，笑对部下说就这破城，我们可以踮着脚尖走进去。

完颜宗弼犯下了他军事生涯中最大的错误，看似破落的顺昌城在刘锜的护卫下成了不可攻破的坚城，虽然他率领的重骑兵“铁浮屠”威猛无比，但是却攻不破这座城池。

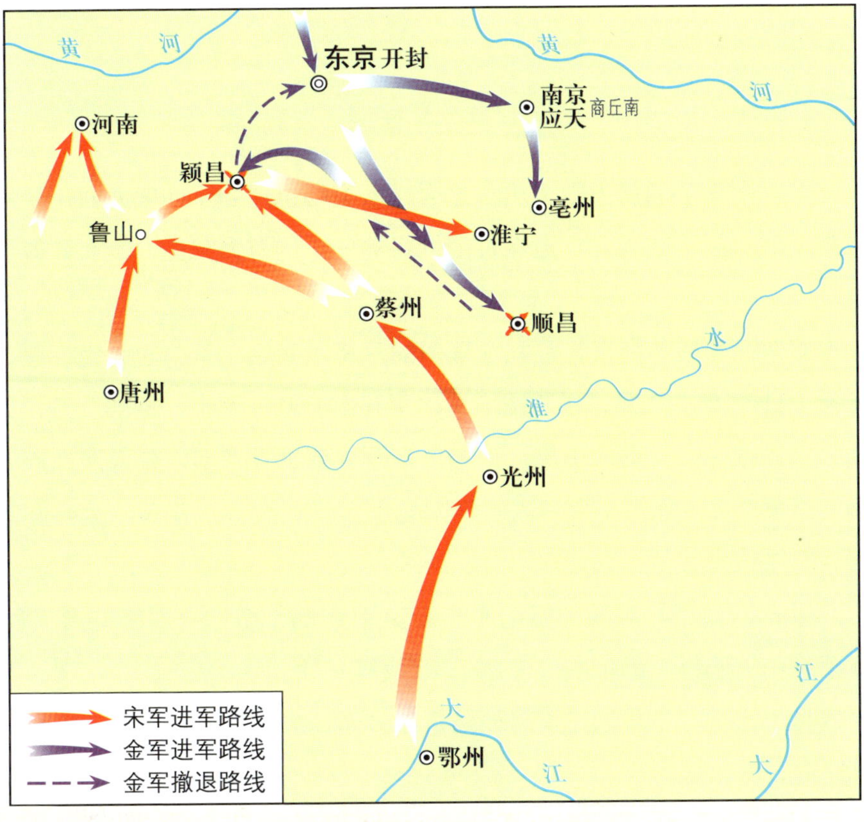

顺昌之战

刘锜并没有一味死守，他从二万守军中抽出五千精锐，适时突袭、偷袭金军，并针对对方的重骑兵“铁浮屠”设置了长刀，大长刀专砍“铁浮屠”马腿，金军损失惨重。

完颜宗弼准备长期围困，沿顺昌城挖壕筑营。刘锜派小部队不断袭扰，挖壕筑营进展缓慢。适逢雨季，平地水深一尺，金军寨营无一处干地，狼狈不堪。

天时地利人和都不利于金军，完颜宗弼坚持了几天，不得不撤离，率师回东京，窝囊地结束了人生最后一次南侵征程。

刘锜在顺昌的意外大捷鼓舞了南宋各支部队的信心，一时南宋各部士气大振，纷纷发动反攻。直捣黄龙，恢复中原，南宋人迎来了最佳的时机。

4

完颜宗弼南下顺昌大败，川陕方面，撒离喝也遇到了南宋方面川陕主帅胡世将（注：吴玠绍兴九年逝世，胡世将接任）的有力阻击，没有取得任何进展。

得知东西两线的捷报，驻扎在鄂州的岳家军开始了第二次北伐征程。绍兴十年（1140 年）六月，岳飞留下了水军和部分驻守军士，率部八万，兵分三路：将领张宪、王贵、牛皋、董先、杨再兴等进兵河南，分取河南府（今河南省洛阳市）、陈州（今河南省淮阳县）等地；梁兴、董荣、孟邦杰等渡黄河，联络抗金义军，联合取河北、河东州县；岳飞自率主力，直指东京。

六月初，张宪和姚政部率前军与游奕军直抵光州（今河南省潢川县），袭取蔡州（今河南省汝南县），打响了北伐第一仗。

六月十三日，牛皋的左军京西路打败金军，攻克他的家乡鲁山等县，又挥师东向，同大军会合。

十九日，张宪部在离颍昌府（今河南省许昌市东）四十里的地方，同金军韩常军对阵，大败韩常军，在二十日夺取颍昌府城。二十四日中午，张宪部到达淮宁府，占据淮宁府城。

另一支岳家军，王贵部于七月一日攻克了西京河南府（今河南省洛阳市）。

一个月的时间内，几路岳家军高歌猛进，连取得颍昌、陈州、郑州、河南府等地，胜利地完成了扫清开封府外围的作战计划。

但经过一个月的高歌猛进之后，岳飞却发现北伐征程中只有岳家军在战斗，南宋其他部队并没有配合岳家军展开进攻。合并了刘光世部后实力最强的张俊部仅占亳、宿两州后便停止不前；在顺昌取得大捷的刘锜部的部分军力也护送家属辎重南撤，仅剩万余兵力驻守顺昌，已无力再向南推进；而东部战场的韩世忠军，西部战场的吴璘、杨政和郭浩军与金军处于胶着状态，不可能直接配合岳家军作战。

之前岳家军的重要参谋李若虚从岳飞军前还朝后，便向朝廷提出，岳家军此次北伐，金人不可畏，所担心的只是其他部队不肯为援。

事实上，也并非其他部队不肯援助，南宋高层也仅仅满足于挫败金人的进攻，而对于收复河南、陕西等地，并没真正地纳入战略计划，给各作战部队的命令也是见好就收，各部自然不敢贸然推进。

完颜宗弼毕竟是久经沙场的名将，很快他就发现了岳家军的破绽，战线拉得过长，兵力分散，没有援军。

他不待岳家军集结完毕，抢先发动了大规模的反攻。七月初，完颜宗弼指挥本部精锐，加上盖天大王完颜宗贤部、韩常部，共计一万五千多重骑兵，直扑郾城，准备对岳家军总部来一次突袭。

当岳家军接到宗弼大军突袭的情报时，已是七月八日，此时金军距郾城县只有二十多里路。岳家军无法有效地做出战略部署，只有来一场硬对硬的恶战。

岳飞率部出城迎战，在郾城县北二十里双方遭遇，激战一天。此战中，双方伤亡都很大，最后还是金军选择了撤退。

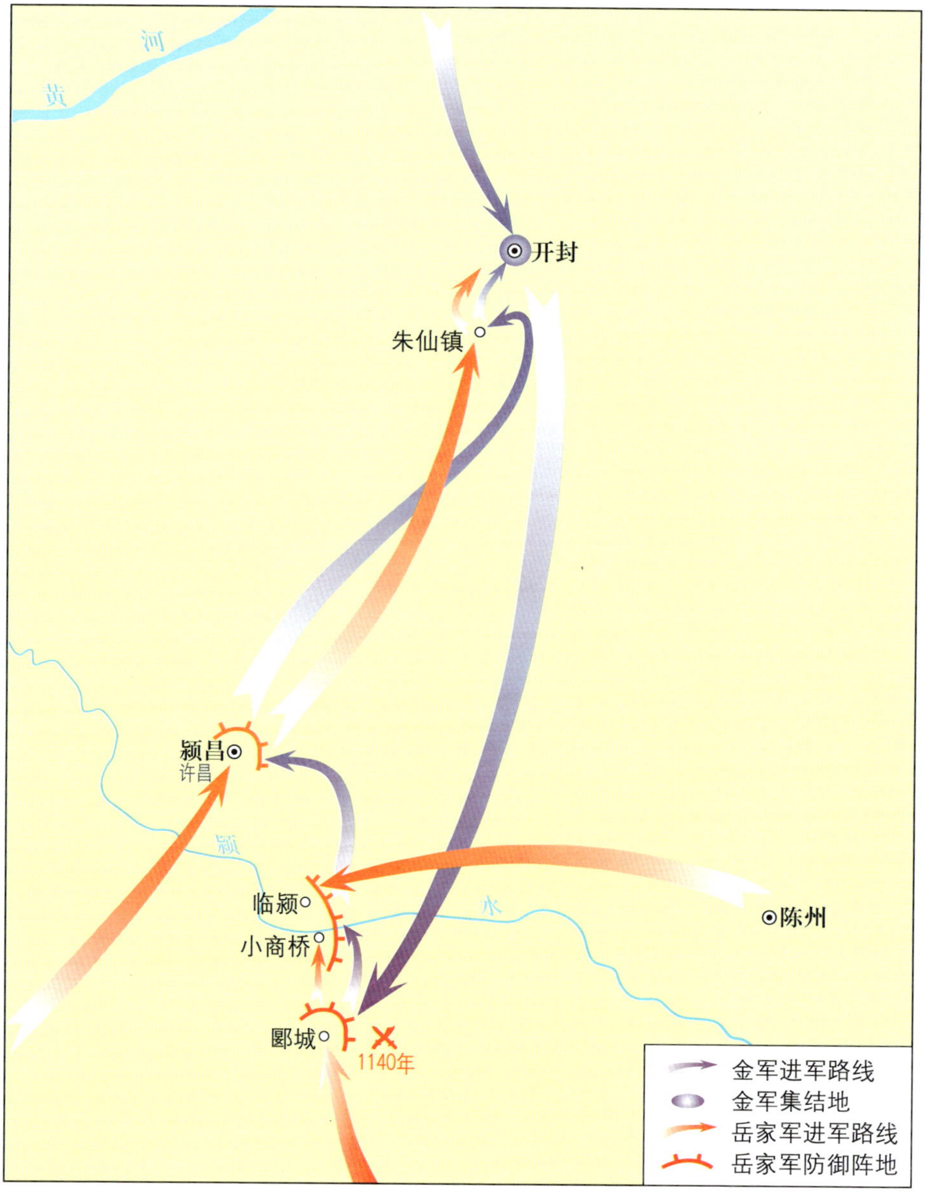
黄
河
开封
朱仙镇
颍昌
许昌
颍
临颍
水
陈州
小商桥
郾城
1140年
金军进军路线
金军集结地
岳家军进军路线
岳家军防御阵地

郾城大战

如果说黄天荡是凭借长江之险，和尚原、仙人关均有关塞之坚，顺昌之战是凭借顺昌的城垣之固和刘锜英明的战略得当，再加上老天爷的眷顾，然而郾城北的宋金对决，则是在女真人最喜欢的季节，在最能发挥自己作战特长的平原作战，宗弼的一万五千骑又是金军精锐中的精锐。这是一场纯实力的较量，最终金人被岳家军击退。这是南宋部队第一次大规模的平原作战中击退女真精锐骑兵。这也向女真人宣告，经过屈辱和鲜血的历练，南宋人也拥有了钢铁之师。

两天后，金将阿李朵孛堇统领一千多骑兵，突袭郾城北的五里店，被岳飞率部候个正着，全歼。

岳飞部也有损失，岳家军重要将领杨再兴率小部突袭金军，遇宗弼大军于小商桥，三百人的小部队全部战死。后岳家军夺回杨再兴遗体，所得箭镞竟有两升。

面对岳家军的强硬，完颜宗弼只得选择撤退。

突袭郾城失利，完颜宗弼并不甘心。他退兵后又迅速集结兵力，以骑兵三万、步兵十万，直扑颍昌。岳飞判断出了女真人的战略意图，率部增援。岳家军各部也向颍昌集结，双方又在颍昌进行决战。

宗弼虽号称十多万大军，但经顺昌、郾城的不断失利，士气低落，精锐部队十去五六；岳家军虽只有三万多人，但全是精锐之师，士气高昂。在颍昌，岳家军主动出击，再次与金军平原大规模对战。岳家军的背嵬骑兵对金军的拐子马、铁浮屠重型骑兵相对，并不落下风。战斗中，宗颜宗弼女婿万夫长夏金吾、大将粘汗孛堇战死，岳飞部击毙金军大小头领五十多人，歼金军五千多人，俘虏两千多，缴获战马三千匹。宗弼最后只能率残部撤回东京。

岳飞没有给宗弼喘息之机，率部追击。在离东京不到四十五里的朱仙镇，岳飞主力部队与从临颍出发的张宪部合击宗弼残军，再次在朱仙镇大败宗弼部。

宗弼狼狈退回东京，从顺昌到郾城、颍昌、朱仙镇，宗弼一败再败。他也感叹自己从北方随太祖起事从兵以来，从未像此次南侵败得这样一塌糊涂。

心灰意冷的宗弼一度想弃东京，渡河北归。但他身边有一太学生出身的汉族谋士劝住了他，说自古以来，有权臣在内而大将能在外立大功的，还没看过。岳少保不但不能立大功，而且还将有大祸上身，元帅只需耐心观看。

果然，当岳飞集结兵力要发动对东京的总攻时，南宋后方发话了，连发十二道“金字牌”，得胜班师回朝。

朱仙镇，离汴京只有四十里。

岳飞离恢复中原的梦想，只有四十里。

命运却如此弄人。

一步天堂！

一步地狱！

英雄梦碎。

尾声　西湖端午

绍兴十年四月底，临安西湖细雨霏霏，赵构一直在等一个人。

韩世忠、张俊都到了，唯独此人迟迟不归。秦桧几次向赵官家发牢骚，说圣上设在西湖御船上的美酒盛宴可都摆了好几日，韩张二将驻地都比岳鹏举的远，可此二人都早早的到了，他岳飞一个人摆的什么臭架子。

赵构说不急，等等，最近雨期，路上阻了归程也不一定，好饭不怕晚。

千呼万等，岳飞到了临安，晚了韩、张七八日，已是五月。

赵构传诏，赶早不如赶巧，正值端午佳节，今年的端午节就由韩张岳三将陪赵官家过了。此宴其他朝臣就不用参加，改日再设宴让群臣为三将庆功。

乘舟西湖，杨柳轻风，暖风袭人，却舒展不开三将的心事，均闷饮，唯独赵构一人心情大好，谈古论今。

他说三位爱卿年年拼杀沙场，从未好好坐下领略一下西湖美景，今日我们不谈国事，只品风月。

赵构轻击手掌，优雅的琴声响起，年轻曼妙的女子们缓步而入。轻歌曼舞，冲淡了宴会的尴尬，韩张二人很快浸淫在音乐的美好中，独岳鹏举的眉不见舒展。

音乐却很快被外面激烈的喧哗声打断了，连赵构都很意外，说何事如此热闹，咱君臣出去瞧瞧。

走上甲板，赵构笑说今儿赶巧了，遇上一年一度的端午赛龙舟了，

西湖中，几条巨大精美的龙舟在西湖中撒着欢，后面是数百条插着五颜六色彩旗的小舟，船上的击鼓、岸边百姓们的呐喊助威，西湖成了一片片欢乐的海洋。

赵构君臣都被这样欢愉的场景感染了，赵构不仅唏嘘感叹说我大宋子民几经磨难，终于过上了平和安定的生活，真希望世间不要再有兵戈之争、血光之灾。

张俊不失时机地拍起马屁，说大宋的子民都是托了皇上的福，才拥有了今天的和平与安定。

赵构的脸上来不及微笑，在旁边的老韩却趁着酒性嚎开了。赵构不悦说今日是良辰佳节，良臣你何故如此悲伤。

老韩戏演得很真，说老臣看见如今天下太平民安乐居，不禁想起了还在五国城受苦受难的先皇，我可怜的先皇啊……呜呜……

赵构神色黯淡，兼一脸尴尬，却也不得不假装拭泪，作神伤状。

这时候旁边的岳飞也趁酒性向皇帝叩拜，泣声说请皇上怜惜还在金人铁蹄下的北方子民，趁金人屡败之际，再度北伐，恢复中原，迎二帝。

“够了！别说了，天下大事，还轮不到尔等作主！”

赵官家的脸顿时从红变白，急转铁青，再也无法抑制心中的恼怒、羞愤，拂袖离席。

只是离开的时候他没想明白，当年太祖支言碎语加浊酒一杯，便释去众大将兵权，君臣相安。今天他如此费尽苦心，韩岳二人怎还是油盐不进。

软的不行，赵构只能选择下狠手了。

绍兴十二年（1142 年）一月，岳飞被赵构以谋逆大罪赐死于临安大理寺狱中。

战争人物表现评级

岳飞（A+）：岳飞在战场上的表现是无可挑剔的，国恨家仇中兵起河朔，凭一己之力打造出了一支钢铁之师，几度北伐，将不可一世的女真铁骑打得无还手之力。郾城之战，是岳飞军事生涯的巅峰，与完颜宗弼的对决中笑到了最后，并证明了在战场上，两强相遇勇者胜的常理。

时代成就了岳飞，但同时也悲剧了岳飞。在重文轻武南宋政治舞台上的岳飞们并没有话语权。岳飞战场上惊艳却恐惧了赵构和他的文官集团，而岳飞并不谙名利场中的圆滑与收敛，最终成了宋金政治对话中的牺牲品，造就了两宋最大的政治冤案。

吴玠（A+）：张浚主政川陕，虽有富平大败之失，但最重要的是他重用提拔的吴玠、刘锜、刘子羽等青年将领，皆成为了能独当大任的良才名将。尤其吴玠，在和尚原、仙人关数度大败金军，成为了南宋王朝在西南的擎天巨柱。南宋最初与金达成对峙格局，吴玠的吴家军在川陕的坚挺至关重要。

刘锜（A+）：南宋初名将中，刘锜名气不如岳飞、韩世忠、张俊、吴玠，也一直未成为集团军（某家军）主帅。但刘锜在顺昌的神级发挥，对宋金的政治格局影响之深远，只有黄天荡之战能与之相提并论。

凭此一战，刘锜足以跃升为一代名将，与韩、岳并论。

完颜宗弼（B）：与南宋初将星闪耀相比，女真人在宗望、宗翰后军事上再无顶尖将星。完颜宗弼唱独角戏，吕布战群英，难免有些力不从心，从和尚原，到顺昌，再到郾城，四太子轮番被南宋名将们修理，风光不再。

经过一番苦战，四太子从最初的战争狂主战派慢慢演变成主和派。绍兴十八年（1148 年），宗弼病逝，死前反复叮嘱，宋金两国，和好为上。

四太子能有如此见地，拜岳、韩、刘、吴等将所赐。

赵构（B）：郾城之战，在各方战事都有利于宋方的时候，赵官家不解风情，连下十二道金牌急收军，遭了后世不知道多少骂声。

但事实上赵构对于收复陕西、河南失地，并没有多大的热情，之前金人拱手相让，他也没多珍惜，更何况要花钱费米夺回。偏安是南宋立朝后的坚定国策，对此赵构坚定不移。

收复中原，只是岳飞们的一厢情愿，皇帝不急太监急。

怪不得赵构，赵家皇帝无论从生理上还是军事上，容易不举，这是祖上遗传下的毛病。

战争花絮

铁浮屠难负重望：铁浮屠又称铁浮图，是女真人的重骑兵。铁浮屠者人马皆穿着盔甲，采用列阵中间突破战术，在与辽宋战争中，女真人的铁浮图是战场上的大杀器，为女真人攻城掠寨战功赫赫。

但顺昌、郾城等役中，完颜宗弼祭出了重骑兵铁浮屠，不料却接二连三地遭受打击，先是刘锜的长刀队，再是岳飞的背嵬军，铁浮屠在中原遇到了敌手，风光不再。

吴玠岳飞英雄惜英雄：吴玠、岳飞一个坐镇西南、一个扬威中原，成为南宋最闪光的将星。英雄惜英雄，因为战事频繁的关系两人交流的机会并不多。吴帅为了表达对岳帅的仰慕之情，花金二千贯买了个读书人家出身的美女送给了岳飞。

这可难坏了素不近女色的岳鹏举，犹豫半天还是给吴帅退了回去。理由很官方，说老板现在每天都勤于政事不近女色（注：真正原因是不举），咱兄弟天天左搂右抱恐怕影响不太好。

吴帅打仗有一手，送礼不行，岳鹏举生平唯有一样不良爱好——酒。吴帅送几坛老酒岳帅估计会笑而纳之，美女，当送韩良臣。

赵构、秦桧谁是真凶：赵构、秦桧，谁是杀死岳飞的真正凶手，千百年来，秦桧一直被认为是杀岳飞的真正凶手，在岳飞墓前跪了近千年。而现在有人士理性分析，秦桧不过一替罪羊，杀岳飞的真正凶手是赵构。在南渡之初，为稳定政权，赵构不得不提拔重用韩岳张刘等名将；而当政权稳定后，这些手握数十万兵权的大将，就成了赵构的眼中钉，欲除而快之。四将先后被解除了兵权，而岳飞则因为其直率和不谙官场之道，则成了赵构的刀下冤鬼。从宋太祖开始，赵氏一族，拒绝任何武将势力坐大，哪怕为此失去抵御外敌的能力。

战争猜想

没有宋高宗赵构的那十二道班师金牌，岳家军能实现光复中原的梦想吗？离汴京只有四十里了。但现在有人认为，当时以金宋两国的实力，金无南吞的实力，南宋政府也无北顾中原的实力。即使岳飞占据了汴京及中原地区，也无法固守（一如当初宗弼南侵，最后也不得不北返）。赵构见好就收，以取得和谈的有利条件，也许是不无道理的。

采石之战

绍兴三十一年（1161 年）秋，金帝完颜亮（海陵王）调集三十二万大军，分三路出兵，企图一举灭宋，东路军完颜亮亲率十七万大军顺利渡淮，占据和州（今安徽省和县），宋军败退采石。虞允文临危受命，集兵一万八千人，于采石大败渡江的金军。完颜亮采石渡江不成，被迫率军转向淮东，企图从瓜洲（今江苏省邗江区）南渡，却遇内讧。完颜亮被部将所弑，金军北撤。采石之战彻底奠定了宋金南北对峙的政治格局。

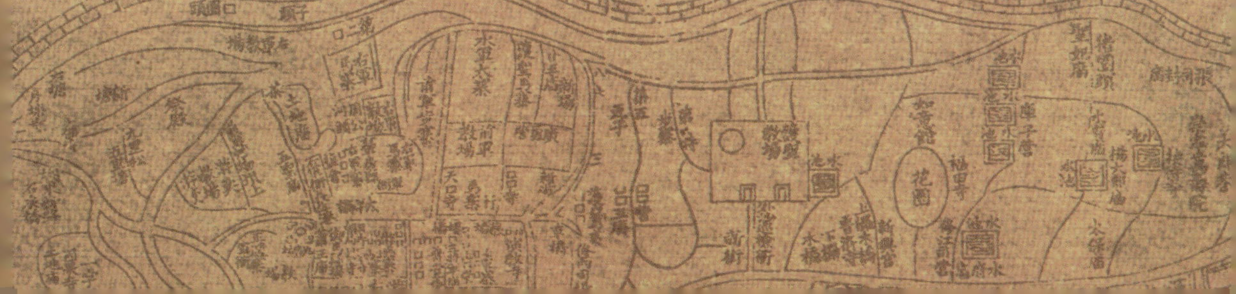

序曲　女真人的家事

女真完颜部落的第七代领导人完颜乌古乃是一个有故事的人。这些传奇故事影响了后来整个大金王朝的走向。

首先是他的父亲完颜石鲁曾长期不育，这对一个部落领袖来说是一件要命的事。石鲁着急，找巫师占卜，巫师预言他会有四个子女，二男二女，但次子是不良产品，不要为好。后来石鲁结果生了四个儿女，次男完颜乌古出成人后酗酒成性，并常常顶撞其母徒单氏。完颜乌古乃于是和母亲徒单氏以巫师的预言为依据合谋杀了自己不争气的弟弟。

所以他死的时候，已经没有弟弟，不能够按女真习俗兄终弟及的规矩首先将部落领袖的位置让给其弟，只能选择传位给自己的儿子。

在选择接班人的时候他同样遇到棘手的事，按照习俗理应传给大儿子完颜劾者，但是他本人又非常喜欢二儿子完颜劾里钵。

最后，他决定由两兄弟共同执政，完颜劾者主内，主政事；完颜劾里钵主外，主军政。二弟兄不按女真习俗分家，共住一个宫邸。

兄弟虽不分家，但名分还是有区别的，二儿子还是部落的领袖。所以后来老大完颜劾者的儿子完颜撒改，孙子完颜宗翰长期担任国论右勃极烈（国相）的位置；而完颜劾里钵的两个儿子完颜阿骨打、完颜吴乞买成为大金帝国的开国皇帝，成了正统的金国皇族。

由此可见，即使是在部落时代，女真人兄终弟及的习俗也有执行不到位和产生冲突的时候；而当女真人成为中原的主宰，由奴隶部落时代转向封建帝国时代的时候，他们的老习俗和新事物之间的矛盾和冲突，就更显得激烈而尖锐了。

1

金政权建立后，一个重要的政治任务是领土扩张，灭辽吞宋；另一个重要的政治任务是体制转型，以适应新的统治使命。

在后一个政治任务面前，金国内部的统治者衍生出了两大政治派系，保守派和改革派。

保守派的代表人物是完颜劾者的孙子，任勃极烈的完颜宗翰。宗翰是金兵入侵灭北宋的东路军主帅，主张高调的军事姿态，以军事暴力手段为唯一政治手段，以掠夺财富和人口为主要目的。

在黄天荡一役前，保守派的主张在金国内部占有上风；但黄天荡一役后，金国内部改革派开始起势，主张战和兼谈，金帝国的当下主要任务是进行体制改革，以适用新的统治使命。

改革派的代表人物是完颜盈哥（穆宗）之子完颜昌。

金熙宗上台后，逐渐不满保守派的政见，上台后进行了一系列的政治改革，其中之一就是废除朝廷的勃极烈制，改行三省制，以相位易宗翰一派的兵权，逐步架空执掌军政的完颜宗翰。完颜宗翰失势，一气病逝。

主持朝政的改革派完颜昌一度与南宋达成议和，并爽快地把河南、陕西地还给南宋。

但此时金国内部保守派势力仍然强大，宗翰后的主战代表人物完颜宗弼随即发动政变，杀完颜昌，执金国军政，并重新挑起宋金的新一轮战争。

后来经过顺昌、郾城等役的失败，宗弼也渐渐意识到了吞并南宋政治目标的不可能性，也接受了改革派主张，两国以通好为悦。

绍兴十一年（1141 年），双方达成和约，在二十余年的时间里，双方再无大规模冲突。南北双方在经过三十年的战乱后，社会生产均得到恢复。金帝国在中原扎下了根，金熙宗统治后期，中原一度重现“年谷丰、盗贼息、百姓安”的局面。

但大金帝国上层皇族之间的矛盾依然延续着，以宗干、宗弼为首的改革派相继逝世，政权回归金熙宗完颜亶。但完颜亶明显不能独当一面，激化了女真上层内部矛盾。

对皇位觊觎已久的海陵王完颜亮趁机勾结后系势力发动政变，弑金熙宗完颜亶，成为大金帝国的第四任皇帝。

海陵王完颜亮，字元功，本名迪古乃。其父亲完颜宗干是金太祖完颜阿骨打庶长子。完颜亮是宗干的次子，其父宗干是改革派领袖，历来仰慕汉文化。完颜亮由此得到良好的汉式教育，曾拜汉儒张用直为师，对汉文化有比较深厚的了解。

绍兴十年（1140 年），十八岁的完颜亮被授为奉口上将军，任行军万户，随完颜宗弼（金兀术）出征，亲历了宋金顺昌、郾城等一系列战役。

而自那以后，宋金之间二十年，再无大的战事冲突。

完颜亮上台后，继续延续着熙宗时代大金国一系列的政治改革。首先是废除行台尚书省，废除中书、门下两省，仿汉制设立枢密院，完成了金王朝中央官制的全面改革，颁布了“正隆官制”，基本确定了金朝的政治制度；同时完颜亮又大力改革和加强科举制度，废除之前的南北选和儒学的“经义科”，各地一律只考辞赋，统一了科举制度；又“初置国子监”，新增殿试，亲自过问选官大事。

其次是迁都中都（今北京市），随着金国的整体社会结构从游牧转为农耕，上京会宁府渐渐失去了控制全国的地位，为此完颜亮做出了一个影响大金国历史走向也是影响中国历史的决定，迁都中都。

同时并积极营造东都汴京。

在文化和经济上，完颜亮上任之初就“诏河南民，衣冠许从其便”，缓和金国境内汉人对“剃发易服”的不满，并大批任用汉、契丹和渤海人做官；加强执行女真南迁的政策，积极扶植女真游牧贵族向封建地主转化，扩大了国家的封建领户，增加了税收，并印钞铸钱，改革了币制。

一系列的改革为大金帝国逐渐完成封建化奠定了稳固的基础。他统治时期内的十五年，金国的经济稳步发展，吏治清明。

当然，矛盾也如地下的烈火在运行着，改革必然会触及一部分人的利益，首当其冲的是女真一大批旧贵族。完颜亮的十五年里，不停的镇压旧贵族和反对势力，杀戒大开。对原太宗一系、宗翰一系及其宗室贵族都实行大规模的追杀，而迁都移民，也让一大部分女真贵族敢怒而不敢言。

完颜亮并没有过于专注国内的那些矛盾。他的眼光放到了南方——南宋。

统一中国，才是他的理想。海陵王早年曾对人说过，他人生有三大理想，第一是当皇帝，国家大事皆出于其手；第二是率师伐国，执其君长问罪于前；第三是得天下绝色而妻之，完颜亮的后两个理想，都指向了偏安江南的南宋。

南宋都城临安，一直让完颜亮迷醉，金国的皇帝是北宋大词人柳永的脑残级粉丝。“东南形胜，三吴都会，钱塘自古繁华。烟柳画桥，风帘翠幕，参差十万人家”。完颜亮不知咏颂过多少遍柳永的这首名作《望海潮》。他多么渴望有朝一日能拥有这座人间天堂。

他认为大金帝国经过二十年的休养生息，已经有足够的实力吞并下南宋的那半壁江山。

绍兴三十一年（1161 年）秋，完颜亮在宋金议和二十年后再次大规模南侵，意图一举灭宋。

2

为了此次侵宋，海陵王完颜亮做足了准备工作。

绍兴二十九年（1159年）二月，完颜亮就下令各路丁壮充军，凡年二十以上五十以下皆籍之。女真、契丹、奚被抽壮二十四万，修长者编入正军，矮小者编入阿里喜（副军）；汉人、渤海抽壮二十七万，组成签军，每军一万人，共二十七军。

同时海陵王又征集大量的工匠、水手、马夫等，有鉴于金军在水师方面的劣势，海陵王又在通州造船，并以举国之力大量征集战马，七品以上的官员才能配一匹马，共征集到五十余万匹战马。

大规模的战备搞得全国上下怨声载道，反对这场战争的人很多。海陵王对付反对声音的唯一办法就是杀，后来连他的嫡母、太后徒单氏反对这场战争，也竟被他杀死。海陵王还未出师，便在这场战争中背负上了道义的枷锁，也导致了后来的后院失火。

绍兴三十一年（1161年）九月，海陵王完颜亮终于完成了战备工作。大军出发，共编为三十二军，另征水手三万，分三路南下：第一路水军由完颜郑家奴由海道直攻临安；第二路由张中彦、完颜合喜由凤翔取、大散关（今陕西省宝鸡市南郊）向四川进攻；而完颜亮则亲率十二万大军出寿春向江淮进军。

三路分发，前两路更多是吸引南宋的注意力，而此次南征的主力则是完颜亮亲率的大军。

南宋方面很早就收到了海陵王起兵的情报。绍兴二十八年（1158年）宋太常太卿、权礼部侍郎孙道夫使金回国，就向赵官家反映，金国正大规模备战，但这个消息并没有引起赵构的足够重视。直到绍兴二十九年（1159年）底，使宋的金国使臣施宜生向宋人透露金军即将大规模南侵的消息，宋人才开始警觉，做出相应的军事部署：四川方面，任命吴玠之弟吴璘为四川宣抚使，负责四川陕西防务；命葵路安抚使李师颜策应荆南；成闵率三万人至武昌，防守长江中游；调集浙江五郡禁军弓弩手至明州，听候明州判沈该指挥；浙西诸郡兵马集结平江府（今江苏省苏州市），听候浙江副总兵李宝调

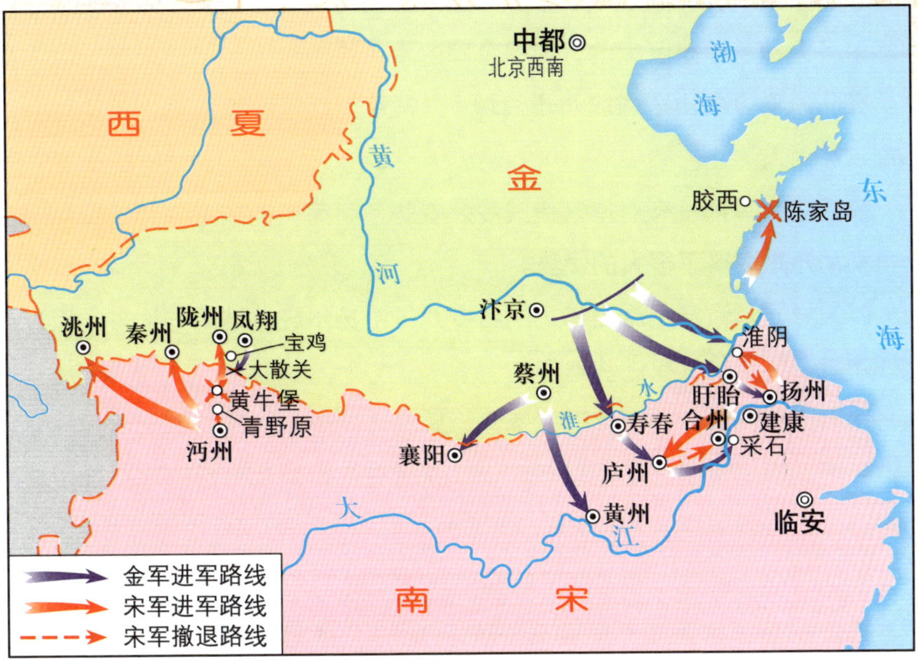

海陵王南下攻宋形势

遣；江东诸郡兵集结于池州，归都统领李显忠统领；福建诸兵集结于太平州（今安徽省当涂县），归御前破敌军统制陈敏指挥；湖南诸路归统制李道指挥；江西诸郡兵力集中于江州（今江西省九江市），由都统制戚方指挥；湖北、京西诸郡兵归湖北、京西宣抚使汪澈指挥；而金军攻击的重点淮南、江南、浙西诸郡则交给老将刘锜提纲。

金军首先从西路发动了攻击，正隆六年（1161 年）九月，徒单合喜、张中彦统领的金军从凤翔进大散关，随后入川的金兵也遇到了大将吴嶙的全面抵抗。吴玠吴璘兄弟经营四川多年，金兵在四川占不了多少便宜。吴璘屯兵青野原，其部将李彦仙在黄牛堡击退了金兵。吴璘乘势派兵夜袭宝鸡渭河，并相继收复了秦州、陇州、洮州等地，向金兵发起了新一轮的反攻。

原岳飞属下大将陈宝率水军阻击第一路由海道攻临安的水军。宋金之间的水军实力和差距是巨大的，何况金军的水手均为汉人，并不愿意为金人卖命。在陈家岛（今山东省胶州市海域），宋军全歼灭金军水军，斩金将完颜郑家奴等六人。

前两路金军都没有对南宋造成多大威胁，而完颜亮亲率的第三路大军在战争初期还是取得了很大的优势。

南宋方面，最初是派出年迈的名将刘锜由扬州赶赴淮阴守淮东；同时命担任建康都统制的王权进驻寿春。

然而王权畏敌，并不肯进驻寿春，只进驻到庐州，在打探到金兵的强大后，吓得连庐州也不守了，退至合州，随后在合州稍和金兵略作交锋便直接弃守合州，退至采石。

王权的不战自逃破坏了南宋的整个防线部署，刘锜也不得不退守扬州。

福无双至、祸不单行，年迈的刘锜此时又身患重疾，不能前线指挥。无奈下，宋高宗只得用知枢密院事叶义问负责江淮战役，成闵代刘锜，诸军统制李显忠代替王权；同时派虞允文督促李显忠赴前线并犒军。

虞允文，字彬甫，隆州仁寿人。其父虞祺曾任南宋太常博士、潼川路转运判官。

虞允文早年以孝闻名，其母逝世后，念其父孤苦，七年不曾离其父左右。曾作《辨乌赋》，被后世学者认为堪比李密《陈情表》的呕心之作。直到其父死后，虞允文方参加科考中第，入朝做官。

在政治上，虞允文属于积极的主战派。当完颜亮积极备战准备南下时，虞允文就提出完颜亮南下，必争两淮，建议将重兵放在两淮。

此时的虞允文在朝中人微言轻，这个建议自然没人采纳，而事实证明了完颜亮的出兵战略正符合虞允文所判断。

王权败退、刘锜抱病，战事的不利让南宋朝廷上下震惊，差点让宋高宗赵构又起了到海上去逃亡的念头。最后在主战派的支持下，仓皇临阵换将。

派叶问义督军，李显忠替换王权，成闵替换刘琦，这些其实都没有起到实质性作用。叶问义被证明了是一个完全不懂军事的文人书生，而李显忠也未及时抵达采石。

而决定了整个战役走向的则是虞允文的赴任。

到达采石的虞允文没有找到组织，李显忠还没到，到处都是王权留下的散兵游勇，而对面的是完颜亮即将进行渡江的十多万大军。

宋高宗赵构并没有给虞允文什么权力，犒劳而不是督军，一个走过场不承担什么责任的活。

虞允文选择了承担原来他不用承担的担子——指挥采石防御战。

他把散乱没有组织的宋兵集拢起来，临时召集了张振、王琪、时俊、戴皋、盛新等将，进行部署和防御。

采石宋军终于群龙有首，七聚八拢，有一万八千余人。

而对面的金军则是宋军的十倍有余。

十月初八，金军开始从采石渡江。

事实证明，决定战争胜负的最重要因素，永远都不是双方兵力。

天时、地利、人和，都是关键因素，而采石之战，更可以说——科技就是战斗力。

完颜亮或许并没有好好地问过他的叔叔完颜宗弼，当初是怎么被困在黄天荡不能出来。

大金帝国的铁蹄或许能够踏平任何陆地，但是到了水上，他们就没有了根。

金军渡江所有的船只，基本上都是占据了合州后，拆百姓的房屋来临时建造的普通木舟。而宋兵人虽少，但装备精良，尤其在水军的建设上。相比较金军毫无科技含量的普通木舟，宋军已经在水战中普遍使用车船。车船是在唐末时由荆南节度使李皋最早设计发明的，是现代海军战舰的雏形和始祖。最初的车船有两个木轮桨，每侧一个，一轮叫一车，以人力用脚踩踏，带动轮桨转动，使船行驶，前进速度很快，史称“翔风鼓浪，疾若挂帆席”（《旧唐书·李皋传》）。而发展到南宋朝时，轮桨增多，有四轮、六轮、八轮、二十轮、二十四轮以至三十二轮之多。宋代最大的车船已经“船长三十六丈，广四丈一尺，船高两重或三重，可载千余人。上设拍竿，长十余丈，上置巨石，下作辘轳贯其颠，遇官军船近，即拍竿击碎之”。采石之战中，宋军使用的海鳅船就是车船之一。

在虞允文的指挥激励下，一万八千团结齐心的将士，已经足够抵御完颜亮的十多万大军了。

宋军的海鳅船在江中驰骋来回，将底阔如箱、行动笨拙的金舟撞沉入水，偶尔登上南岸的金兵也被宋军的岸上部队击溃。

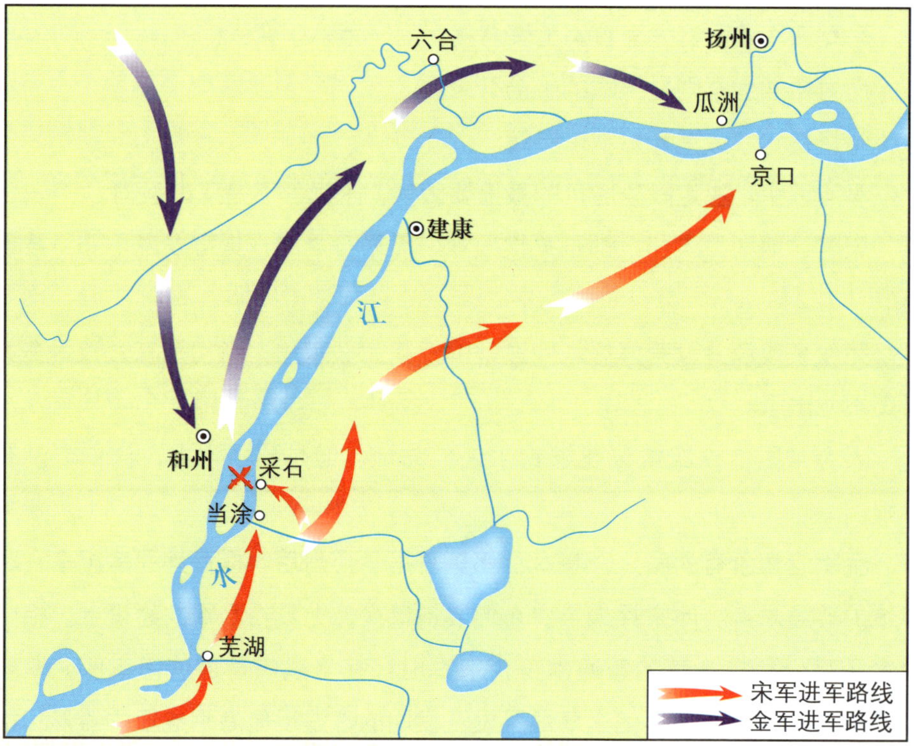

采石之战

完颜亮的采石渡江计划被粉碎了。

次日，完颜亮准备在杨林河口渡江，再次被宋军击溃，并让金军见识到另一种武器神臂弓的威力（“神臂弓，实巨弩也，立于地而踏其机，可三百步外贯铁甲”《阅微草堂笔记》）。

完颜亮见采石渡江不成，率军转向淮东，企图在瓜洲（今江苏省邗江区）南渡。

虞允文准确地判断出了完颜亮的意图。在李显忠到达采石后，他很快率领万余兵马赴镇江，支援在镇江病重的刘锜。

此时杨存中、成闵、邵宏各路援军也已经到达了镇江，共有二十万，敌我双方的力量发生了变化。

而同时，完颜亮却听到了后方完颜雍（后来的金世宗）乘机在辽阳发动政变自立为帝的消息。

作为一个政治家，此时的当务之急本应是立即撤军，平叛军，保皇位，但完颜亮并没有选择回师平乱，而是要求部将在十一月二十七日强行渡江。

金军军心已乱，抬眼望去，却看到了虞允文乘坐宋军最威猛巨大的车船在江中来回巡游，其速度之快金人从未见过，疑为天兵天将降临。

渡江即是死，而大金国的真正老板是谁？现在还是问号，金军部将们私下交换意见，认为还不如干掉完颜亮，拿完颜亮的人头向新老板完颜雍领赏。

十一月十七日凌晨，以浙西兵马都统制完颜元宜为首的部将发动叛乱，弑金帝完颜亮于御营。

一代枭雄完颜亮为了他统一中国的理想，失去了他的江山和性命，成全了一个文人虞允文的千古英名。

尾声　梦碎瓜洲

绍兴三十一年（1161 年）十一月二十七日拂晓的瓜洲，微冷。

海陵王完颜亮起得很早。

今天，完颜亮的大军将再次渡江，剑指江南。

统一江山，已经是一个破碎的梦想，在辽阳，大金国已经重新拥有了另一个皇帝——金世宗完颜雍。

“东南形胜，三吴都会，钱塘自古繁华。烟柳画桥，风帘翠幕，参差十万人家”，完颜亮生平最喜的词作就是柳永的《望海潮》。词作里描述的杭州胜地一直让完颜亮迷醉。

以至于在现实与理想面前，完颜亮选择了后者。

营外一阵喧嚣，完颜亮脑海中第一反应是宋军来袭。

海陵王完颜亮从地上拾起射入营中的箭矢，却看到箭矢上赫然刻着金军的标识。

海陵王知道，一切结束了。

战争人物表现评级

虞允文（A+）：虞允文一战成名，在朝野上下获得极高声誉。之后虞允文被委任为川陕宣谕使，与大将吴璘一度收复了陕西六郡。后虞允文被召回临安，任参知政事兼知枢密院事。吴璘死后，虞允文再度接替他出任四川宣抚使兼知枢密院事。乾道八年（1172 年）改任为左丞相兼枢密使，但他随即要求镇抚四川，以图光复大业，最终积劳成疾逝世。

当初取得采石大捷后，虞允文来到镇江。老将军刘锜不顾重疾，起床向虞允文跪拜，惭愧地说本该我等武将驰骋沙场解国家危难，想不到要一个文人替我们干这个活，实在是太惭愧了。而千年之后，毛泽东也发出了“伟哉虞公，千古一人”的感慨，没有人会吝啬对这位勇敢的文人送上赞美之词。

完颜亮（C 级）： 金帝国休养生息二十年，企图一举平定南宋，结果却赔上了性命。内部根基不稳，何谈统一？纵然完颜亮在位期间大力改革，对金帝国的发展有一定贡献，但采石一役的表现不得不把他划为志大才疏型皇帝。

战争花絮

赵构功成身退： 赵构从建炎元年（1127 年）即位一直到绍兴三十二年（1162 年），当了三十五年的皇帝。其中对手大金国换了好几任皇帝了，赵构却一直勤勤恳恳当劳模，并非宋高宗贪恋皇权，一是后继无人（无子），二则宋金虽和，但两国对峙政治格局尚未彻底奠定，赵构不放心。

绍兴三十一年采石之战后，宋金南北对峙政治格局已成定局，赵构悬了几十年的心终于可以放下，皇帝这个位置他也干够了。次年，赵构让位于宋太祖七世孙赵伯琮，还了太祖一个公道。

太上皇赵构一当就当了二十年，这是他本人没想到的。虽非亲生，但宋孝宗对其至孝，赵构虽不当政，但太上皇的日子，还是过得挺舒心的，他的一生算是先苦后甜，和父兄的命运大相径庭。

战争猜想

采石一战影响深远，基本彻底奠定了宋金南北对峙的格局，从此以后，金国高层基本没有了南下统一的欲望；而南宋在进行了几次不痒不痛的“北伐”后，也满足于偏安一隅。此后三十年，双方再无大规模冲突。

没有虞允文在采石的化腐朽为神奇，或者完颜亮之后如果不选择自杀性的瓜洲渡江，宋金之间的历史走向，会是一番什么走向呢？

钓鱼城之战

蒙哥汗八年（1258 年），蒙古帝国发动全面入侵南宋的战争。蒙古帝国第四任大汗蒙哥亲率大军入川，于次年二月围攻合州（即钓鱼城）。南宋将领王坚率军民死守钓鱼城。在欧亚大陆上战无不胜的蒙古军队在钓鱼城下遇到了铜墙铁壁的阻挡，最后以蒙哥本人被飞石击中毙命（一说为水土不服染疾逝世）而撤退，改变了蒙古帝国的命运。

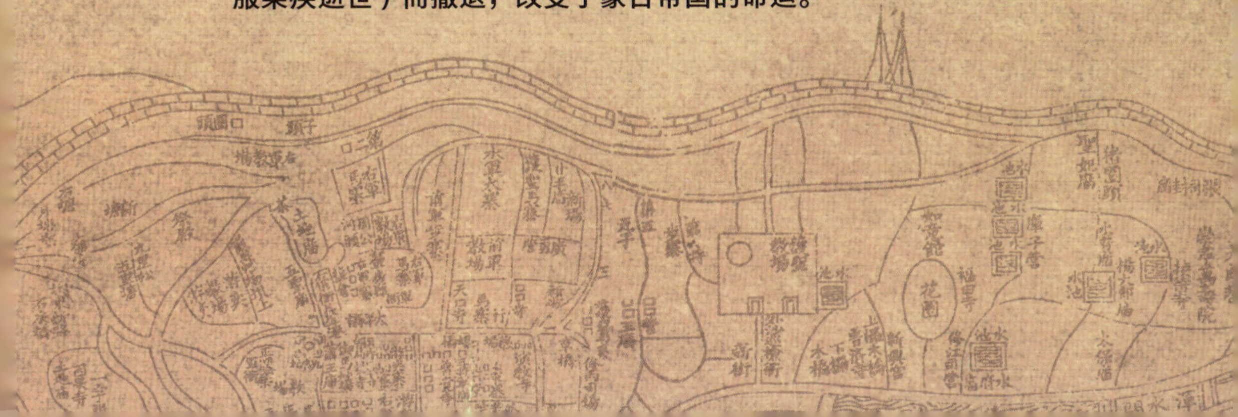

序曲　疯狂的石头

钓鱼城下，蒙哥愤怒了。蒙古帝国的军队可以扫荡全世界任何一个骑兵可以到达的角落，却在中国西南的一个小要塞前寸步难行。

重庆地区火炉的气温，恶湿的气候，都是习惯了北方草原气候的蒙古人的天敌。

钓鱼城内的川人们被围了半年，可好像还活得很自在。王坚前两天还叫士兵给城下的蒙古人扔下两条半米长重十五斤的大鱼，上百张烙得香喷喷的炊饼，很张狂的合州人说粮食储备和水源都很丰富，可以再和你蒙古人玩十年。

蒙古军队内瘟疫流行，士气低落，手下谋士术速忽里向蒙哥建议好汉不吃眼前亏，不如留少量军队困扰钓鱼城，而以主力沿长江水陆东下，与忽必烈的东路军会师，一举灭掉南宋。

从战略上讲这是正确的，但蒙哥无法接受这样的建议。自从蒙哥成为蒙古帝国的大汗以来，蒙古帝国在欧亚大陆卷起了一个又一个的狂飓。他的两个弟弟，忽必烈很轻易地就灭掉了大理国，而旭烈兀则摧毁了叙利亚、巴格达两大伊斯兰文明中心。而蒙哥自己率领四万蒙古精锐，却奈何不了中国西南边陲一个小小的钓鱼城，蒙古帝国的大汗丢不下这样的面子。

攻，不顾一切的猛攻，不惜代价的猛攻。火炮，投石车，蒙哥本人更是亲临一线指挥。

然而一块石头，一块飞石，决定了这一切的结局。

或许是钓鱼城上的士兵投下的，或者是蒙古人自己的投石车砸在钓鱼城城墙上反弹的，更或许是钓鱼城中某位像神雕大侠杨过一样的武林高手抛射而为，总之，一块石头决定了一个时代的命运。

因为那块石头飞向了蒙哥的脑袋。

无论是欧洲还是中国，历史学家在追溯公元 1259 年时，眼光都放在了中国西南的山堡要塞钓鱼城和钓鱼城飞出的那块石头上。

上帝的鞭子折断了，在钓鱼城。

1

蒙古族属于东胡系，是由室韦部落的一支发展而来的。大约在公元七世纪以前，蒙古族就居住在额尔古纳河一带，后来西迁到了鄂嫩河上游不尔罕山（大肯特山）和克鲁伦河一带。在我国唐代史籍中称为“蒙瓦”，《辽史》中称为“萌古”。十二世纪中叶，蒙古族成为活跃在漠北草原的众多部落之一，与它同时并存的还有塔塔儿部、克烈部、扎剌儿部、篾儿乞部、斡亦剌部与八剌忽等众多部落。

金朝对蒙古草原各部采取以蒙制蒙，通过控制和挑拨草原各部，激发草原各部之间的战争，以抑制草原上出现一个强大的马上民族。

但随着战争规模的扩大，大鱼吃小虾，大的部落联盟开始出现。这些联盟首领被尊称为汗，蒙古部乞颜主儿乞氏的薛彻别吉、札只剌部的札木合、塔塔儿部的兀剌黑兀都儿、烈火克部的王罕都成为草原上的风云人物。

随着战争的需要，各部落间开始出现了职业军人，称为那可儿，完全脱离生产，作为各联盟的护卫军，草原各部的战斗力得到了提高。

草原在等待着新的王者的出现。

铁木真在这种背景下横空出世，铁木真出生在漠北草原斡难河上游地区（今蒙古国肯特省）。其父也速是蒙古乞颜部的汗，后来被塔塔儿人毒死，部人也大多叛离。铁木真一家除了影子别无所有，陷入困境。

少年铁木真扛起了家族复兴的重担，他得到了父亲的结拜兄弟王罕和自己的结拜兄弟札只剌部札木合的帮助，开始招集旧部，最先击败了抢掳自己妻子的篾儿乞部，挖到了人生中的第一桶金。

从此铁木真一发不可收拾，在公元 1189 年重新聚合了乞颜部，建立了一个新兴强大的联盟。

之后塔塔儿部、铁木真昔日的恩人王罕和兄弟札合木，都成为了他的手下败将。

铁木真的强大让草原各部恐慌。他们组成了共同的军事联盟，但都无法抑制铁木真的崛起。

在战争中，铁木真逐步将一个分散的部落联盟变成一支有组织有纪律的草原铁军，以十进制的编制建立了牌子头（十夫长）、百户长、千户长的官职，并从中抽出精锐组织成近卫军，提高了奔袭战的能力。

公元 1206 年，在斡难河源上蒙古各部举行了一次史无前例的盛大聚会。会议的议题是推举铁木真为蒙古草原各部的汗，号成吉思汗，同时也宣告蒙古帝国诞生。

成吉思汗，这将注定是一个震撼世界历史舞台的名字。

公元 1208 年，铁木真消灭了草原上的最后一股反抗势力篾儿乞部，统一了漠北草原。

在战马上的成吉思汗和他的战士们有着永不枯竭的激情和动力，骑兵能到达的地方就是他们的天堂，欧洲、亚洲，一起来吧。

在东方，成吉思汗最重要的对手是盘踞中国北方的大金帝国。

在蒙古帝国的崛起过程中，大金帝国在初期担当了活雷锋的角色，与铁木真达成战略伙伴关系，一起消灭了塔塔儿部。

他们没有想到蒙古人会如此迅速的走向强大。对付金帝国，成吉思汗很有耐心。他先将金帝国的外围进行清扫，西北地区的西辽、西夏是他的打击目标，先将弱小势力打趴下，再收拾金帝国这头大象。

西辽很快成为蒙古帝国的开胃菜。西夏国力虽弱，但党项人战斗力很强，蒙古人先后三次出兵痛击西夏，才勉强让西夏人臣服。

在对付完西辽与西夏后，蒙古人向金人发动了大规模的攻击。

蒙古人的身影，女真人很熟悉，与当初他们走出黑山白水时颇有几分相似，但是中原的财富、中原的文化软化了他们的心，松弛了他们的肌肉，钝化了他们的利刀，而高堂之上，是一群奢靡短视的家伙。

女真人已不是当年的女真人，而蒙古人却比他们当年更为彪悍、更为矫健、更为强悍，当然也更为残暴。

嘉定四年（1211 年），铁木真亲率蒙古大军南下，开始了第一波对金进攻浪潮。

成吉思汗分兵两路，西路军由术赤、察合台、窝阔台向金西京方向进军，东路军由铁木真率幼子拖雷、大将哲别向金中都方向进军。

对蒙古的进攻，女真人显然没有做好准备，两路蒙古军迅速向金国腹地推进。铁木真的东路进展神速，连破昌（今内蒙古自治区太仆寺旗）、桓（今内蒙古自治区正蓝旗）、抚（今河北省张北县）等州。

金国主帅完颜承裕率领三十万大军据守野孤岭（今河北省万全县膳房堡北）。

公元 1212 年正月，在野狐岭，金蒙双方展开了第一次大会战。兵力处于劣势的蒙古军在铁木真的率领下打得女真人找不着北，三十万金兵被打得落花流水。从野狐岭一直杀到了百里外的浍河川，基本全歼三十万金兵。

蒙古军乘胜追击，一直打到了金国都城中都（今北京市）。

蒙古军第一波攻击持续了四年，后来铁木真意识到以蒙古人现在的胃口，还不能完全吞下一个金国。于是铁木真接受了金国人提出的求和要求，带着金国人给的女人和大批的金银，撤军北返。

蒙古人的第一波攻击，消灭了金军数十万部队，而所到之处的九十余个郡州，人民杀戮几尽，中原成了人间地狱。金国人守住了一片废墟，蒙古人走后，金国人也被迫从中都迁都汴京（今河南省开封市）。中都成了空城，蒙古人没费什么劲就占领了中都。

之后，蒙古人的大军返回草原休整，成吉思汗将目光放在了西征上，在征服花剌子模和钦察草原后，他才重新发动第二波对金人的攻击。

中都的沦丧以及蒙古人在中原远甚女真人当年的暴行刺痛了没落的金帝国，激发起了他们的一丝血性。在蒙古人将重心放在西征的时候，金宣宗广招乡卒，整顿军队，在河南关中一带建起新的防线，并伺机北上以图收复失地。

当蒙古人再次来临时，他们发现对手强了很多，双方开始在河北、山东、河东一带进行了反复的争夺，蒙古人占不到多大的便宜。负责对金作战的主帅木华黎不由得望金兴叹，不得不撤军北返，忧愤成疾死于撤军途中。

看到女真人如此英勇的表现，激发了党项人骨子里那股永不屈服的劲。西夏人在新东家夏献宗李德旺的率领下反叛蒙古人，与金国重新联合对抗蒙古人。

成吉思汗大怒，率兵征伐西夏，却在西夏的土地上结束了自己传奇的一生。

死前他对自己的儿子们说，要灭金，就必然要向宋人借一样东西——借道。

铁木真死后，小儿子拖雷做了两年的临时当家（监国）。拖雷时代蒙古人放慢了扩张的步伐，与金国的冲突中在大昌原被完颜陈和尚所败，风光不再。两年后（1229年）八月，蒙古各部落共同推举窝阔台当他们的新的领袖。

窝阔台上任后，对金战略上一是开始改变过去所征战之处屠杀过于残酷的现象，开始控制和利用原金统治下的“汉军”来对付和消耗金国的有生力量。在蒙古帝国的扶持下，蒙古所占原金统治区各地方武装力量开始强大，如燕京地区的史天倪、史天泽兄弟，保定行唐人邸顺、易州人张柔、泰安长州人严实都成了不可小视的力量。史天泽军更是为蒙古军夺取了真定，并和其他汉军一起为蒙古军收复了河北诸郡。山东全境也被汉军蒙古军联合收复。

窝阔台改变对金战略的第二件事就是遵从父亲铁木真的遗嘱，联宋借道攻金。

1221年，蒙古军发起对金帝国的最后总攻，兵分三路。中路由窝阔台率军渡黄河攻洛阳；左路铁木哥斡赤斤率部由济南出兵西进；右路由拖雷率四万骑兵自凤翔经宝鸡，借道于宋，从后面直捣金都汴京。

中路和左路的进攻，金人有一定准备，但对于从凤翔经宝鸡借道于宋的四万拖雷大军，金人则有些预料不及。

唇亡齿寒的道理，宋人难道还不明白吗？

但宋人记住的只是靖康耻犹未雪、臣子恨何时灭，面对蒙古借道灭金的要求，宋王朝半推半就态度暧昧，没有点头，也没有摇头。当拖雷的四万蒙古大军渡过汉水时，对面的宋军看着蒙古大军浩浩荡荡渡过汉水，呆若木鸡，回过神时，只剩下蒙古大军留下的阵阵尘埃。

金人已顾不上对宋人的不作为进行指责，他们知道背后出现的这支部队对自己的致命性。金帝国急遣驻守潼关的完颜合达、完颜陈和尚、剌蒲阿及驻守黄河防线的武仙等军移至邓州，屯兵二十万，阻击拖雷的四万蒙古军。

拖雷没有在邓州同金军主力部队纠缠，而是化整为零命大军分散而行，分道直趋汴京。

在邓州的完颜合达一看大事不妙，弃邓州追击拖雷大军，却一路被拖雷留下的零散蒙古骑军袭扰，疲惫不堪。

当他们追到三峰山（今河南省禹州市南）时，天降大雪，道路泥泞，衣着单薄的金兵纷纷变成了冻鸡，饥寒交迫。

等待他们的是以逸待劳刚吃完烤全羊的拖雷大军，以及中路窝阔台的先锋万余部队。

蒙古人在三峰山设伏，二十万金军溃不成军。

拖雷的部队三面围击金军，留下一个口子让金军逃往钧州（今河南省禹州市），一路设伏、一路袭击。当完颜合达与完颜陈和尚逃进钧州时，大部分主力已被蒙古人消灭。

钧州城很快被蒙古人攻破，完颜合达战死，完颜陈和尚被俘。

三峰山一战，完败的女真人再也无法挽回自己失败的命运。

道已经借给蒙古人了，宋金之间不用再顾忌什么友邦之国的颜面。南宋赵家皇帝干脆与蒙古人一起联合出兵，将大金国沉入历史海底。

天兴三年（1232 年）南宋派大将孟珙出兵，合围在蔡州的金国残部，配合蒙古人攻下蔡州城。金哀宗自缢，金国灭亡。

2

联合蒙古人灭掉金国之后，南宋人顿感轻松，朝野上下一片欢腾。尽管也有少数声音指出，现在的邻居要比女真人强大得多，但这样的忠言逆耳早淹没在一洗靖康百年之耻的快感中。

南宋朝野对当时的形势普遍乐观，认为金国灭亡，而蒙古人的主力已经退回大草原，驻守中原的蒙古兵力空虚。这是收复被女真人占据一百多年的陕西、河南等中原失地的最好时机。

为了收复“故土”，南宋君臣决定主动与“盟友”蒙古开战。

南宋开始集结部队，准备北上收复洛阳、东京、归德等失地。

端平元年（1234 年）六月，宋理宗下诏，分兵两路，一路由知庐州的全子才领淮西军一万人，由庐州向东京进发；另一路大军由京河制置使、知应天府赵葵率淮东兵五万，计划先取泗水、宿州，与全子才东京会合，攻克东京后，再行收复洛阳、归德，以图全面收复陕西、河南失地。

宋军第一阶段进展十分顺利，全子才部率军迅速占领了蒙城（今安徽省蒙城县）、城父（今安徽省亳州市西南）、卫真（今河南省鹿邑县）、泰康（今河南省太康县），于七月初二到达东京城下。东京城降蒙金将李伯渊发动兵

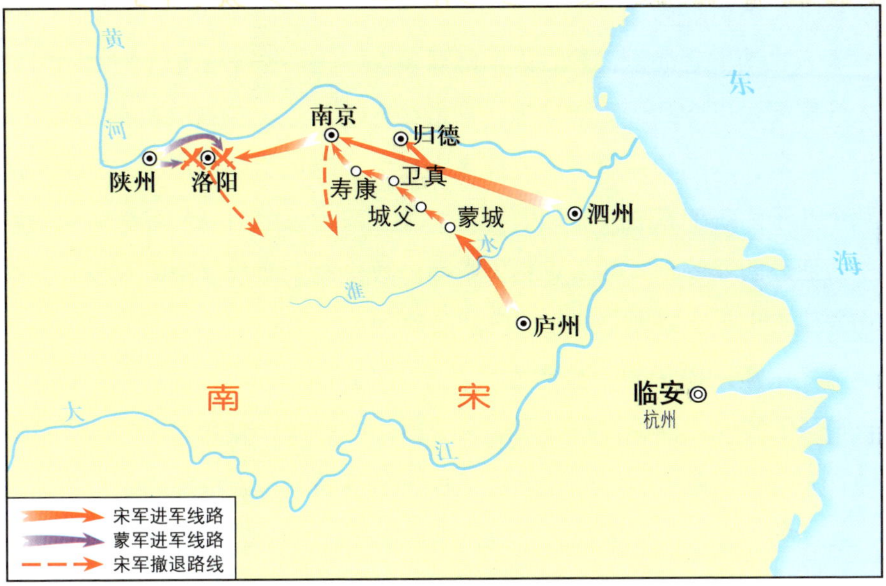

南宋收复中原之战

变，杀元帅崔立，开城迎接宋军。全子才军不费一兵一卒收复了他们的“旧都”。七月二十日，赵葵部赶到东京与全子才部会合。

随即宋军开展第二阶段计划，赵葵派部将范用吉为前部、杨谊为后部，分别率兵一万三千、一万五千，向洛阳进军。

洛阳蒙古守军数量不多，选择了弃城。范用吉的前军占领了空城洛阳，但蒙古人同时带走了粮食，宋军的补给十分困难。

同时驻在陕州等地的蒙古援军向洛阳集结，杨谊部在到达洛阳城外时遇到蒙古骑兵的袭击，全军覆灭。随后蒙古军围困了无粮的洛阳范用吉军，在洛阳的宋军也基本被蒙古人歼灭。

听闻洛阳的大败后，在东京的赵葵、全子才不敢再在东京久留，率师南返，以失败结束了宋蒙双方的第一次大规模军事冲突。

端平入洛的惨败让南宋君臣正视现实，迅速地将对蒙战略由攻转守，保持当初对金国的防御系统，集重兵力于淮水、汉水和四川，在长江以北布构防线，阻止蒙古入侵。

宋人主动发起战争，蒙古人当然要反戈一击。端平二年（1234 年），蒙古大汗窝阔台下令兵分三路攻宋，却最终无功而返。在高原和南方多河流山地地带，蒙古人的骑兵总不能发挥最大威力。随后窝阔台逝世，铁木真的其他几个儿子为统治权展开激烈内斗，再加上蒙古人的目光和视野更多放在欧洲、中亚、西亚等地，并未真正集中兵力攻击南宋政权。南宋政权在宋蒙交战初的头二十年完好地坚守了自己的防线。

这二十年的时间里，成吉思汗的子孙们在欧亚大陆掀起了黄色蒙古风暴，扩张的步伐让世界目瞪口呆。在欧洲，1235 年，蒙古大军攻占了莫斯科等地；1240 年，成吉思汗的孙子拔都攻占了基辅，接着率部入侵了今天的波兰、匈牙利、波兰、斯洛伐克、捷克等地。

在中东，旭烈兀西征，攻占了阿拔斯王朝统治中心巴格达。而在东亚，1227 年蒙古灭夏，1234 年蒙古灭金，1253 年蒙古灭大理。

到了第四任蒙古帝国大汗手中的蒙古帝国横跨欧亚，疆域达到近三千三百万平方公里，是二十世纪苏联的一倍半，现今俄罗斯的近两倍。

蒙哥决定对南宋发起大规模进攻，要攻占东亚最富庶最文明的南宋王朝。

与当初北宋王朝面对女真人崛起的仓促、慌乱相比，蒙古人给了南宋王朝更多的时间和喘息之机。他们有了二十年的布防时间，对京湖、两淮、四川三个区域进行了精心的防御。

在京湖防区，自 1239 年宋军从蒙古人手中夺回襄樊二镇后，派名将孟珙经营襄樊；两淮地区，则是苦心经营安丰（今安徽省寿县南）、寿春两个重镇。

而四川的防线则是重中之重，更是苦心经营。1242 年，南宋政府任命余玠为兵部侍郎，四川安抚置使，兼重庆知府。余玠入川后，纳贤才，筑工事，复经济，安民心，在四川的主要江河沿岸及交通要道上，选择险峻的山隘筑城结寨，星罗棋布，互为声援，构成一套完整的战略防御体系，并先后修筑了钓鱼城、大获城（今四川省苍溪县南）、青居（今四川省南充市南）、云顶（今四川省金堂县）、神臂（今四川省合江县西北）、天生（今四川省万州区西）等十余座城池。这些都是利用险峻山势而成的坚固城堡，并将合、利等州治迁移到这些城堡内，屯兵聚粮，做好长期固守的战略准备。

南宋在四川的防线极为成功，一直到南宋帝国灭亡，四川的整个防线仍然没被蒙古人摧毁。

钓鱼城位于今天的重庆市合州区合阳镇嘉陵江南岸钓鱼山上，占地二点五平方千米。其山突兀耸立，相对高度约三百米。山下嘉陵江、渠江、涪江三江汇流，南、北、西三面环水，地势十分险要。这里有山水之险，也有交通之便，经水路及陆上道，可通达四川各地，亦是四川通往甘肃和陕西的通道。钓鱼城是余玠所建的山城防御体系的核心和最为坚固的堡垒。当年余玠率十万军民，在播州（今贵州省遵义市）贤士冉琎、冉璞兄弟主持下修筑。修筑完毕后的钓鱼城，三面环水，一面靠山，既有构筑在陡峭悬崖上的内外两道防线的内外两防线，又有纵向延伸的水军码头；而城中，有制造火器的作坊、视野开阔的瞭望台，暗道机关四通八达。城内还有与一字城墙相连接的给养补给通道，有天池泉井、水洞门为代表的给排水系统，城中还有梯级田土，可供守城军民自给自足，维系钓鱼城的生存。

钓鱼城的修筑被后人称为中国古代战争史上山地防御体系的典范。

1253年，忽必烈征服了大理，蒙古帝国具备了对南宋东西两路夹击的战略基础。公元1257年，蒙哥下诏诸王，大举兴兵征宋，分为东西两线，东路军一部分在淮汉水一带作战；另一部忽必烈从云南至广西向东北方向运动，从湖南谭州方向进军；而蒙哥则亲率西路军进攻四川，浮江东下，与东路军会合。

1258年，蒙哥亲率的四万西路军兵分三路入川。七月蒙哥率中军由六盘山出发，出散关；末哥由洋州入米仓关；孛里义统率军队由鱼关入沔州。

1258年十月，蒙哥军渡嘉陵江，进抵利州，攻打苦竹隘。在守城主帅杨立的率领下，宋军多次击退了蒙哥军的进攻。后来城中守军叛变投降，打开城门。杨立战死，蒙古军占领苦竹隘。

随后蒙古军占领了鹅顶堡、大获、青居等山城，抵合州治钓鱼城。

孤垒悬江的钓鱼城成了屏障要地重庆的最后保障。

钓鱼城当时的守将为王坚。王坚，邓州彭桥人。金兵占据邓州，王坚加入抗金的忠顺军。嘉熙四年（1240 年），蒙古军驻顺阳丹江沿岸，准备造船南侵江汉。王坚遣兵烧毁其船材，自此崭露头角，成为孟珙部下得力大将。蒙古军攻四川，王坚随孟珙入川御敌，宝祐二年（1254 年），升兴元府都统兼知合州，主持钓鱼城防务。

对于蒙古人的入侵，王坚做了充分的战备工作，在钓鱼城静候蒙古人。

1259 年春，蒙哥的大军到达钓鱼城下，向这个坚固的要塞发起了攻击。但攻城拔塞并不是蒙古骑军所长，何况是修筑在近 300 米高的钓鱼山上的钓鱼城。蒙古军损失惨重。

蒙哥一度想不战而降，派降将晋国宝入城招降，被王坚所杀。

蒙哥遂派末哥攻礼义山城（今重庆市渠江东北，俗称三教寺寨），曳剌秃鲁雄攻平梁山城（今四川省巴中市西），命宋降将杨大渊率军突袭合州旧城，切断了外围诸城与钓鱼城的联系；令四川都元帅纽璘自成都趋涪州蔺市（今重庆市涪陵区西）造浮桥，断绝宋援；又在铜罗峡据险为垒，阻遏重庆宋军北进，决心啃下这块骨头。

1259 年二月，蒙哥亲督诸军攻钓鱼城，不克。三月，连续进攻城东之东新门、奇胜门、镇西门、小堡等处，但在宋守城军民顽强抗击下，均遭失败。四月，连降大雨二十天。二十二日初晴，蒙古军偷袭城南护国门未逞。次日深夜，攻破城北出奇门至嘉陵江一侧的一字城，但被王坚率部夺回。五月宋将吕文德援蜀，进入重庆。六月吕文德率部救援钓鱼城被蒙古军击败，退回重庆。七月，受不了重庆酷热天气的蒙古军开始瘟疫流行，战斗力锐减。

不知不觉，蒙古被阻钓鱼城下已达半年。

钓鱼城之战

而城内的王坚并不一味死守，不时率部奇袭蒙古军，搞得蒙古军心惊胆战。

蒙古军前锋元帅汪德臣乘夜率部突袭，一度攻入钓鱼城外围军马寨，却又被王坚率部夺回。汪德臣退却中为飞石所中，回营后很快死去。

蒙古军失一大将，士气更为低落。

蒙哥的重要谋士术速忽里建议蒙古大汗君子不吃眼前亏，绕过钓鱼城南下，蒙哥不听。蒙古一哥的位置争斗如此激烈，他蒙哥连个小小的钓鱼城都拿不下来，如何有颜面见那些征服了亚欧大陆的兄弟们。钓鱼城之战，事关蒙哥的颜面问题，非拿下不可。

蒙哥直接接过汪德臣的指挥鞭子，亲自一线指挥攻城。

历史却杀了一个回马枪。

蒙哥同样被飞石所击，丧命钓鱼城下。

群龙无首的蒙古人开始北撤，忽必烈听闻蒙哥毙命的消息后也率部北返，一城池的得失怎比得上蒙古大汗的位置。

钓鱼城下的飞石，改变了世界历史前行的车轮。

战争人物表现评级

王坚（A+）： 钓鱼城一战，王坚率领合州军民，凭借天时、地利、人和，击退了不可一世的蒙古大军。不仅击退蒙古人，并让蒙古大汗蒙哥毙命城下，从而直接导致了后来蒙古帝国的分裂，王坚此战之功勋，可与日月同辉。

当年九月，朝廷升封王坚为宁远军节度使、依前左领军卫上将军、兴元府驻扎，御前诸军都统制兼知合州（三品），节制兵马，进封清水县开国伯。景定元年（1260年），贾似道忌王坚战功，使帝诏坚回京城临安（今浙江省杭州市）解除兵权。景定五年（1264年）王坚忧愤去世，谥“忠壮”。合州军民闻之，立庙祀之，并建碑记其功，“坚以鱼台一柱支半壁”迄今犹存。

蒙哥（C）： 蒙古人马上起家，要当蒙古的大当家，军事指挥才能是第一重要的。比起祖父成吉思汗来，蒙哥实力不济，运气不济，即位后真正意义上的第一次对南宋亲征就丢掉了小命。

蒙哥之死，使本来就激烈的蒙古王室内部斗争更加激烈，虽然接替汗位的是其弟忽必烈，但拖雷系对于整个帝国再无控制力，庞大的蒙古帝国开始分裂。

蒙古人钓鱼城下的失利，太过惨重。

战争花絮

谁是射雕英雄“郭靖”及神雕大侠“杨过”：钓鱼城之战惊艳了千百年，一直令后世中华儿女自豪，并成为文学家笔下的珍贵素材。二十世纪香港最有影响力的武侠小说大家金庸就把南宋钓鱼城击毙蒙古帝国大汉蒙哥的史料写进了他的武侠小说《神雕侠侣》。小说中独臂神雕大侠以一己之力，在襄阳城下施展神功，飞石击毙蒙哥大汗；而郭靖黄蓉夫妇则坚守襄阳十年之久，最后城破夫妻一起为国捐躯，上演了一出可歌可泣的动人故事。

郭靖，宋史确有其人。他是四川嘉陵江地区一个地主土豪家的护卫队长。1207 年，当地宋朝官员吴曦投降了金国，郭靖和当地百姓却不愿降金。于是郭靖舍弃田地房屋，带着老人和孩子，顺着嘉陵江迁徙前往宋境。吴曦派出军队阻拦，要把这些百姓赶回家。郭靖对此悲愤异常，对弟弟郭端说：“我们老郭家世代都是大宋的子民。金人入侵我边界夺我良田，我兄弟二人不能以死报国，反而避难入关，原已羞愧，现在又被吴曦驱赶回去，我不想舍弃汉人的衣冠，生是大宋人、死做大宋鬼。”于是郭靖投江自杀。他的事迹后来被记载入《宋史忠义列传》。

而独臂大侠杨过的历史人物原型则是南宋词人刘过与钓鱼城守将张珏。刘过，字改之（在《神雕侠侣》中，杨过即字改之），是南宋末年豪放派词人，当过韩侂胄的门客，词作力主恢复中原，与陆游、陈亮、辛弃疾交游，布衣终生。

张珏则是王坚手下得力大将，任兴元府驻扎御前诸军都统制兼合州知州、四川制置副使兼重庆知府、四川制置使，后接替王坚镇守钓鱼城十多年，屡败元军。祥兴元年（1278 年）二月，元军在宋军叛徒配合下攻陷重庆。坚守重庆的张珏城破后率兵巷战，后乘小舟东下，途中两次企图自杀，均被拦阻，最后在涪州被俘。至元十七年（1280 年）二月，张珏在西安附近自杀殉国。

正因为钓鱼城下的惊艳历史，让金庸先生灵感突发，笔下生辉，为中国武侠世界多了郭靖、杨过这样不世出的英雄人物。

战争猜想

蒙哥毙命钓鱼城改变了蒙古帝国的命运，蒙哥之死引发了蒙古帝国内的帝位争夺战。

忽必烈从大理回师漠北，和其幼弟阿术不里争夺帝位；旭烈兀亦从中东率主力回师加入帝位之争。他留下的少量蒙古军为埃及军队所败，伊斯兰势力得以在中东站稳脚跟。

而经过一系列内部斗争，忽必烈虽然成为名义上的蒙古帝国第五任大汗，但除了他后来所建立的大元帝国外，其他蒙古帝国的四大汗国都拒绝接受忽必烈的统治，蒙古帝国事实上已经四分五裂。蒙古帝国终于慢慢地停下了其扩张的脚步。

经过蒙古人铁骑蹂躏和黑死病盛行的欧洲，开始迎来了一个全新的时代。

而在中国方面，汉化的忽必烈在征服南宋过程中，采取了怀柔的战略。蒙古军队改变了过去频频屠城的作风，在蒙哥死后二十年，忽必烈统一了中国。钓鱼城，蒙古军队最终也没能用武力征服，在无数次地击退蒙古人后，钓鱼城最终在 1279 年，在蒙古人许下入城不杀一人的承诺后，守将王立开城投降。

这一切，都是缘于当初钓鱼城下那块神奇的石头吗？

丁家洲之战

忽必烈在击败阿里不哥稳定政权后，发动了历时十六年的对宋战争（至元元年到至元十六年，1264—1280 年）。至元十二年（1276 年）二月，元军在丁家洲大败宋军水陆军精锐，取得了元帝国灭宋战争中最重要的胜利。

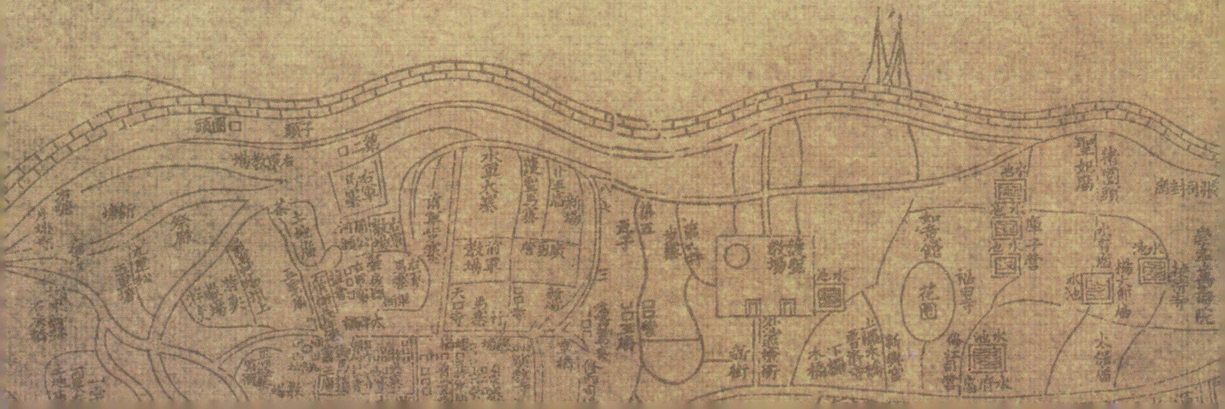

序曲　狼性法则

铁木真成为一代天骄成吉思汗的成长史中，有一件让他毕生都难以释怀的事。那就是铁木真还在年幼的时候，为了争取食物，射杀了自己的亲弟弟别克贴尔。

成吉思汗一生杀人无数，他的箭下染满了无数种族的人的鲜血，但别克贴尔的血，一直在他的记忆里，永不褪色。

1225 年，西征凯旋的铁木真做了一个奇怪的梦。

他梦回儿时的家园，梦见了自己的兄弟别克贴尔向他迎来，带着童真的笑容。

他想向自己的兄弟伸出双手展开怀抱，但别克贴尔的笑脸骤变，五孔流血，而胸口插进的是当年铁木真射出的那只箭矢。

场景忽然转换，铁木真成了旁观者，而别克贴尔的脸，一下变成了幼子拖雷，而冷傲持弓的，却是三子窝阔台。

当窝阔台的利箭出弦射向拖雷时，铁木真的心被绞痛着，大呼不要，他是你弟弟。

铁木真从噩梦中惊醒，久久不能入睡。

当年自己为了一点食物，就能向自己的兄弟别克贴尔下毒手，如今同样继承了自己狼性的儿子们，面对的可是一个史前最强大的横跨亚欧的蒙古帝国。

他们会怎么做?

1

铁木真成为蒙古帝国的成吉思汗后，带领着他的儿孙和部下，在地球村刮起了黄色的旋风。

凡是战马能到达的地方都有蒙古人的身影。

成吉思汗死前，他将打来的江山和地盘分给自己四个最优秀的儿子。

他认为这样可以让儿子们不再重蹈覆辙，重复自己当年兄弟相残的命运。

从1219年到1225年，成吉思汗带领着四个儿子术赤、察合台、窝阔台、拖雷，以及大将速不台、哲别，率二十万大军，开始了蒙古帝国的第一次西征。蒙古军长驱直入中亚，于1220年攻占了花剌子模的都城撒马尔干。大将速不台、哲别追击花剌子模残余。西越里海、黑海间的高加索，深入俄罗斯，并在1223年大败钦察和俄罗斯的联军。此外，成吉思汗又亲率大军追击花剌子模的太子札阑丁，并将他在印度河流域打败。1225年，成吉思汗凯旋东归，结束了第一次辉煌的西征。

随后铁木真将本土及新征服所得的西域土地分封给四个儿子术赤、察合台、窝阔台、拖雷。术赤获得了额尔齐斯河地区及欧亚草原西部地区和俄罗斯诸公国；察合台获得突厥斯坦西部、塔里木盆地和天山地区西部；窝阔台获得准噶尔和阿尔泰山西麓；最小的儿子拖雷，作为他们家庭的守护者（斡赤斤），获得蒙古本土。

虽然四个儿子都有了广阔的封地，但谁来继承铁木真成为下一任蒙古大汗，铁木真还是花了不少心思。

四子之中，长子术赤和次子察合台不合，察合台多次在公开场合讥讽术赤的身份——非成吉思汗亲生子（注：铁木真之妻孛儿帖被蔑儿乞人俘虏一段时间后逃出来不久生下术赤）。铁木真大汗之位如果传给上述二位，都必将导致帝国的分裂，这是铁木真所不愿见到的。

按照蒙古的习惯，铁木真的第一继承人应该是幼子拖雷。拖雷在四子中，军事才能也是最强的。铁木真也按照蒙古习俗，将蒙古帝国的绝大部分军权交给了小儿子拖雷。铁木真留给他三个较年长的儿子每人四千人的军队，剩下的军队共十余万人划归拖雷所有。

但令人不解的是，铁木真在1127年夏征伐西夏的途中病逝前，遗诏中大汗的继承人却是三子窝阔台。

汗位继承人和军权领导人的分离，为蒙古帝国的分裂埋下伏笔。

1229年的忽邻勒台大会上，监国二年的拖雷很不甘心地看着三哥窝阔台登上了蒙古汗位，成为蒙古帝国的第二任领导人。

作为蒙古帝国最有权力的势力，拖雷和他的老婆唆鲁禾帖尼对于成吉思汗和忽邻勒台大会对他们并不太公平的决定，没有怨天尤人，而是以积极态度，甘当帝国的活雷锋，温顺地接受了窝阔台大汗的各种决定，在蒙古帝国获得了无私地为帝国效劳的形象和名声。

很多年以后，他们的这种态度得到了丰厚的回报。

窝阔台统治期间的蒙古帝国，除了在中国境内灭金、西夏外，又进行了第二次大规模的西征。窝阔台在1235年派遣其兄术赤之次子拔都率十五万大军再度西征。西征军很快就彻底消灭花剌子模，杀札阑丁，又大举征服俄罗斯，攻陷莫斯科、基辅等地，并分兵数路向欧洲腹地入侵。1241年，北路蒙古军在波兰西南部的利格尼兹，大破波兰与日耳曼的联军。拔都亲率蒙古军主力由中路进入匈牙利，大获全胜。其前锋部队直逼意大利的威尼斯，欧洲为之震惊，称之为“黄祸”。

正当欧洲各国惶惶不可终日之际，嗜酒如命的窝阔台逝世。拔都接窝阔台驾崩的消息，于是急速班师回蒙古，结束了第二次蒙古帝国的西征。

窝阔台在他统治的后期，对于帝国管理的兴趣远不及酒精。1241年十二月十一日，窝阔台在出猎途中的一次酗酒后死去，时年五十六岁。

按照蒙古人的习俗，一个家庭的男性家长死后，在他的长子成年之前，由他的寡妇代管他的遗产，并享有他的权力。因此，窝阔台死后，他的第二个老婆脱列哥管理他的遗产——蒙古帝国，成为蒙古帝国的摄政监国。

脱列哥四年后把自己的儿子贵由推上蒙古帝国第三任大汗的位置。贵由在这个位置上只待了一年的时间就死了，蒙古帝国各派系又为汗位的争夺展开了新一轮明夺暗斗。

这一次掌握蒙古帝国相当军队数量的拖雷的儿子们成了这场政治角逐中的赢家。1251 年，忽邻勒台大会上，拖雷的长子蒙哥成了蒙古帝国的第四任大汗。

蒙哥时代蒙古帝国的疆域达到极致。1252 年，蒙哥派出他的弟弟忽必烈征服了大理，派出铁木真的二弟合撒儿的长子也古征服高丽。1253 年开始到 1260 年历时七年，他派出其弟旭烈兀率兵第三次西征，消灭了木剌夷国（在今里海南岸的伊朗北部），并挥师继续西进，攻陷巴格达，灭黑衣大食。此后旭烈兀又攻陷阿拉伯的圣地麦加，攻占大马士革，到达了塞浦路斯岛。原本旭烈兀还要进一步攻打埃及，因得到蒙哥伐宋阵亡的消息，才结束蒙古帝国第三次西征。

在各地蒙古军都取得胜利时，蒙哥本人却在南侵四川的时候死于钓鱼城下，改变了整个蒙古帝国的命运。

蒙哥意外地死于壮年，谁成为他的继承人，成了一个问题。

蒙古帝国各派系的势力又开始涌动，一场内战在所难免。

按照蒙古习惯和法律，蒙哥的幼弟阿里不哥应是首选。从蒙哥远征南宋让阿里不哥留守主持朝政来看，蒙哥本人也有这种倾向，但蒙哥本人并未做出明确指示，这给了忽必烈争夺汗位的借口。

忽必烈是拖雷和正妻唆鲁禾帖尼的第二子。父亲拖雷早年离家四处征战，母亲唆鲁禾帖尼让他授受了正规而良好的教育，包括对中国文化的学习。母亲还为忽必烈争取到了官职。窝阔台将邢州封给忽必烈管辖。蒙哥继位后，忽必烈被授任总理漠南汉地军国庶事，南驻爪忽都之地，成为蒙古帝国经营中国及邻近地区的第一代理人，身边拥有刘秉忠、赵壁、姚枢等汉臣辅佐。

蒙哥死于四川的时候，忽必烈指挥东路军在长江围攻鄂州（今湖南省岳阳市）。听闻蒙哥的死讯，忽必烈率轻骑返回燕京。1260年三月一日，忽必烈在开平（今内蒙古自治区正蓝旗上都镇东二十公里）称汗，并在五月五日仓促召开的忽邻勒台大会上被选举为大汗。但这次大会则因为大部分蒙古贵族没有出席而受到异议。

三月，阿里不哥也在和林城西的按坦河即汗位。

蒙古帝国在漠北与漠南同时拥有了两位大汗。

争论谁是正统已经没有意义和必要了，双方只能在马上一决高下。

双方都开始了对蒙古帝国各种势力的争夺，阿里不哥得到了钦察汗国、察合台汗国和窝阔台汗国三个汗国的支持。而西征的旭烈兀则站到了忽必烈一边。最初阿里不哥在实力和道义上占有上风。

当然，这也绝非两个人的战争，他们各自代表着蒙古帝国的两个重要派别。忽必烈受被征服地区的汉文化影响比较大，希望在被征服的地区安定下来，企图从中寻找一种更好的管理方法和模式。而他的弟弟阿里不哥则作为传统的蒙古方式及准则的捍卫者出现。武力征服和屠杀是他所崇信的唯一方式。

为了挽回劣势，忽必烈采取了一系列手段，笼络蒙古东道宗王，控制了一批蒙古千户和赤马探军、色目军人。

而当时的汉军更是成了忽必烈争取的关键性力量。在他的争取下，重要的汉军势力史天泽、李璮、汪惟正、董文炳等均成了忽必烈所依赖的重要力量。

对付阿里不哥，忽必烈更为依赖中国北方的资源，为此他迁都燕京，改名大都，开平改为上都（陪都）；同时他和南宋政权达成议和，以解决后顾之忧。

阿里不哥最初想与忽必烈争夺蒙哥所率精锐部队的控制权。这支部队在蒙哥死后由忽必烈之弟木哥与蒙哥之子阿速台掌握，两人也是意见相左。木哥投向了忽必烈，而阿速台则依附阿里不哥，双方在陕川一带展开争夺。经过一番争夺后，忽必烈在姑臧大败阿里不哥势力，杀死阿里不哥帐下重臣阿蓝答儿、浑都海，取得了对蒙哥所率南下部队的领导权。

中统元年（1260 年）七月，忽必烈亲率大军征伐阿里不哥，目标是阿里不哥的老巢和林城。忽必烈成功地截断了阿里不哥的粮道。和林城补给困难，阿里不哥被迫撤离和林退至谦州（今叶尼塞河上游南）向忽必烈议和。忽必烈同意了，率军返开平。

次年，恢复元气的阿里不哥发动反击，率部袭击依附忽必烈的东道蒙古宗王先哥军，阿里不哥重新占领和林，并南下与忽必烈寻求决战。

忽必烈闻讯后，急派塔察儿等东道宗王调兵出征，自率张柔、王文干、解诚等汉军万户，与蒙古军主力，兵分三路迎击阿里不哥。

十一月，双方在开平北的昔木土脑儿相遇，展开决战。

阿里不哥大败，其部大多降于忽必烈。

阿里不哥几经转战，最后选择了投降。

拖雷家兄弟俩的争斗，忽必烈笑到了最后。

拖雷系势力的内讧，使原本就有很强独立性的四大蒙古汗国相继脱离出来，蒙古帝国名存实亡。忽必烈争来的，也只是一个名义上的共主而已。1271 年，忽必烈改国号大元，他的大元帝国已经是一个以中国为主的中原政权，与蒙哥时代的蒙古帝国已经不可同日而语。

2

蒙宋联合灭金后，灾难并没有想象中来得那样快，原因一方面是蒙古人的胃口太大，东征西伐，目标并没有完全锁定在南宋政府身上；另一方面，长江的天险、川陕的险峻的地形，对于蒙古帝国的骑兵都是一个挑战。

将蒙古大汗蒙哥击毙于合州钓鱼城下，更是让宋人相信，凭南宋的防御系统能够抵御蒙古人的侵犯。在蒙哥死后，趁忽必烈大军北返，宋军趁机重占襄阳，让扬州、襄阳、重庆三个重镇连成宋帝国对抗蒙古的防线。

忽必烈在平定阿里不哥和内部汉军李璮的叛乱后，把目光重新放在了南宋王朝的身上。

有鉴于蒙哥入川的失败，他决定改变蒙哥入蜀灭宋的基本战略，重新采取重兵突破宋军中段防线的战略，为此他做出了一系列精心严密的部署。对蒙古军队的军籍进行改变和严格的管理，增加了兵源，同时下令加强水军和炮军的建设，使蒙古人从以前以骑兵为主的单一兵种，变为多兵种结合的机动部队。经过精心扩建，蒙古人拥有了五千战艘，七万余水军，而研制出的回回炮也颇具威力，抛发的石头可达一百一十二公斤，一炮能打一个堡垒。

为了解决几十万军队的粮食补给、后勤保障，忽必烈加强屯田，并加紧兵器的炼制、战马的筹集。

蒙古人正在磨刀霍霍，而南宋高层并没有为之警醒，他们还沉浸于击毙蒙古大汗蒙哥的喜悦中。贾似道也凭此战功由左丞相加升太傅，以专南宋国政。

贾似道，字师宪，号悦生、秋壑。虽然其姐为宋理宗的贵妃，但贾似道还是凭借自己的能力一步步走向政治顶峰。最初贾似道任嘉兴司仓，在嘉熙二年（1238 年），登进士第，任太常丞。当时的大学士史岩之、名将孟珙都对其才华极为推崇，极力推荐。孟珙死前推荐贾似道为京都制置使（南宋东部军区总司令），作为自己的接班人。

贾似道在独掌朝政后也证明了自己是有两把刷子的。针对日益恶化的南宋财政问题，他发布了公田法，抑制土地兼并问题，对南宋末期支撑战争的财政保障起到了积极作用。

总体来讲，老贾除了喜欢养蟋蟀，并有专著《促织经》外，并没有大的缺点毛病。南宋末期的政治在他的治理下并不是太腐朽混乱，没有宦官专政，没有外戚当权，没有农民造反。老贾也提拔了一帮年轻人，如李庭芝、文天祥、张世杰等。对蒙古的防线上也驻集了近三四十万军队（在四川有五六万，荆襄一带有十二三万，两淮一带有十五六万），约占南军兵力的三分之二。

南宋的积弱不是一朝一夕的事，特别在忽必烈吞灭大理后，南宋已经处于元帝国三面夹围之中，处境比任何时候都艰险。老贾虽不是什么名臣贤相，但任内能做的基本也都做了，宋史后来将他列入《奸臣传》，确有所不公。

对于南宋政权来，大将刘整的降蒙才是比较致命的打击。

刘整是邓州人，祖辈皆生活在金人统治的关中地区，金被蒙古所灭遂投奔南宋，后来成为孟珙帐下的大将，在景定元年（1260 年）升任为泸州（今四川省泸州市）知府兼潼川路安抚使。而刘整的投降源于贾似道上台后为了节约财政开支而在军队施行的“打算法”。刘整看到自己无法在政府新的审计制度中过关，于是就起了投蒙之心。

刘整是当时比较有名的边将，所辖泸州是川陕对蒙要塞，有三十万户人口。对于刘整这块从天上砸下的馅饼，蒙古人有些不相信，害怕这是诱降。只有当时的蒙古成都路军马经略使刘黑马认为这是天赐良机不可错过，积极与刘整联络，最终使刘整投降蒙古。泸州后来虽然被宋将吕文德收回，但蒙古军多了一个了解南宋整体防御情报的大将，比失去泸州更为致命。

在刘整的建议下，忽必烈坚定了从中路突破的决心，把目标锁定在襄樊（今湖北省襄阳市）。

襄阳和樊水地处汉水中游，两城对水相隔，为鄂、豫、陕交通要冲，是南宋在长江中游对蒙古帝国最根本要塞。从宋蒙交兵以来就多次反复对襄樊进行争夺，端平三年蒙古人曾夺取襄樊，后来南宋于嘉熙三年（1239 年）在名将孟珙的手中收复；此后宋人一直将襄樊牢牢掌握在手中，苦心经营近三十年。两城城防坚固，并在两城间设置了浮桥，互为依托支援，是南宋整个长江防线的生命线。襄樊之战的成败关系到两个帝国的命运，其争夺之激烈之宋蒙战史上之最。

至元四年（1267 年）十一月，忽必烈派大将阿术、刘整率兵七万开始了对襄阳的进攻。

阿术、刘整在至元五年（1268 年）七月的时候完成了对襄阳的包围，在次年六月完成了对樊城的包围，并毁掉了两城间的浮桥，断绝了襄樊之间的联系。

襄樊重地，南宋知道其战略意义，先后派张世杰、夏贵、李庭芳、范文虎等将来援，但均被阿术、刘整所击溃。

至元九年（1272 年）三月，坚守了四年的樊城被攻破，守将牛富战死，范天顺投降。至元十年（1273 年），在坚守襄阳城七年之久后，绝望的襄阳守将吕文焕也被迫投降蒙古军。

襄樊之战历时六年，蒙古人采用了围困与强攻、围城与打援、军事进攻

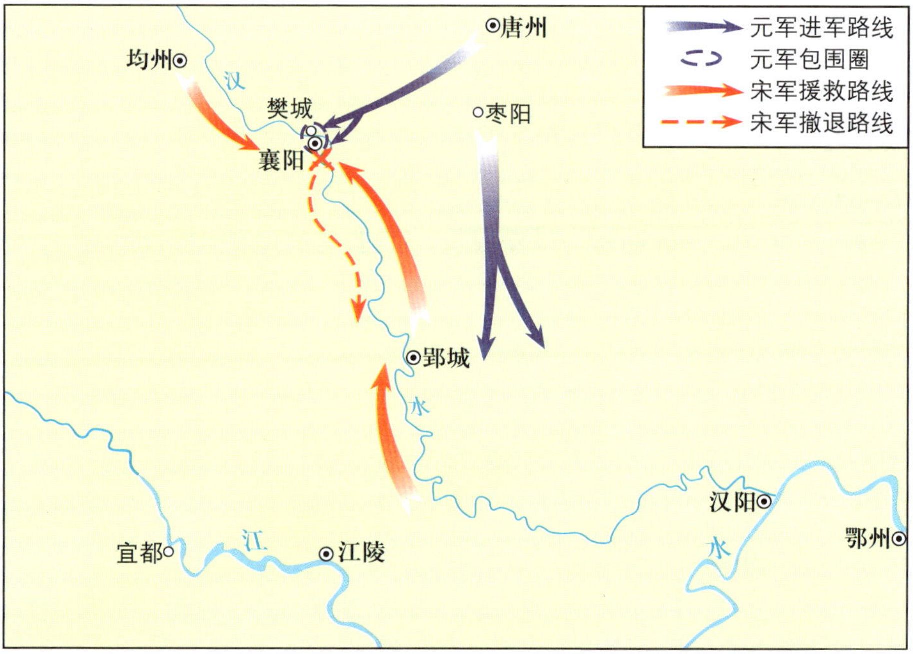

襄阳攻防战

与政治诱降等一切办法，为攻占两座城池花费掉的心血与精力，在蒙古帝国的战史上史无前例。最终蒙古人拔掉了东下最重要的一颗钉子，撕开了南宋防线上的口子。

打下襄樊，忽必烈没有给南宋人喘息的机会，至元十一年（1274年）九月，任命伯颜为主帅，阿术为副帅，发起了渡江之战。

3

伯颜出身蒙古巴邻氏。其曾祖父失儿古额秃是成吉思汗的重臣。其祖父阿拉黑、祖叔父纳牙阿都是铁木真的开国元勋，分别担任千户长、万户长。伯颜本人则出生在伊儿汗国，早年跟随旭烈兀西征。

至元二年（1265年），伯颜奉旭烈兀之命出使汗廷。忽必烈对他一见钟情，就把他留了下来，任为中书左丞相，后迁中书右丞，至元七年（1270年）改任同知枢密院事，是元帝国最重要的政治军事决策人物。渡江灭宋由伯颜来担主角，忽必烈显然是从军事政治角度的双重考虑。

阿术是蒙古帝国开国功臣速不台之孙，都元帅兀良合台之子。元宪宗年间，阿术就随父从军，参与了蒙古军平大理，屡建奇功，后征南宋，转战千里，大小十三战未尝败北。至元四年（1267年），他担任襄阳之战的元军总指挥，攻克了南宋最坚固的重镇。

渡江作战，是元帝国建立后最重要的一场战役，几经选择，忽必烈把重担交给了伯颜和阿术。

伯颜渡江战略大体如下：主力由襄阳南下直取鄂州，顺长江而下，直取临安，出偏师攻两淮，割断荆湖与两淮的联系，在四川的元军继续向开州、达州、嘉定等地进攻。

伯颜率领的主力部队约为二十万，这支蒙古军，已不是成吉思汗时代只知在马上攻掠、以杀戮为唯一征服方式的野蛮之师。打、降、抚相结合，已是元帝国统治者的基本方略。伯颜出征前，忽必烈就要求伯颜向北宋开国名将曹彬学习，不嗜杀一人而平江南。伯颜对上头的精神领悟得很好，路过襄阳特意把降将吕文焕带上，大搞政治宣传攻势。

南宋失去襄樊后，下一个要塞是郢州（今湖北省钟祥市）。郢州由南宋最后的名将张世杰率沿江九郡精锐重兵驻守。张世杰，范阳人，少时即从军，最初在杞州张柔部，后触犯军律奔逃到宋州，在吕文德帐下效命，屡立军功，升到黄州武定诸军都统制。后来为贾似道所赏识，委以重任，历任知高邮军、安东州、沿江招讨使、制置副使、检校少保，成为南宋后期重要的军事将领。

张世杰守郢州借鉴了襄樊当初的防守模式。老郢城在汉北，世杰又沿汉水在汉南筑新郢城，两城以横铁连锁搭建浮桥互为支援，两城间密布战舰，上游桩木置水，再附以炮弩，又是一个让元军难以啃下的硬骨头。

阿术率部猛攻郢州，张世杰拒守郢城，元军不克。伯颜看武的不行，企图展开政治攻势，劝降张世杰，许以高官厚禄，为世杰所拒。

显然，大军不可能再有花六年攻克襄樊那样的耐心，伯颜并不愿在郢州与宋军主力过多纠缠。在刘整、吕文焕等宋降将的帮助下，蒙古人的情报工作做到了家。他们打探到了郢州南黄家湾有小溪可直通汉江，于是遣部占领了黄家湾。大军绕过郢州二城，由黄家湾小溪出唐港入汉江，继续南下。十月元军破沙洋（今湖北省荆门市沙洋县）。

之后元军继续顺江南下，逼近鄂州，宋军方面淮西制置使夏贵率十余万兵、万余战舰分据长江各要隘渡口；宋将王达率兵八千守阳逻堡（今湖北省黄冈市西北）；朱异孙率游击军控制中流。元军在这一带受到了阻截。

伯颜对此采用了声东击西之战术，佯攻汉阳（今湖北省武汉市汉阳区）以吸引宋军，却出奇兵袭击了沙芜口（今湖北省武汉市武昌区东北），由沙芜口入江，并重兵围攻阳逻堡；同时派大将阿术乘雪夜上溯四十里袭占青山矶（今湖北省武汉市东北长江南岸）。阿术用所俘宋军千余战船架设浮桥，完成了主力渡江。夏贵部得知元军主力过江，败退泸州（今安徽省合肥市）。

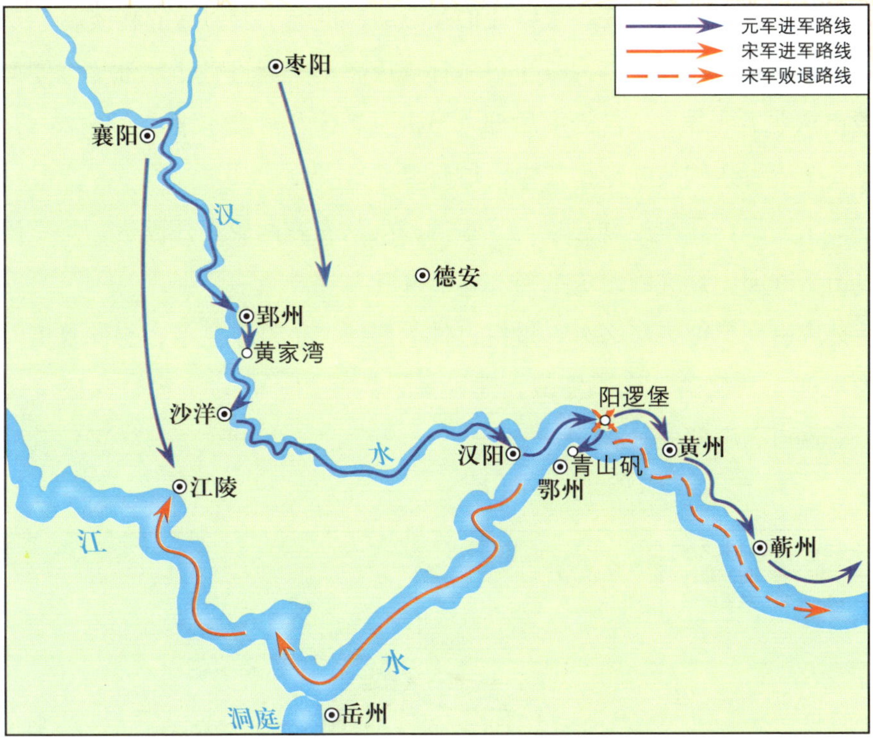

鄂州之战

而伯颜也攻克了阳逻堡。此战中夏贵所率十余万宋军死伤大半。

过江后，元军没有遇到大的宋军部队阻击，顺利地击降了鄂州、汉阳、德安等地。伯颜留少部元军驻守，主力马不停蹄继续深入南下。

鄂州失守后，南宋君臣震惊。贾似道于至元十二年（1278 年）正月抽调了各路兵马十三万由临安出军，进至芜湖，夏贵也率二千五百艘战舰赶到。贾似道希望能以议和来解决这场战争，遣使请许宋朝称臣纳岁币。对于宋人的称臣纳币，忽必烈很感兴趣，一度下诏元军停止攻击，双方先谈谈看。但伯颜与阿术二人商议，一旦停兵，给宋人喘息的机会，之前占领的土地城池恐怕难以坚守，孤军深入士气也会受到极大影响。

阿术鼓动伯颜拒绝和谈，直接与宋军主力一战，直拍胸脯说胜了功劳是你的，败了我来承担责任，最终让伯颜心动，拒绝了贾似道的和谈。

贾似道和谈无望，二月二十日派孙虎臣率七万兵进驻丁家洲（今安徽省铜陵市东北五十里），自己率后部六万进驻鲁港（今安徽省芜湖市南），夏贵率二千五百余艘战舰盘桓江中，与元军进行决战。

二十一日，元军发动总攻。元军的骑兵从左右两翼夹江而进，炮军用巨炮轰击丁家洲。孙虎臣无法抵挡，逃至鲁港。

孙虎臣问贾似道怎么办？没打过仗的贾似道也没了主意，想问夏贵，夏贵说现在士气低落，已不能战，建议撤退到扬州一带，贾孙二人还没做决定，夏贵自己率部先遁。

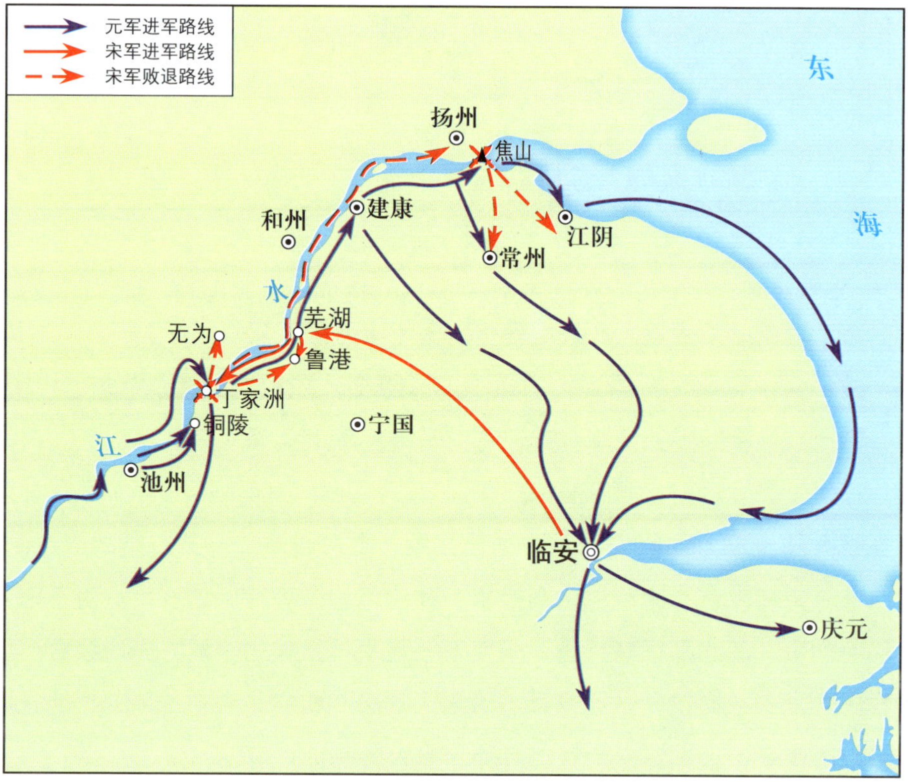

丁家洲之战和南宋灭亡

贾似道和孙虎臣也选择了逃跑。逃回临安后，贾似道被宋廷削去官职，发配循州，半途中被押解人员所杀。

宋军撤退，阿术率部进行了追击，已无抵抗力的宋军大败，水陆主力损失几尽。

元军趁势在无抵抗情况下占领了建康（今江苏省南京市）、宁国（今安徽省宁国市）、隆兴（今江西省南昌市）、和州（今安徽省和县）等地。

次年正月，元军攻占临安。宋太皇太后谢道清奉"国玺"请降，南宋宣告灭亡。

尾声　崖山之后无中国

南宋政权灭亡之后，宋人的抵抗并没有结束。大臣江万载带领着末帝宋度宗二个年幼的儿子益王赵昰、广王赵昺出逃，二王先后被拥立为帝。江万载与陆秀夫、张世杰、文天祥、陈宜中等文臣武将组织南宋残余兵力在福建、广东等地继续进行抗元斗争。一直到祥兴二年（1279年），元军将南宋最后的军事力量追到了海边，逼迫宋军在崖山（今广东省江门市新会区）与元军进行最后的决战，史称"崖山之战"。结果是宋人败北，宰相陆秀夫带着小皇帝跳海身亡，随行跳海者有十万军民。

崖山阴沉的天幕下，风雨淋漓。

陆秀夫心里默默地说一句，该结束了。

他看了看被搂在怀里的赵昺，还是孩童的赵昺那双眼睛漆黑而明亮，里面没有绝望、没有悲伤、没有恐惧。

八岁的孩子应该拥有一个美好的明天，即使他不是生在帝王之家，他也应该有权利拥有梦想，拥有青春，拥有爱情，拥有属于自己苦与乐的生活。

元朝疆域图

行
省
辽阳行省
中书省
大都
北京
渤海
黄河
高丽
日本
东海
元
陕西行省
河南江北行省
四川行省
大江
长江
江浙行省
江西行省
湖广行省
琉球
彭湖屿
台湾岛
万里石塘
南海
元
万里
南海
石塘
南海

可是赵昺没有，他幼嫩的肩扛上一个民族和家国的苦难。

他还不懂得选择的命运，陆秀夫替他选择了。

一个尊严的结局。

当一个民族失去了所有的时候，唯一所剩的就只有尊严了。

尊严的死去。

当沉入海底的瞬间，陆秀夫感到了解脱。

结束了，一个时代结束了。

崖山之后，再无中国，很多年后，有人如是说。

战争人物表现评级

伯颜（A+）：伯颜指挥元军进行的渡江之战，堪称中国古代战争史上的经典之作，从郢州绕行，到阳罗堡渡江，最后丁家洲击溃宋军主力，一气呵成，堪称完美。

丁家洲之战后，南宋各地非逃即降，正当伯颜剑指临安时，忽必烈却见好就收，下令撤军。伯颜对大老板的意见没有盲从，而是据理力争，最终使忽必烈改变了主意，最后一举攻克了南宋都城临安。

伯颜功成返大都后，忽必烈在军事上对他更为信任，屡屡派他对付蒙古草原上那些不听话的兄弟，每次伯颜都能马到功成。

伯颜作战，从不恃勇蛮攻，他的部队也一改蒙古军所到之处屠杀成性，血流成河的局面。这些明智之举为元帝国瓦解了敌人，争取了被占领区的人心。

至元三十一年（1294 年），忽必烈逝世。伯颜挺身而出扶立皇孙铁穆耳即位，稳定了政局，被铁穆耳封为太师傅。

同年十二月伯颜逝世。

阿术（A+）：襄阳之战，阿术作为主帅，为元帝国拔掉了最艰难的钉子。

渡江之战，阿术与伯颜的配合天衣无缝，总是在最合适的时候给予伯颜最需要的帮助，虽为副手，但史学家们也不得不承认，伯颜能兵不血刃平宋，阿术的控制力最为关键。

灭宋后，阿术被调至北方镇压诸王作乱，至元十八年（1281 年）病逝于哈剌火州（今新疆维吾尔自治区吐鲁番市）。

张世杰（A）：宋蒙战争，虽然蒙古人是最后的胜利者，但是南宋方仍然涌现出了很多表现优异的将领，如在钓鱼城下将蒙古大汉蒙哥毙命的王坚，如坚守襄阳六年之久的吕文德、吕文焕兄弟，但表现最为显眼的还是张世杰。元军渡江之战中，张世杰驻守郢州二城，让元军的二十万大军不得不越郢州而过，最后只能绕小道而过。张世杰在这场局部攻防战中成为胜利者。

临安失陷后，张世杰率部到温州与二王（益王赵昰、广王赵昺）会合，随后在福建泉州拥立广王赵昺为帝，继续对抗元军，成为了福建赵氏小朝廷的军事主帅。

张世杰带着小皇帝辗转作战，最后被元军困在了崖山。世杰本可出海逃生，但他选择了与元军鱼死网破，作最后的抗争，于是才有了崖山一役的壮烈之举。

张世杰当时没有随文臣们投海，他率残部杀出了重围，但已无路可去，陆上已是蒙古人的天下他不愿登岸。于是，张世杰就一直率残部漂流海上，不久在大风雨中溺卒于平章山（今广东省阳江市）下。

战争花絮

“崖山文臣显气节”：北宋靖康之役女真人攻占东京后，掳走徽钦二帝，北宋一朝文人们整体表现很失气节，大多投降金人傀儡政权张楚政权，实在对不起赵氏皇帝数百年对他们的优待，而南宋末年的文臣们明显就高大上很多。宋太皇太后谢道清带着五岁的宋恭帝请降后，南宋部分朝臣带着年幼的二王（益王赵昰、广王赵昺）流亡到温州、福州一带，继续抵抗，最后逃到了海上，与蒙古人抗争。一直到公元 1279 年二月在崖山（今广东省新会区南），主帅张世杰本可以选择带着小皇帝赵昺流亡海外，但他拒绝了最后的生路，将一千多艘战船锁在一起，与蒙古海军进行最后的死搏。在崖山，南宋人拼光了自己的最后一颗子弹，陆秀夫背着幼帝赵昺沉海。随行跳海壮烈殉国军民竟有十万之众，文臣众多，其悲壮惨烈亘古未有。南宋文臣们最后的表现，倒也不愧赵氏帝国从立国起从始至终对他们的厚爱。

战争猜想

南北两宋皆亡于异族的原因有很多很多，也引发了我们更多的思考，文明如何对抗野蛮？民富和国强之间如何选择？民族之间感情和政治利益上的选择？文武之间天平的倾向，都是谈不完讲不尽的话题。

后　记

五年前，网络还未进入两微（微博、微信）时代，那时候以天涯煮酒、新浪文史为首的两大文史论坛是大量文史写作者和爱好者的聚集地，笔者也是其中一分子，那几年在新浪文史论坛厮混，当版主、写帖子、搞史论、提板砖，乐此不疲。论坛中藏龙卧虎，身份不一，有资深的高校学者、政府官员，也有小资白领、货车司机，凝聚点则是每个人对中国传统历史文化的那份热爱，大有梁山好汉聚集大口吃肉大碗喝酒之快意。回头看，那段时间是历史研究普及从象牙塔走向大众和网络的黄金发展期。

那期间，笔者曾在新浪文史论坛开了一个长篇连载帖《百战风云——影响中国历史的一百场战争》，“蒙骗”了很多文友读者的眼球，还幸运地上了新浪头条，该帖后来集结成册并出版发行（前后共三部）。

几年过去，对那套《百战风云》战争系列作品却颇有遗憾，主要是作品时间跨度大，篇幅所限，对于每场战争的描述并不深入，笔者有蜻蜓点水之嫌，读者也直呼看不过瘾。

所以当中国地图出版社的编辑邀约拟写一本关于两宋时期战争的图书时，笔者几乎毫不犹豫便答应了编辑的邀约，经过半年的伏案笔耕，写出了这本《中国历代战争之两宋烽烟》。

两宋上承五代十国、下启元朝，分北宋和南宋，历十八帝三百二十年，由太祖赵匡胤立国并基本统一中国，中途遇女真入侵丧失半壁山河偏安江南，最后在强势的蒙古铁骑冲击下亡国灭朝，在中国历史上是一个独行特例的朝代，两宋的经济、文化、科技都发展到了中国封建时代前所未有的高峰，陈寅恪先生曾评价“华夏民族之文化，历数千载之演进，造极于赵宋之世”。但就是这样的盛世王朝，却先后两次在北方落后荒蛮的游牧民族冲击下亡国沦陷，两宋军事上的积贫积弱原因何在？笔者希望通过梳理和解析影响两宋兴衰和历史走向的这十场战争，让读者在心中有自己的答案。

作为一个草根历史写手，我更愿意向读者呈现的是在残酷的政治和战争舞台上当局者的温情和人性，而不是更多的冰冷的数据和理论，以及传统的政史观，所以每场战争的开头我都会设计一些烘托战争背景的场景，或悲情、或温馨，也许有人认为这只是出于笔者的杜撰，但笔者坚信历史书卷上的人物，他们曾经这样鲜活地存在于历史的天空中，这样的历史才是真实而有色彩的。

本书得以出版，要感谢中国地图出版社编辑王毅先生做了大量的后期编辑整理工作，以及由张宁、赵斐等提供了标准且精美的战争地图，同时也感激女作家兰因女士为本书倾情作序。两宋战争是铁血而冷色的，期间显露于冰冷苍黄的战争舞台上的女性则是这铁血舞台上的一丝暖色，如指点江山却又柔情痴心的萧绰、如倾城绝代却又刚烈忠贞的李师师、如贤良淑德却又勇敢无畏的梁红玉。同样一本描述战争的书能够请一位女性历史作家用精美的文字作序画龙点睛，是为幸。

夜狼啸西风

二零一五年一月于毕节

乾隆十三年

作者　高王凌
ISBN 978-7-5204-0719-9
定价：49.00 元

马上朝廷

作者　高王凌
ISBN 978-7-5204-0720-5
定价：49.00 元

乾隆晚景

作者　高王凌
ISBN 978-7-5204-0721-2
定价：49.00 元

地图里的兴亡：秦，从部落到帝国（上）

作者　风长眼量
ISBN 978-7-5031-8658-5
定价：39.00 元

地图里的兴亡：秦，从部落到帝国（下）

作者　风长眼量
ISBN 978-7-5031-8659-2
定价：39.00 元

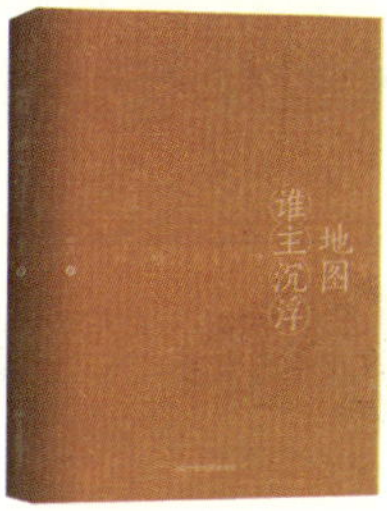

地图：谁主沉浮？

作者　前卫
ISBN 978-7-5204-1411-1
定价：49.00 元

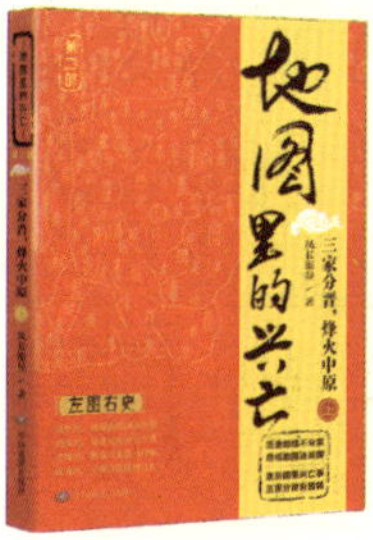

地图里的兴亡：三家分晋，烽火中原（上）

作者　风长眼量
ISBN 978-7-5031-8842-8
定价：39.00 元

地图里的兴亡：三家分晋，烽火中原（下）

作者　风长眼量
ISBN 978-7-5031-8843-5
定价：39.00 元

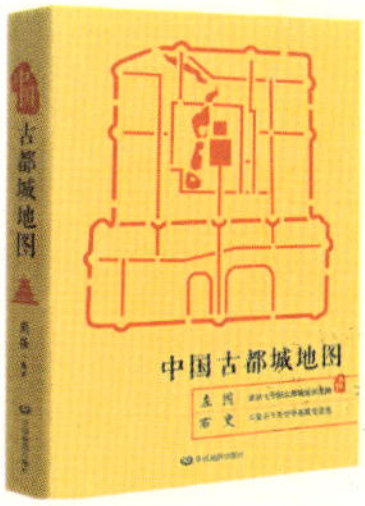

中国古都城地图

作者　周强
ISBN 978-7-5204-0858-5
定价：128.00 元

地图上的日本史

作者　樱雪丸　萧西之水
ISBN 978-7-5031-8698-1
定价：39.00 元

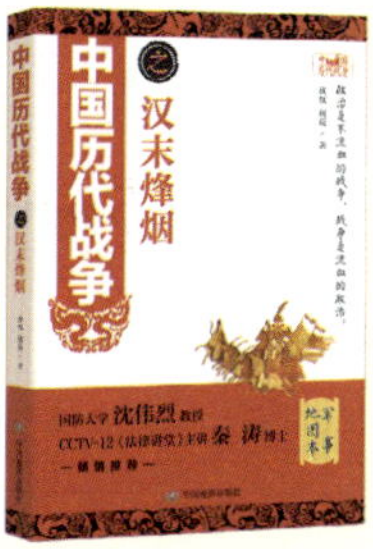

中国历代战争之汉末烽烟

作者　沈忱　何昆
ISBN 978-7-5031-8583-0
定价：39.00 元

中国历代战争之两宋烽烟

作者　夜狼啸西风
ISBN 978-7-5031-8608-0
定价：39.00 元

冒险雷探长 2：遗失秘境

作者　雷探长
ISBN 978-7-5204-1412-8
定价：49.00 元

南游记

作者　张强　刘晗
ISBN 978-7-5204-1413-5
定价：68.00 元

一生痴恋去大理

作者　黄橙
ISBN 978-7-5031-9535-8
定价：48.00 元

伟大的八千米

作者　李国平
ISBN 978-7-5204-0173-9
定价：398.00 元

孤影八千

作者　李国平
ISBN 978-7-5204-0142-5
定价：68.00 元

喜马拉雅孤影

作者　李国平
ISBN 978-7-5204-0239-2
定价：68.00 元

遇见喜马拉雅

作者　李国平
ISBN 978-7-5031-9352-1
定价：46.00 元

北京：城南旧事

作者　洪烛
ISBN 978-7-5031-7167-3
定价：32.00 元

北京：皇城往事

作者　洪烛
ISBN 978-7-5031-8497-0
定价：32.00 元

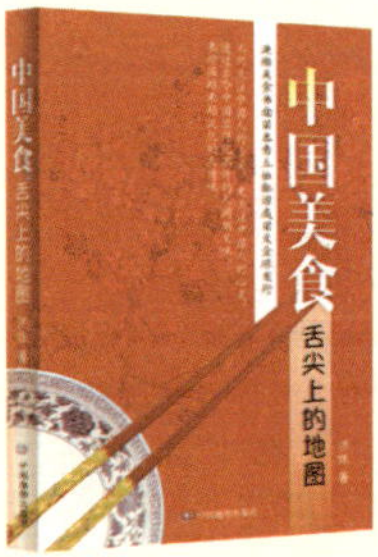

中国美食：舌尖上的地图

作者　洪烛
ISBN 978-7-5031-8419-2
定价：32.00 元

行走在心灵之间

作者　周小媛
ISBN 978-7-5031-8357-7
定价：39.00 元

欧洲不远：101 天行走欧洲

作者　张启新　刘航舶
ISBN 978-7-5031-9196-1
定价：39.00 元

西岭雪：走一步看一步

作者　西岭雪
ISBN 978-7-5031-8048-4
定价：46.00 元

藏品・藏家・藏趣

作者　张春岭
ISBN 978-7-5031-7910-5
定价：39.00 元

微信扫一扫，可直接比价购买！